身體文化的印跡

—— 信仰文化中的身體「漾‧態」

鄭 仕 一 著

文 史 哲 學 集 成

文史哲出版社印行

國家圖書館出版品預行編目資料

身體文化的印跡：信仰文化中的身體「漾
‧態」/ 鄭仕一著. -- 再版. -- 臺北市：
文史哲，民 97.12
　　頁：　 公分（文史哲學集成；556）
　　ISBN 978-957-549-813-9（平裝)

214　　　　　　　　　　　 97019581

文史哲學集成

556

身體文化的印跡
── 信仰文化中的身體「漾‧態」

著　　者：鄭　　　　　仕　　　　　一
出 版 者：文　史　哲　出　版　社
　　　　　http://www.lapen.com.tw
　　　　　e-mail：lapen@ms74.hinet.net
登記證字號：行政院新聞局版臺業字 五三三七號
發 行 人：彭　　　　　正　　　　　雄
發 行 所：文　史　哲　出　版　社
印 刷 者：文　史　哲　出　版　社
　　　　　臺北市羅斯福路一段七十二巷四號
　　　　　郵政劃撥帳號：一六一八○一七五
　　　　　電話886-2-23511028‧傳真886-2-23965656

實價新臺幣三四○元

中 華 民 國 九 十 七 年 (2008) 十 二 月 初 版
中 華 民 國 九 十 八 年 (2009) 十 月 BOD 初 版

身體文化的印跡
－信仰文化中的身體「漾・態」

中文摘要

　　宗教文化從遠古時期即伴隨著人類共同發展，宗教、主體、集體這三者之間有著緊密的聯結，宗教是一種社會文化體系，它透過「身體」而得以運行，其中蘊涵著「身」與「心」的同時存在性與同時作用性，是「身體存在性」的遊戲與活動。「身體」的概念並非是單純的肉體意義，而是心靈意識會身體化，身體動姿會心靈化的概念。「身體文化」意謂著身體活動與文化精神是相互聯結，不可切割的一個整體，這是現代傳統身體文化發展容易忽略的關鍵，也就是說一個體系的身體文化，其心靈意識與生理肉體都受文化思想的影響，探究古老的身體文化，不可將這一聯結緊密的整體，功利化的，削足適履地切割開來。本文由此概念出發，探究以身體爲載體的文化體系，如何在歷史進程中遺傳並變異的發展脈絡。並且不僅探究個體化的意識與無意識，更探究文化體系在族群發展中其「身體」承載的「漾」與「態」。

　　「漾」，心靈性漾動，指涉著心靈意識身體化的過程。
　　「態」，軀體性態式，指涉身體動姿心靈化的過程。

　　這是一個雙向運動的現象，這現象存在於一個恒常變動的時空。它是一個隱晦不明的場域，卻是蘊藏著能量的場域，對於身體文化的研究，這是一個重要且關鍵的場域，在這個場域之中，生理性的肉體與心理性的意識是同等重要的，二者在時間的流動上及空間的位移上，有著延緩與變異的特性。因此，本文以「漾‧態」來表示這既一致又差異的「身體存在性」。「漾」同時又表徵著文化積澱的無意識的一種「前行」至意識層而顯現在「身體動姿」的一種現象；「態」同時亦表徵著現實時空中的「身體動姿」向無意識層次的一種「退行」的現象，因此「漾‧態」是一種相互存在並恒常相互作用的「身體存在性」。

關鍵字：身體文化、隱跡、沉默知識

身體文化的印跡

—— 信仰文化中的身體「漾·態」

目　　錄

第二章　宗教文化基因的思辨－身體存在性

第一章　緒論

第一節　研究背景

　　宗教文化從遠古時期即伴隨著人類共同發展，宗教、主體、集體這三者之間有著緊密的聯結，宗教是一種社會文化體系，它透過「身體」而得以運行，其中蘊涵著「身」與「心」的同時存在性與同時作用性，是「身體存在性」的遊戲與活動。宗教文化具備著神秘的心靈活動或心靈遊戲的本質，其文化形式與內容的發展，都起源於人們神秘的心靈場域，宗教意象是人們自由想像的一種遊戲，宗教文化在這樣心靈想像遊戲的現象中被建構起來，心靈想像的遊戲是人類有限的「身體存在性」所蘊藏的一種神秘象徵。人們在面對大自然環境的生存中，總是在心靈場域中自由地活動著、遊戲著，以滿足人們存在這客觀世界的不足，這不足是來自於「身體存在性」的有限性，它包含著生理肉體與心靈意識的有限性，但這二者又是一個整體的「身體」概念。

　　「身體」的概念並非是單純的肉體意義，而是心靈意識會**身體化**，身體動姿會**心靈化**的概念。「身體文化」意謂著身體活動與文化精神是相互聯結，不可切割的一個整體，這是現代傳統身體文化發展容易忽略的關鍵，「傳統身體活動的形式，和我們傳統的精神文化息息相關，環環相扣」，[1]也就是說一個體系的身體文化，其心靈意識與生理肉體都受文化思想的影響，探究古老的身體文化，不可將這一聯結緊

---

[1] 劉一民，《運動哲學新論》（台北：師大書苑出版，2005），288。

密的整體，功利化的，削足適履地切割開來。本文由此概念出發，探究以身體為載體的文化體系，如何在歷史進程中**遺傳**並**變異**的發展脈絡。並且不僅探究個體化的意識與無意識，更探究文化體系在族群發展中的集體意識與集體無意識，並從中究察其「身體」承載的「漾」與「態」。

> 「漾」，心靈性漾動，指涉著心靈意識身體化的過程。
> 「態」，軀體性態式，指涉身體動姿心靈化的過程。

這是一個雙向運動的現象，這現象存在於一個恒常變動的時空。它是一個隱晦不明的場域，卻是蘊藏著能量的場域，對於身體文化的研究，這是一個重要且關鍵的場域，在這個場域之中，生理性的肉體與心理性的意識是同等重要的，二者在時間的流動上及空間的位移上，有著**延遲**與**變異**的特性，如德里達（Derrida）解構理論的「延異」概念。當我們感知到這個場域的能量的同時，當我們對它進行詮釋的同時，這個場域帶著「不在場」而「在場」的顯現，它總是一小部分地呈現在現實時空而讓人感知它，而更大一部分則蘊藏在這個隱晦的場域，並持續變動轉化著。本研究提出「**漾·態**」的研究範疇，以表徵生理肉體與心靈意識的一致性與差異性，肉體與意識是「身體」的同一性，卻有著差異的多重呈現之現象，說「身」與「心」的一致性並不表示這二者是毫無差異存在的。「身體存在性」有許多的問題需要哲學分析來深化並解析，宗教文化既是一種透過身體動姿來運行的文化形式，舉凡宗教儀式、宗教活動中的種種身體動姿皆是，亦是心靈遊戲的文化內涵，這種身體的遊戲、動姿有著諸多的問題需要解析。因此，本文以「**漾·態**」來表示這既一致又差異的「**身體存在性**」。「漾」同時又表徵著文化積澱的無意識的一種「前行」至意識層而顯

現在「身體動姿」的一種現象;「態」同時亦表徵著現實時空中的「身體動姿」向無意識層次的一種「退行」的現象,因此「漾‧態」是一種相互存在並恒常相互作用的「**身體存在性**」。本文在這樣的「身體」概念下,進行下列的研究議題:

一、宗教文化基因的思辨－身體存在性

宗教作為一種文化型態而存在於人們所生存的環境中,不論對於社會或個人的影響是巨大的,這種巨大的作用力在歷史的恒流中不斷地「集結」,是人與神之間的各種可能經驗的「集結」,「人與神的關係,為人類文化自軸心時代以來的基本命題」,[1] 這不僅是個人經驗的集結,亦是社會功能的集結。主體宗教經驗的集結是社會化的過程,社會化的過程是一種「宗教關係」,是個人的經驗集結與他人的經驗集結,以及和社會功能的集結,這三者是彼此相互干擾,相互產生作用的。這些作用都透過身體而得以表現、延續、發展。宗教信仰文化的價值理念,總是無形地制約著「身體」,身體的各種表現都受著社會意識與文化價值理念的影響,因為「身體存在性」的本質是社會性與文化性的。

> 身體的自然屬性與文化屬性亦相互交織,很難想像有脫離
> 形軀的人和不涵文化色彩的純身。兩種屬性的牽纏、拉扯,
> 置人於一種緊張的關係中,這就是人的身體的基本狀況。
> [2]

---

[1] 周與沉,《身體:思想與修行》(北京:中國社會科學出版社,2005),1。
[2] 周與沉,《身體:思想與修行》(北京:中國社會科學出版社,2005),10。

意識與肉體原本是一個整體的環節[1]問題，但人們總習慣性地將之分開來看、分開來談，心靈意識總需由肉體來顯現、出場，肉體上的總總感知、反應、動作亦總是向內回饋至心靈意識，二者是互為作用的關係，這是「身體存在性」的二種轉化現象。本文在此議題上將透過對身體的一種重新認識的概念來看待並深入地探討其在宗教文化的影響下，軀體性態式與心靈性漾動的現象。

身體動作是人類最自然的、最原初的身體表現，這一身體表現是身心不可分割的主體性，這一不可分割的主體性本文稱之為「身體－漾‧態」。「身體－漾‧態」就是主體所展現的生命情境，不論是面對在場或不在場的事物，人們總是身心一起產生作用力而給出呈現的，「身體－漾‧態」的呈現也就是主體性的呈現，身心是一個總合概念，而非二個先獨立存在再合而為一的概念。在宗教文化活動中的任何的宗教行為、祭祀行為、崇拜動作或姿勢都是身心總合概念的身體表現。由於身心是一個總合概念，每一個身體呈現都是非單獨的身體動作而已，在場顯現的身體呈現實質上是與不在場顯現的身體呈現同時發生，其「意向」是同時存在的，這在超人間、超自然的宗教意象中更是如此。宗教文化以一種基因概念的方式存在於人們的身體記憶中，此為一種看不見的印跡，本文稱之為「隱跡」。

宗教文化對於個體、家庭、社會都存在著基因作用，其實基因作用我們亦可稱之為「**文化的痕跡作用**」，而文化的痕跡是一次又一次的心靈印記，它具備了不可重複性，當印記生發的同時，它已開始消逝，而形成的痕跡隱入了族群集體的潛意識中，是一種隱而不顯的力量。宗教文化的心靈印記是透過符號來傳達的，包括言語、文字、身體等符號，

---

[1] 環節，意指看似二個部分的區分，實為不可分割的整體。是一個整體的二元化表現，導致容易被誤為是二個部分而加以錯誤的區分之。

關鍵在於這些符號所造成的心靈印記是看不見、摸不著的「異域」，是一個難以探究的場域。

　　宗教文化的「隱匿之跡」的作用，在近百年的台灣社會中早已深根發展，對於出生在這個土地，在這個土地成長的人們，隱涵顯著的影響作用。這一作用如遺傳般地從本質上發生基因式的影響，人們從一出生，甚至更早的胎兒教育，就受著這一本土宗教的影響，在成長過程中，被家庭、社會不斷地引發這一意向性作用，或許人們無信仰或信仰不同，但透過整個台灣宗教高度發展的環境影響下，仍發生了許多地意向性的隱跡作用。

　　本章主要以幾個主題來探究，包括「身體的出場」、「文化的印記」、「宗教文化的現象學還原」、「身體文化之印跡與漾態」。

二、「身體－漾・態」的兩義性與曖昧性

　　宗教文化的形成來自於人們對客觀世界與主觀世界的意向經驗，這意向經驗是複雜的深層問題，並不容易被分析，意向經驗是文化得以形成並隨著歷史進程而發展的重要根基。宗教文化的發展並不是一種靜態的現象，而是變異性的現象，它依著各個不同的時代，依著人們的不同的需求而有所轉化。族群中的集體意識表現在當時所呈現的文化形態與精神意涵，而當文化形態與精神意涵有所變異轉化時，原本的集體意識逐漸地被人們遺落，被新的文化形態所取代。宗教文化的具體形象被遺傳著，同時亦改變著，宗教文化的心理意象亦被遺傳著，同時在每個不同的主體意識中又被創新式的詮釋著。在宗教文化下的身體表現，不論在軀體性態式或心靈性漾動上，都存在著兩義性的特徵，同時也由於兩義性的關係，而導致其曖昧性的存在。

　　一個宗教信仰者的「身體－漾‧態」的存在結構，就取決於一種「三重關係」的結構層次，包括信仰者自身、信仰的核心意義與信仰的場域與媒介物。兩義性意指，在三重關係中人們看待自身、信仰的核心意義與信仰媒介的二元對立性，包括「軀體性與心靈性」－（信仰者自身）、「可見性與不可見性」－（信仰的核心意義）、「虛擬性與現實性」－（信仰媒介或場域）等。當然，由此推衍而來的兩義性本質上是多元的，但大體上脫離不了上述的三種對立結構。另外，曖昧性則意指，這些二元的對立結構其實是在一個整體的本質中才能呈顯出來的，因此這些二元的對立結構，其劃分的界線是模糊與曖昧的，並不是那麼絕然分割的二元結構。

　　在宗教信仰的這三重關係之中，「身體－漾‧態」的空間位置是漂忽不定的、忽隱忽顯的、難以界定的。雖然如此，我們仍不免要想辦法以較規律的、較明確的結構來捕捉這難以界定的「身體－漾‧態」的空間位置，這亦是研究之所必需的要求。但在此要求下，也難以避免有所遺落或遺憾之處，唯此也是研究所必需承擔下來的。關於三重關係的問題，首先得先理解個自獨立存在時的兩義性與曖昧性「軀體性與心靈性」、「可見性與不可見性」、「虛擬性與現實性」，再探究二者互動關係的動態過程中所呈顯的特點。

　　關於世俗性、宗教性和體悟性三層次的信仰，在這三層次的信仰之間，其「信仰意義的結構空間」都是不同的情形，空間形狀不同，意指其內涵的迴旋狀態也有所不同。此一空間的隱晦性是來自於在這三重關係之中的迴旋現象是多義性的情形，迴旋的本質在於：信仰的意義，總存在於三重關係的不斷迴旋並改變其迴旋的狀態中。也就是，在三重關係之中，其迴旋的現象是一直存在的。關於迴旋的本質，提及迴旋是不

斷地迴旋的狀態以及不斷地改變其迴旋的狀態，表示著在三重關係中，不論由那一點起始，都可能任意地朝向任一對象來轉化，而進行迴旋。

三重關係的「迴旋結構」之所以能進行迴旋，其中涉及的部分是頗為複雜的，其中最關鍵的乃在於：信仰者自身、信仰的核心意義及信仰媒介或場域這三者存在者一種隱晦性的作用力。此作用力來自於一個重要因素：「他者」。「他者」是能以有形的及無形的方式存在著並對三重關係的「迴旋結構」產生影響。因為，「他者」的介入，使得迴旋結構所形成的「信仰意義的結構空間」成為一個多視角的三度空間。因為「他者」的存在與介入，使得「信仰意義的結構空間」蘊涵著縱深與廣延的特點，而此正是「他者」與三重關係之間「相映」而形成的結果。

關於這個主題的探究，包括幾個主要的議題：「宗教文化基因與宗教意象」、「身體－漾‧態的三重關係」、「信仰之三重關係的現象」、「三重關係的迴旋結構」

三、身體文化隱跡的沉默性

宗教真切的作用力使得宗教觀念的建置，宗教體驗虛擬化的被生發，宗教行為的具體展現形塑了文化體系，這文化體系積澱著許許多多「看不見的現象」，它是一種看不見的書寫，留下看不見的印跡，但它卻著實地影響著人們的信仰或信念。宗教文化的這一個「看不見的現象」的場域隱含著多元的面向，宗教文化活動的每一個時機、每一個空間、每一個個體、每一個現象都是一種文本，而文本與文本之間又交互作用而另成一個文本，所以說它是一種「書寫」。宗教文化透過人們的「身體」來書寫宗教文化的現象與歷史，不論是口語的、文字的、肢體的都是一持續差異存在的「書寫」，這具有「雙重敘事」的特點。

　　身體文化隱跡的沉默性，表徵了在宗教文化基因的影響下，其軀體性態式與心靈性漾動之間的關係，是一種極為複雜的、不明的、隱晦的但卻有著作用力存在的現象。它透過身體的隱晦印跡在文化的脈絡中書寫下微小的文本，成就了文化的傳承與發展。宗教信仰實踐的文本亦與其他符號一樣，它們都不是符號本身，而是符號與符號之間的差異及延緩的運動現象。宗教信仰實踐的文本在空間上有著「共時態」的互文現象，它是差異性的；在時間上有著「歷時態」的互文現象，它是延緩性的。所以，一個在宗教場域空間中歷時的信仰實踐，它的互文現象是即顯即逝的「身體感」。

　　宗教意象是一種「心靈書寫」，而宗教文化的表現則是一種「身體的書寫」，是「心靈化身體的書寫」。書寫本身已是一種延遲的符號，宗教身體的書寫是心靈意象延遲的符號，當宗教身體之動作姿勢的書寫在場域上發生時，發生的本身亦是一種延遲的過程。當宗教符號被信仰者接受時，又是另一種延遲的發生，因此，身體表現中之軀體性態式與心靈性漾動二者是位於延緩性與差異性的兩端，二者並不存在於相同的時空點，也就是如此，身體文化的書寫才有存在的可能性，印跡也才能在文化脈絡下留存。

　　一種宗教儀式活動，一種信仰實踐的呈現，它可以是文字語言符號系統的，也可以是人們自然本性的身體行動，身體行動即由「身體感」來主導，在宗教信仰實踐的過程中，乃以一種身體行動來實踐，其身體行動包含著非文字及語音符號的書寫，也包含著以文字、語音符號的書寫，前者有如身體的膜拜或祭祀活動中的獨特動作，後著有如唸頌經文、咒語等。一個信仰實踐的運行，它既是重覆亦是重寫，重覆就象徵著傳統的延續，重寫就象徵著在傳統的延續上進行的新文本創作。一種真正的信仰實踐文本，是對過去的信仰傳統、信仰形式的模仿，同時亦是信

仰者個性化的創造和變革，是一種既繼承又創新的運行，宗教的信仰實踐即是 Jacques Derrida 所言的現象：「雙重折疊（double invagination）」。

宗教此種充滿著重疊、重覆、重新的「身體感」所創構的文本是難以定義，是多元意義的文本，由於宗教信仰實踐並不完全透過語言和文字符號來表現，其大部分是以軀體性態式及心靈性漾動的融合來表現其實踐的核心意義，所以宗教信仰實踐的文本因「身體感」的極高變異性而具有更廣闊、更差異化、更多元的特點，也蘊涵著更自由的文本性及更複雜交織的互文性。這種多元性或互文性並不源自於某種本源的、終極的概念，它持續差異化的運行著，有著不可還原的多元性。

「身體－漾・態」的兩義性與曖昧性體現在另一種現象之中，那就是「表述知識」與「沉默知識」。信仰意義的空間是由信仰的知識所結構而成，也就是說信仰知識決定了信仰意義的空間，信仰的知識是一種意識的意向性，也是一種文化多樣性，信仰的知識有結構化、系統化等可表述的明確知識，亦有混亂的、豐碩的、深沉的、非可感的「沉默知識」，對於信仰知識而言，似乎「沉默知識」是信仰者宗教體驗或直觀領悟或靈感思維的重要因素。「表述知識」與「沉默知識」之間的關鍵因素在於：意識中的焦點與非焦點。在一般地理解之中，意識中的焦點看來是比意識中的非焦點部分來得重要，因此在一般的情形下，大多會忽略其意識中非焦點的部分。「沉默知識」所指涉的正是意識中非焦點的部分。

「信仰意義的空間」涉及了三重關係以及「他者」的問題。在信仰意義的空間裡，信仰的知識大部分是屬於「沉默知識」，「沉默知識」是屬於信仰意義的沃土，或說是信仰意義重要基石。「沉默知識」意指難以被察覺、難以被結構、難以被系統化、難以被表述的知識。或許有

人會懷疑有這樣的知識嗎？不能被表述或系統化、結構化的知識能算是知識嗎？筆者認為，信仰的意義來自於信仰的知識，而此知識可能大部分來自於結構化、系統化的知識，但能對信仰者產生信仰的意義，則這些結構化、系統化的知識必須要成為信仰者一種「私密」的個人知識，這一轉化就將結構化和系統化的知識轉化為「沉默知識」。

本章運用 Jacques Derrida 的書寫、印跡、文本的概念來進行解構與分析文化基因的「身體書寫」及其隱跡的沉默性。任何一種宗教文化的積澱都有一個前提，即是「身體書寫」，此「身體書寫」並不是一般解剖生理學或一般概念下的身體，是一種哲學深思並加以解構後的身體概念。「身體書寫」包含了軀體性的態式與心靈性的漾動，在宗教文化的積澱過程中，軀體性態式的運作與規範是相當重要的，但它卻必須與心靈性漾動呈現一種二分作用性的整體觀。因此，在信仰實踐的過程裡，此二者互為主體性，互為增補對方，相互交織形成信仰意義的結構空間，也因為此二者在空間上的差異性與時間脈絡裡的延緩性，而導致變異現象處於不斷增生與消滅的動態進程裡。「身體書寫」成了宗教文化積澱的重要關鍵，這即是實然，亦為應然。

本章以「看不見的書寫印跡」、「身體文化的書寫與補充」、「延異的身體感－文本」及「身體文化書寫的沉默知識」四個小節來探討宗教文化基因裡的關鍵元素－「身體文化隱跡的沉默性」。

第二節　研究範圍與限制

　　本文的研究對象主要以台灣社會中的民間信仰文化及佛教信仰文化為主，少部分涉及道教信仰文化，對於其他的宗教信仰文化則不在本研究範圍之內。主要以宗教文化積澱的集體意識與集體無意識的隱匿之跡、超自然與超人間的宗教意象、心靈身體化與身體心靈化之「身體－漾・態」、各種宗教關係中的身體符號為探討核心，以宗教文化行為、活動為探討範圍。

　　本研究的限制在於無法針對台灣宗教文化現象，進行全面性的普查，是故較缺乏其社會應用的價值，是較屬於宗教概念的哲學分析。另一個限制來自於本研究以重新詮釋的「身體概念」出發，進而探究宗教文化的基因化現象，及其軀體性態式及心靈性漾動之間的關係，可能造成以宗教學角度看待的遺落。但是筆者認為「身體」是一個文化之所以能成為基因，進而代代相傳的最原始的元素，因此筆者認為由「身體哲學」的視角來探究是一個值得研究的方向。

第三節　研究方法

　　本研究主要為質性研究，其方法以文獻研究法為主，輔以社會現象的文本資料（例如參與信仰實踐活動後的日誌或網誌），探討宗教文化的基因化現象與身體的軀體性態式及心靈性漾動，探討宗教文化基因下的「身體－漾・態」的現象。至於文獻資料的部分，主要以Jacques Derrida 的解構理論為主，輔以相關的身體哲學的論點與宗教學論點來進行探究。因此，本研究較不屬於一般的宗教學研究，是由重新詮釋的「身體概念」出發，結合哲學與宗教學的理論來探究宗教文化基因下的「身體－漾・態」。

第四節　研究目的

本文的主要研究目的乃依據研究背景所述內容，由身體的哲學視角出發，進一步探討宗教文化基因的「身體－漾・態」，其主要研究目的如下：

一、解析宗教文化基因的思辨－身體存在性。

二、解析「身體－漾・態」的兩義性與曖昧性。

三、解析身體文化隱跡的沉默性。

第五節　名詞解釋

一、身體存在性

「"身體感"的源頭是隱而不顯的"身體運作意向性"，是一種純形式的身體感、先驗的身體感」。[1]「身體感」的綜合形成了「身體存在性」的本質意涵，「"身體感"是"活"的中間介面，"身體感"就像身心問題介於知識論與存在學之間的曖昧地位一般，既是生活世界展開的重要界域，本身的本質條件卻又模糊難辨」。[2]因此，本文意指的「身體存在性」，就是身體本性不斷生發作用地存在於這個客觀世界，由「身體存在性」可以衍生出各種差異性的「身體感」。

二、宗教文化基因

榮格在《心理學與宗教：西方與東方》一書中就曾指出，「不論這個世界如何看待宗教經驗，有這種經驗的人便擁有一筆偉大的財富，一種使他發生重大變化的東西，這種經驗變成了生命、意義和完美的源泉，

---

[1] 龔卓軍，《身體部署－梅洛龐蒂與現象學之後》（台北：心靈工坊，2006），72。

[2] 龔卓軍，《身體部署－梅洛龐蒂與現象學之後》（台北：心靈工坊，2006），75。

同時也給予這個世界和人類一種新的輝煌」。[1]族群的宗教經驗是宗教文化的重要內涵，而族群的宗教經驗又是不斷傳承並創新的，宗教文化的基因概念就基於一種不斷積澱轉化的文化意涵，宗教文化源於族群的集體意識，亦源於族群在歷史積澱中的集體無意識。宗教意象在宗教文化的歷史進程中積澱，它象徵著同一族群的意象痕跡存留在歷史儲存所，並遺傳至人們身體的無意識場域，由於同一族群的慣性行為，會將上一代的信仰意象與行為傳承下來，並再傳承給下一代。因此我們可以作一個探討：

> 宗教文化基因，是以群族共同的「宗教經驗」為核心，包括宗教意象、宗教體驗、宗教身體符號、宗教制度與組織等，這些宗教經驗在族群的歷史發展中是雙向運動的現象，一方面不斷「退行」至集體無意識，一方面不斷「前行」至集體意識與主體意識。這現象蘊涵著宗教文化的積澱和遺傳過程，其過程是隱晦、隱匿、活化的，同時不斷生發能量並刻劃心靈痕跡。

　　人類的本性包含著感性與理性思維，在基因化的文化場域中，在不可明確感知的氛圍中，被積澱的意象痕跡不斷地引動著、影響著，意象痕跡「就是一種代代相傳的同類經驗在某一種族全體成員心理上的積澱物，是某種遺傳的心理氣質」。[2]某種不明確的文化心理氣質被遺傳著，這就如宗教文化一代一代地被遺傳著一樣。

---

[1] Carl Gustav Jung,（榮格）（Psychology and Religion: West and east,《心理學與宗教：西方與東方》*The Collected Works of C. G. Jung*, Vol. XI, 1958），105.

[2] 曾耀農，〈榮格文藝思想初探〉，《麗水師範專科學校學報》，20.6（1988.12）：26-30。

三、宗教意象

宗教意象是蘊涵著「意向性」的，不論是意識的理性與感性或是無意識的自發性，都具有「意向性」的存在。作為永恆的絕對真理的純粹意識具有一種意向性功能，即它總是指向它自身以外的東西。在宗教意象的場域中，是分不清楚主體與客體對象的，二者交融地顯現在宗教意象中，是隱晦且神秘的，意向性是明確的，但意向對象卻是不明的。因此，宗教意象的本質內涵應是在於：外在客體世界與主體意識相互作用的關係中變異性的存在。

宗教意象原本就是一種宗教體驗的核心，在宗教意象場域中，宗教情感與宗教體驗形成一股「氣漾能量」，由意識層次引動著身體知覺、態度與行為，心靈因此身體化了；宗教的身體知覺、態度與行為，在運行的同時，又反向回饋至意識層次，又轉化了宗教意象的存在，身體知覺、態度與行為因此心靈化了，這是雙向存在並作用的「**身體存在性**」意涵

四、退行與前行

宗教意象生發的過程中包含著意識的「退行」與「前行」的雙向運動。「退行」意指宗教意象由外界客體對象的感知，不斷地向內在深層轉化，退行至潛意識與無意識層次，而成為一種積澱且隱匿的痕跡，它積蓄著能量且未消失；「前行」意指宗教意象的生發，因外界的客體對象的感知，引動由潛意識或無意識的積澱痕跡，向外擴展至意識層次而被呈現，這是一種帶著原始意象而有不同於原始意象的創新呈現。宗教意象的不斷「退行」與「前行」，經過長時間的歷史進程，它逐漸

形成一種遺傳的基因特性，在同一族群中不斷地「變異性遺傳」著，主導著該族群宗教信仰與宗教文化的發展。

五、隱跡

宗教信仰實踐裡有一種「看不見的現象」在歷史進程中不斷積澱的結果，隱匿在同一個民族或族群的意識中，它以一種「不可感的可感」影響著族群的宗教發展，我們可以稱它為「集體無意識」或「隱跡作用」，這類似於人類生理上的「基因」因子，人們總是有意識與無意識交互作用地遺傳著同一族群、遺傳著上一代所積澱下來的「文化文本」，這「文化文本」又是同一族群的歷史文化積澱而遺傳下來的，它不斷地質變著，不斷地轉化著，卻未曾消失，未曾中斷了作用力。因此，「隱跡」可以說是一種族群意識中的集體無意識，亦可說是一種歷史脈絡下的「文化文本」。

六、書寫

Jacques Derrida 的哲學研究「看不見的現象」，這看不見的現象是文化的作用力，文化的積澱，他所指出的：

> 書寫（法語為 "Ecriture"，英語為 "Writing"），這是他的解構理論的核心範疇。在 Jacques Derrida 那裡它有兩個含義：（1）指圖像文字，與口語相對；（2）指文化符號，與本體相對。[1]

---

[1] 蕭錦龍，《德里達的解構理論思想性質論》（北京：中國社會科學出版，2004），45。

> 在 Derrida 看來，世界不是自然而然形成的，而是人類
> 文化活動的產品，自然性的口語和世界本體不是人為性
> 的圖像文字和文化符號的前提條件，相反人為性的圖像
> 文字和文化符號卻是自然性的口語和世界本體的前提條
> 件，書寫才是人類知識和世界的根基。[1]

宗教文化現象中的身體活動，是一種實實在在的「身體書寫」，透過身體儀式性的運作，來表達人們內心的宗教信仰、宗教情感的意識，正是這樣的「身體書寫」使內在心靈得以「身體化」的呈現。這種書寫本身是變異性的，不定性的，在時間與空間上是不斷差異與延遲的。

> Jacques Derrida 所強調的書寫，不是字面的，而是進行
> 在心靈深處的、無意識中的書寫（Psychic writing），
> [2]Jacques Derrida 將廣義的語言歸結為"心靈的書寫"，
> 因此它本身就是一個民族的心理的、精神的文化的源
> 泉，……它在歷史中會依照自己的意願不斷變化。[3]

「**身體書寫**」是信仰者的宗教觀念、宗教體驗與內心宗教情感的延遲呈現，而身體運行的呈現又與這些要素的實質內涵存在著差異化與延遲化的現象。這些都是「看不見的現象」，但它卻在文化傳承過程中，不斷地在「書寫」著，這就是一種印跡（trace），它隱匿於歷史文化的流變中的印跡。

---

[1] 蕭錦龍，《德里達的解構理論思想性質論》（北京：中國社會科學出版，2004），45。
[2] 鄭　敏，《結構解構視角》（北京：清華大學出版社，1998），53。
[3] 鄭　敏，《結構解構視角》（北京：清華大學出版社，1998），102。

七、文本

文本的原文為 texte，英語為 text，法文為 tissu。Jacques Derrida 「強調其動詞源的含義，即"編織"」[1]之意。「一旦我們明白了 text 的含義，我們就會獲得一種新穎的眼光去把握所有的意義世界，因為一切意義世界都受制於文本的運動」。[2]Jacques Derrida 提出「書寫」的概念，每一種書寫都是一種文本的呈現，它同時包含著傳統思想的延續性，又包含著對文本創造式的新詮釋，但這二者並非因果關係的存在，而是開放式且差異性的存在。

> 他的文本（text）不僅僅是指事物的表現形式語言符號，而且也指那些被編織在語言符號中的現實事物本身，它不僅是文化的同時也是自然的，是自然物和文化建構的混合體。"文本"在根本上是"文本間性"（intertextuality）式的。[3]

宗教文化的這一個「看不見的現象」的場域隱含著多元的面向，宗教文化活動的每一個時機、每一個空間、每一個個體、每一個現象都是一種文本，而文本與文本之間又交互作用而另成一個文本，所以說它是一種「書寫」。

---

[1] 周榮勝，〈論德里達的本文理論〉，《北京社會科學》，4（2000）：120-130。
[2] 周榮勝，〈論德里達的本文理論〉，《北京社會科學》，4（2000）：120-130。
[3] 蕭錦龍，《德里達的解構理論思想性質論》（北京：中國社會科學出版，2004），52。

八、補充

宗教的身體符號被信仰者多元化、差異化的詮釋著，這種播撒性的「心靈書寫」不斷地擴散著，這些都是不在場之「在」，此書寫的印跡一道道地劃上又消逝了，宗教身體符號成了一種不在場之「在」的補充或增補。但是，「補充並不表明原有的空缺被"在場"填補上了，"在場"不過預示著"不在"的踪跡而已。盡管不在永遠不是在場的事物，但是它正是在在場的事物中宣告自身的存在」。[1]Jacques Derrida 指出：

> 文本之外無物（There is nothing outside of the text）；事物就是符號本身。呈示（manifestation）不是事物本質的展示，而是使事物變成一種符號。符號永遠是事物本身的補充。符號代表著不在場的在場。[2]

宗教意象的書寫存在於此差異化的系統當中，在現實世界與想像世界的差異之中，在差異的系統中，各個主體都扮演著補充的角色，因「互為增補」的本質性，才得以形成差異的「互動關係」。

> 除了補充、除了那只能在差異的的參照物的鏈條中產生出來的各種替代的指示、除了「真實」的代替品、除了只有當從印跡中從補充中得到意義時被增補等等外，不存在任何東西（Jacques Derrida, of grammatology, p. 154）。[3]

---

[1] 陳曉明，〈論德里達的補充概念〉，《當代作家評論》，1（2005）：12-23。
[2] 蕭錦龍，《德里達的解構理論思想性質論》（北京：中國社會科學出版社，2004），20。
[3] 蕭錦龍，《德里達的解構理論思想性質論》（北京：中國社會科學出版社，2004），157。

宗教意象的不斷補充，對應著宗教文化存在與延續的本質性，宗教意象是非確定性的、斷裂的，具有極大個別差異化的，於是「在場」的形式化表現都蘊涵著極廣大的「不在場」意涵，宗教意象於此場域之中，進行著各種可能性的書寫。信仰者自身的宗教意象的衍化，這是一連串不斷補充的過程，是不在場對在場的增補。「補充之物是無足輕重的，因爲它是對一個外在於它的完滿在場的補充」，[1]「Jacques Derrida 的"補充"概念表明存在（在場）是對不在補充的結果，但是，補充也並不意味著在場與不在是毫無差別的」。[2]

九、印跡

現在的在場可以由種種多元差異的不在場視角切入，現在的在場因而是「活」的，是活躍變異的在場。這種性質的在場，與其說它是「現在」，不如說它是不斷被消抹、更新的「印跡」。Jacques Derrida 說：

> 印跡是自性的抹消，是其自身在場的抹消，它以死於、苦於自身的消失、自身的消失的方式而構成。不可抹消的印跡不是印跡、它還是充實的在場、是不可破壞的非運動的實體，上帝之子，一個在場的符號，而不是一粒種子、一個可以死去的胚芽。抹消就是死亡本身。[3]

在宗教信仰實踐的場域裡，主體的身體表現在宗教文化的場域空間呈現的那一刻，是在場的，亦是不在場的。每個主體在每一次的信仰實

---

[1] 德里達（Jacques Derrida）著，《論文字學》（汪堂家譯）（上海：上海譯文出版社，1999），209。

[2] 陳曉明，〈論德里達的補充概念〉，《當代作家評論》，1（2005）：12-23。

[3] J. Jacques Derrida, trans. by A. Bass. **Writing and Difference.** Rout ledge & Kegan Paul.1978. P.230.（引自周榮勝，〈德里達的印跡論〉，《南京師大學報》，4（1999.07）：95-100。）

踐時都必然也無法避免重新地詮釋以往所認知的信仰意義，它變異地存在著，唯每一次信仰實踐中所變異的程度不一，此變異乃來自於現實與虛幻之間或「在場」與「不在場」之間的「補充」，這就是印跡（trace）一道道刻劃，又一道道被更新置換的現象。此印跡有如在水面上劃過而留下的水痕，將逐漸從意識中消逝，但關鍵的是它所引發的漾動能量或作用力，印跡雖然由顯而隱，但其漾動能量卻足以造成變異。所以說，印跡存在於主體每一次的信仰實踐之中，並且必然地留下由顯至隱的刻痕。

十、延異

「延異」（différance）是 Jacques Derrida 解構理論的重要論點，他指出：延異是差異非完整的、非單純的、結構性的與差異區分的基源。故「基源」一詞不再適用。

> "延異" 是差異的有系統遊戲，是差異的特徵的有系統遊戲，是使各因素相互聯繫的空白（spacing）的有系統遊戲。這種空白同時既是主動地又是被動地產生間歇。沒有間歇，豐富的術語就不能有所意指，不能有所作為。[1]

身體文化就是一種在歷時性與共時性上不斷差異、延緩的有系統的遊戲，文化印跡的外顯與隱匿表徵著「身體存在性」的不圓滿性或有限性，文化的存在現象由身體在時間與空間的運動上被顯現出來，但它總是蘊涵著二層意義，一是在場顯現的意義，一是不在場顯現的意義，二者是相互作用並同時生發的一種存在現象。

---

[1] 德希達（Jacques Jacques Derrida）著，《立場（Positions）》（楊恆達、劉北成譯）（臺北：桂冠出版，1998），29。

十一、沉默知識

沉默的知識意指「知識範圍中，可感知、可意會、可領悟的，但卻無法結構化與符號化為表述語言的部分」；表述的知識就相對於沉默的知識，意指「知識範圍中，可以結構的符號語言表達出來的部分」。「身體－漾·態」的兩義性與曖昧性體現在另一種現象之中，那就是「表述知識」與「沉默知識」。在信仰意義的空間裡，信仰的知識大部分是屬於「沉默知識」，「沉默知識」是屬於信仰意義的沃土，或說是信仰意義重要基石。「沉默知識」難以被察覺、難以被結構、難以被系統化、難以被表述。或許有人會懷疑有這樣的知識嗎？不能被表述或系統化、結構化的知識能算是知識嗎？筆者認為，信仰的意義來自於信仰的知識，而此知識可能大部分來自於結構化、系統化的知識，但能對信仰者產生信仰的意義，則這些結構化、系統化的知識必須要成為信仰者一種「私密」的個人知識，這一轉化就將結構化和系統化的知識轉化為「沉默知識」。在此個人知識裡，「沉默知識」起著最大的作用，發揮著支撐個人信仰行為的基本能量。「沉默知識」是非結構的、混亂的、不明的，但是對於主體而言，卻是相當穩定的，由於它難以察覺，甚致連主體自身可能都難以察覺它的存在與影響力，所以「沉默知識」經常不是一種容易成為焦點的知識。

十二、雙重折疊（double invagination）

「雙重折疊」也表現在整個信仰實踐中的軀體性態式與心靈性漾動，這二者也是交互影響的現象。有如上述所言，信仰實踐文本的運行是在既有的傳統脈絡下增生新的文本意義，那麼信仰實踐過程中的軀體性態式與心靈性漾動，亦是蘊涵著如此的現象。「雙重折疊」的意涵就指涉

著重疊、重覆、重新的意義，同時也意指宗教信仰實踐中的「共時態」與「歷時態」同存，因此既是傳統的運行也是新意涵的創生。

在宗教的各種場域裡，變動的「身體感」是隨即死亡的一種「活」的「在場」，是不斷差異化與延緩化的印跡運動，因此，其所產生的文本並不僅僅存在於它所表現的軀體性態式的符號本身。宗教信仰實踐是「活」的「在場」，其主要意旨在於指涉「身體－漾・態」存在著多元性的「雙重折疊」，它發生於空間範疇裡的「共時態」及發生於時間範疇裡的「歷時態」。「活」的「在場」所表徵的多元性的「雙重折疊」，其所蘊藏的意涵即是在信仰場域中的特定空間與時間的交織中，每一關於信仰實踐的現象都包含著「兩義性」與「曖昧性」，此二種特性即是源自於「雙重折疊」的重疊、重覆、重新的意涵。

第二章　宗教文化基因的思辨
－身體存在性

第一節　身體的出場

一、身體的概念

　　人類存在於這個世界乃以「身體」為載體，而身體這一概念並非是單單指涉「肉體」的意涵，它是心靈意識之「漾」與生理肉體之「態」的綜合載體。這是一個重要的觀點，而且二者並無孰重孰輕的問題，也不能將此二者視為一種「物」或「物性」來看待。「漾」與「態」的本質存在於這二者之間，它們是緊密聯動的現象，並不能像分析一個「物」一樣地將之明確地切割來看，探討其中一者，必須連帶地涉入另一者，這是一個變異性的互動場域。就如「舍勒（Marx Scheler）的著名問題"人是祈禱中的 X"中，人絕非一個"物"，而是一個"走向"，一個"之間"的在——方生方成的行為之在。這種行為是向上超越的、奉獻奔湧的生命洪流於精神的意向姿態」。[1]「身體」概念的重新詮釋是重要的，因為「身體」承載著人類所有的文化體系。

---

[1]　周與沉，《身體：思想與修行》（北京：中國社會科學出版社，2005），引言 1。

> 此所謂 "身體" 非惟生物性的肉體，本就是涵孕了身與心、
> 感性與靈性、自然與價值，及生理、意識和無意識，且在
> 時、空中動態生成、展現的生命整體。[1]

「身體，既是人之自我理解的起點，又是人在與社會、自然的聯系網絡中溝通、交往的存在支點甚至價值支點」。[2]在宗教領域中，身體是一個極深入探討的議題，也是人與神溝通的一種符號系統。

宗教作為一種文化型態而存在於人們所生存的環境中，不論對於社會或個人的影響是巨大的，這種巨大的作用力在歷史的恒流中不斷地「集結」，是人與神之間的各種可能經驗的「集結」，「人與神的關係，為人類文化自軸心時代以來的基本命題」，[3]這不僅是個人經驗的集結，亦是社會功能的集結。

> 作為歷時最為久遠、分布最為普遍、影響最為深廣的人類
> 現象之一，宗教與人的世界緊密相聯。人類文明的各個部
> 門，人類活動的各個方面，……無論是社會的價值取向和
> 共同素質，還是個人的心態結構和行為模式，都同宗教有
> 著起初是渾然一體，爾後又相互滲透的關係。[4]

主體宗教經驗的集結是社會化的過程，社會化的過程是一種「宗教關係」，是個人的經驗集結與他人的經驗集結，以及和社會功能的集結，這三者是彼此相互干擾，相互產生作用的。因此，個人的宗教文化經驗的集結就不會是脫離社會民族而單獨的存在但又保有其獨特

---

[1]　周與沉，《身體：思想與修行》（北京：中國社會科學出版社，2005），引言 2。
[2]　周與沉，《身體：思想與修行》（北京：中國社會科學出版社，2005），2。
[3]　周與沉，《身體：思想與修行》（北京：中國社會科學出版社，2005），1。
[4]　伊‧凡‧亞布洛柯夫著，《宗教社會學》（王孝雲、王學富譯）（台北：水牛出版社，2003），1。（何光瀘，總序）。

性的集結。這樣地集結通過活動的不斷反覆與時間的積澱，深化存在
於個人與社會內在的「宗教關係」而成為一種「隱匿之跡」的存在，
這一存在成為不易覺察的內在因子，在人們日常生活中起著細膩的影
響，人們常不自覺地對自覺感知的外在訊息作出反應，這是深化且隱
藏於深層內在的「意象」，在宗教文化上，這是「宗教意象」，著名
的心理學家榮格將它稱為「集體無意識」。

> 當個體的意識或無意識活動在社會實踐的廣泛流傳中被無
> 數的其他個體，被整體社會加以認同、加以仿照、加以重
> 覆、加以依樣照板地實行之後，那種個體的活動方式便會
> 成為社會的無意識文化，成為一種理所當然，不言自明的
> 社會文化圖式。[1]

「宗教意象」是存在於「宗教關係」之中的，是人與神、主體與
自我、主體與行為、主體與他人、主體與組織之間的關係，在這些關
係中都存在著「宗教意象」的作用。從族群遺傳下的意象，融合主體
自我創造性、詮釋性的意象，進而發生種種「宗教關係」，「宗教關
係的形成與宗教意識相適應，並以宗教活動方式存在」。[2]「宗教關
係」有幾種特點：規範化、階級化、道德化、交易化，這些特點都與
「宗教意象」緊密關聯著。規範化的宗教儀式引領著主體共同地運行
虛幻的想像；階級化體現在神為上、人為下的階級關係中，人們總信
服地臆想著虛幻的神祇；道德化是宗教最重要的社會功能之一，「道

---

[1]　胡　瀟，〈論個體無意識的非個體性－榮格無意識理論片議〉，《人文視野》，1
（2001.04），79-80。
[2]　伊‧凡‧亞布洛柯夫著，《宗教社會學》（王孝雲、王學富譯）（台北：水牛出
版社，2003），104。

德關係被宗教反映出來並形成模式」，[1]人們常臆想著良好的道德是神的旨意；交易化的關係則常體現在人們的祭祀行為中，在台灣民間各大宗教活動中，人們總會準備一些食物、水果、祭品以酬謝神靈的保祐，並祈求著未來的願望，這是一種交易化的關係。「宗教意象」總是在這些關係中存在並作用著，既是族群遺傳的，又是主體創造詮釋的一種意象，影響並主導著人們的「身體」，身體的概念既不是物質化的，也不是虛幻化的，既非完全生理性的，也非完全心理性的，「身體」的實質意涵包括著「意象之漾」與「現象之態」，是這二者同時體現的意義。

「**身體－漾・態**」是筆者從「身體」而非肉體概念的基礎上所延伸出的一個名詞，其主要意涵著身心是一起體現的概念，強調著軀體性與心靈性的不可分割性，所關注的不止是身體的生理現象、生物學特徵、遺傳基因或單純的心理因素，更從社會與文化的視閾來關注身心的整體現象，心靈意識不僅主導著身體行為，身體行為亦不斷地回饋作用力予心靈意識，這二者不斷地交互作用著，是互為主體性且變異性的存在。「身體－漾・態」從身心一元的整體概念出發，同時認定身與心的二元作用現象的存在。身體的種種感官接受是單純的身體機能作用，但此作用的本質是延續性與差異性的，相同的感官接受在不同的時間與空間所表現出的作用結果是不同的。當身體的感官接受作為一種作用而向內轉化為心靈層次的作用時，此心靈層次的作用又不斷地向外延伸而影響了身體的表現。身與心的二元作用是不斷循環、延續與差異的發展現象，身與心的作用是相互滲透、相互引領的，所以從宏觀的角度而言，身心是一元的整體概念，從微觀的角度而言，

---

[1] 伊・凡・亞布洛柯夫著，《宗教社會學》（王孝雲、王學富譯）（台北：水牛出版社，2003），106。

身與心的作用是二元的存在與相互影響的變動本質。另外，身體的感知所產生的能指與所指是受著社會與文化的強烈制約的，這個制約作用會改變原本單純的生物性反應，原本單純的生物性反應因社會文化的引領而有著不同的反應，例如，佛教文化中用「燃臂供佛」來進行信仰實踐，有一種以身體作為「燃香」之物的儀式，將熾熱的香火放置放手臂上，將手臂上火燃為一個焦黑的點，同時進行數點的「燃臂供佛」儀式。信仰者相信以燃燒部分的肉體來供養十方三世諸佛，可以消除三世業障，令此生此世能增長智慧與福命。

> 上人從「燃臂供佛」深刻體會生之痛。「早年獨自修行，
> 每天凌晨即起身禮佛、讀經、拜經。我很窮，每個月在自
> 己身上燃香，作為對佛菩薩虔誠的供養。燃香之處會起泡，
> 乾了就會結疤，最少十二顆，我將之一個一個挑起來。」
> 疤挑起來之後，赤紅的肌肉組織與空氣接觸，痛徹心肺。
> 上人忍痛觀察，發現傷口很快生出一層薄膜，就像燃燒的
> 蠟燭熄滅後，蠟油上方會迅速產生一層膜；薄膜覆蓋傷口，
> 隔絕了空氣，就不那麼痛了。「生苦、老苦、病苦、死苦，
> 都是大自然法則。人生無常，任何人都無法主宰生命的長
> 短，但可把握自己生命的寬廣、深度，在人生劇本的空白
> 頁上用心揮灑。」[1]

若單純從生物性的反應來看此例，則會有不同的看法。因此，可以理解社會與文化對身心的影響之巨，身體的生物性反應不斷地被社會與文化修飾，在社會與文化中的身體已不再是單純的生物性身體，

---

[1] 慈濟人文傳播志業基金會，月刊 462 期。
http://taipei.tzuchi.org.tw/monthly/462/462c13-20.HTM。

也不是單純的心理研究調查中的心理現象，而是一種不斷滲透的、隱匿而不顯的「漾‧態」，它是一種看不見的印跡。

這一「漾‧態」不是「樣態」般的具體可感，它更具「曖昧性」與「渾沌性」及「兩義性」，它不像「樣態」般的明顯有跡可循、有跡可辨。但是「漾‧態」也是有跡的，但此「漾‧態」的印跡包含著「樣態」的外顯之跡，更重要的意涵是包含著內藏隱匿之跡。在邏輯概念上，「跡」應是外顯的，而「隱」則無跡，但身體之「漾」卻是「隱而有跡」的，這如「矛」與「盾」一般的雖然矛盾卻是存在的。它是身體心靈化與心靈身體化的中介層，而軀體性之「態式」則表現出宗教文化的形式屬性，同坍也蘊藏著宗教文化義屬性。「態，是具有本體性意義的重要範疇，是因爲 "態" 既具有空間存在意義，又具有時間延續意義」，[1]「漾」象徵著人們虛幻想像的能量在「態」所蘊含的時空中起著變動性的作用，「漾」與「態」是表現人與事物之互動關係的本質範疇，由於宗教的超人間、超自然的社會意識的存在特性，虛幻想像的能量作用並不是具體可見的形體，這是宗教看不見的現象場域，從學術視角而言，它似乎偏向宗教心理學，但其實質的作用力卻具涵著哲學與社會學的意義。對這一看不見的現象場域作出哲學的分析，以解析其神秘的色彩下所蘊藏的本質性，以其正確地看待這一宗教文化最具生命能量的範疇；人們面對所有的不確定性的威脅時，這一場域發揮著穩定人心、穩定社會的功能。大部分的社會與文化、生理學、心理學的研究並不能完全的解剖出其對身心的一切作用，能研究詮釋出結果的必竟只是冰山一角，因爲身心是一個延續性、差異性的變動，文化生生不息的演變過程形成了「隱匿之跡」的本質性。例如文化的價值理念，總是無形地制約著「身體」，身體的各種

---

[1] 羅筠筠，〈態：中國美學的一個重要範疇〉，《哲學研究》，6（2005）：66-70。

表現都受著社會意識與文化價值理念的影響，因為「身體存在性」的本質是社會性與文化性的。「身體與理念的關係，在古代性中是一種價值論意義上的制約關係，即身體受理念的超自然意義約束，文化性的價值理念系統有如一件服飾，某個身體穿上它才稟得一種生存的人性身份和社會性權利」。[1]

　　臺灣的宗教文化活動繁華發展，各種節慶活動中均可見各式各樣的宗教文化活動呈現在各個寺廟廣場或民間社區。其中以八家將、官將首、神將巡禮、跳鼓陣、宋江陣等最為常見，這些活動常伴隨著宗教行腳活動而被呈現，其本質均蘊涵了強烈的宗教情感、民族情感與神秘色彩，是人對自然生命的直接表現，這些可以被定位為「廟會陣頭文化」。在臺灣傳統廟會藝陣之倅鼓、跳鼓、八家將、官將首等表現中，人們的情感與肢體動作有著不可分割與同時作用的特性，情感與動作之間是緊密聯系的。它是時間與空間交織的虛擬世界透過「身體－漾·態」的表現，此表現既是明確的又是曖昧性的。這一宗教文化活動的呈現，在本質上體現了部份與整體、多重與同一、顯現與不顯現的曖昧性，這一曖昧性是可透過哲學的反思來加以探討。對於宗教文化活動的而言，其曖昧性是來自於宗教神秘性與宗教體驗性，諸如宗教神祇的神秘性與主體對神祇扮演或崇拜的體驗性。

　　身體動作是人類最自然的、最原初的身體表現，這一身體表現是身心不可分割的主體性，這一不可分割的主體性本文稱之為「身體－漾·態」。「身體－漾·態」就是主體所展現的生命情境，不論是面對在場或不在場的事物，人們總是身心一起產生作用力而給出呈現的，「身體－漾·態」的呈現也就是主體性的呈現，身心是一個總合概念，而非二個先獨立存在再合而為一的概念。在宗教文化活動中的任何的宗教行為、

---

[1]　劉小楓，《現代性社會理論緒論》（上海：上海三聯書店，1998），333。

祭祀行為、崇拜動作或姿勢都是身心總合概念的身體表現。這是人們感性與理性的宗教行為表現，而非只是一般概念下之身體動作姿勢的一連串聯結的表現，在宗教文化活動中形成獨特的虛幻與現實交互作用的身體表現。由於身心是一個總合概念，每一個身體呈現都是非單獨的身體動作而已，在場顯現的身體呈現實質上是與不在場顯現的身體呈現同時發生，其「意向」是同時存在的，這在超人間、超自然的宗教意象中更是如此。宗教文化以一種基因概念的方式存在於人們的身體記憶中，此為一種看不見的印跡，本文稱之為「隱跡」。「身體－漾·態」的在場顯現與不在場顯現是本文探討的重點之一，在場與不在場並不是一般思維可以清楚感知的，所以我們應運用哲學思維的角度來檢視。一般思維中之身與心二分的情形是普遍存在的，若不從哲學的視閾切入，則無法理解宗教文化基因下的身與心在此曖昧性的「身體－漾·態」中變異的互動關係的現象。

二、「身體－漾·態」的符號化

　　歷史積澱的意義潛伏在人們的各種制度中，它是一種符號意義的存在，「歷史也可以看做一種符號結構，為歷史行為者沒有充分領會的規則所控制，為歷史行為者沒有充分領會的轉變環繞，它按照歷史行為者試圖"共存或彼此承認"的意願驅動」。[1]人的身體動作和姿勢，本質上就代表著一種人與人或人與神溝通的符號，宗教文化中的身體運作，總象徵著某種特定的意義，例如宗教中常見的雙手於胸前合十的動作、五體投地的禮拜動作、各種祈禱動作等都具涵著特定的意義內涵，因此，這就具備了符號學上能指與所指的關係。李亦園指出，「人的身體是最

---

[1]　詹姆斯·施特密（James Schmidt）著，《梅洛龐蒂－現象學與結構主義之間（Maurice Merleau-Ponty – Between Phenomenology and Structuralism）》（尚建新、杜麗燕譯）（台北：桂冠圖書，2003），179。

常被用來表達人際關係和人神關係的符號，也是一種最自然的符號」。
[1]人與神之間所存在的意義，都隱匿在身體符號的系統中，包括主體行為與集體共有的制度之中，在現實時空與虛幻時空中獲得一種規範性的符號系統，宗教的歷史於是逐漸形成。梅洛龐蒂（Merleau-Ponty）在《讚美哲學》[2]中指出：

> 歷史的形式和過程、階級、新紀元等……正是以這種方式
> 存在……它們所處的社會、文化或符號性空間，僅潛伏在
> 語言中，潛伏在政治制度和宗教制度中，而且也潛伏在親
> 屬關係、機器、風景、生產等形式中，一般說來，它潛伏
> 在人類溝通的一切形式中。[3]

宗教文化之身體符號不如語言、文字有明確的能指（signifier）與所指（signified）的功能與概念（對象），但仍然具備著能指的符號形象與所指的概念意義，尤其許多宗教文化都存在著獨特性的身體符號。宗教文化的身體符號都來自於宗教現象之「態」，其內涵則蘊藏著宗教意象之「漾」，宗教文化的符號築基於「身體」，它形成一種規範與制度，就個體或族群而言，都是一種符號系統。梅洛龐蒂（Merleau-Ponty）在《讚美哲學》[4]中指出：

---

[1]　李亦園，〈社會變遷與宗教皈依———一個象徵人類學理論模型的建立〉，收錄於《宗教與神話》（廣西師範大學出版社，2004），52。

[2]　Merleau-Ponty, Maurice. *In Praise of Philosophy*, trans. John Wild and James M. Edie, Evanston: Northwestern University Press, 1963. p56.

[3]　詹姆斯‧施特密（James Schmidt）著，《梅洛龐蒂－現象學與結構主義之間（Maurice Merleau-Ponty – Between Phenomenology and Structuralism）》（尚建新、杜麗燕譯）（台北：桂冠圖書，2003），181。

[4]　Merleau-Ponty, Maurice. *In Praise of Philosophy*, trans. John Wild and James M. Edie, Evanston: Northwestern University Press, 1963. p55-56.

　　　　語言是一種符號系統，符號只有在彼此的關係中才有意
　　　　義，每個符號在整個語言中具有自己的用法，同樣，各
　　　　制度也是一種符號系統，主體繼承下來，使其成為一種
　　　　有用的風格，一種普遍的結構，根本不需要構想它。平
　　　　衡一旦被破壞，那裡發生的改組就像語言的改組一樣，
　　　　構成一種內在邏輯，儘管可能沒有人清楚地認識它。[1]

　　符號系統在歷史流變中，具有不可變動性與可變動性的性質，因這
二種性質，不論是語音中心或非語音中心的符號系統，總是維持著一種
「**動態平衡**」，也就是在能指與所指的關係上，維持著動態平衡。索緒
爾（Saussure）指出，「所指和能指的聯系是任意的，或者因為我們所
說的符號是指能指和所指相連結所產生的整體，我們可以更簡單地說，
語言符號是任意的」。[2]宗教文化的身體符號雖然亦離不開任意性原則，
但它卻是基於人類的「**身體存在性**」，在身體的基礎上發展出最貼近心
靈情感的動作，例如雙手合十在許多不同的宗教中都是一個具代表性的
身體符號，那為何是以雙手合十的代表祈禱、崇拜的行為，而不是其他
形式的動作姿勢，這是「身體存在性」的自然發展，這就是任意性原則
的意涵。宗教文化的身體符號還包含著「語言」與「言語」的二個不同
層次，前者是族群共有的符號體系，後者是主體的獨特性意涵。

　　索緒爾（Saussure）區分了語言與言語，「語言是言語活動中的社
會部分，它不受個人意志的支配，是社會成員共有的，是一種社會心理
現象。言語是言語活動中受個人意志支配的部分，它帶有個人發音用詞、

---

[1]　詹姆斯・施特密（James Schmidt）著，《梅洛龐蒂－現象學與結構主義之間
　　（Maurice Merleau-Ponty – Between Phenomenology and Structuralism）》（尚建新、
　　杜麗燕譯）（台北：桂冠圖書，2003），179。
[2]　索緒爾（Saussure）著，《普通語言學教程（Course in General Linguistics）》（高
　　名凱譯）（北京：商務印書館，2001），102。

造句的特點」。[1]宗教文化的身體符號有部分是屬於語言特性的，而更
大的時空則是屬於個體化的言語特性，例如佛教中五體投地禮佛的身體
符號是佛教社會共有的語言，但仍有著個體化的差異存在，且在相同的
能指（身體符號）下，其所指的意義內涵有著更廣大的差異性。「語言
是一種符號系統，符號由能指和所指兩部分組成。所指就是概念，能指
是聲音的心理印跡，或音響形象」。[2]當然，宗教文化的身體符號並不
單單指涉非語音系統的身體動作和姿勢，也包含著語音系統的符號內容，
包括各類咒語、佛號、祈禱文等，因為聲音符號仍是築基於「身體」的。
索緒爾（Saussure）指出，「一切符號都是音響形象（sound image）和
概念（concept）的結合，即能指和所指。所指和能指的關係是任意的；
符號和符號的關係及符號和系統的關係則是受制約的」，[3]宗教文化的
身體符號有部分是有音響形象的，有部分則是無音響形象的，它是語音
中心與非語音中心相融合的符號系統，但它與內在心理的宗教意象有著
密切的聯結，身體動作和姿勢是聯結著心靈意識的意象，相同的，語音
符號亦能創構意識中的宗教意象，例如佛教淨土宗強調的唸佛法門，透
過某一佛號的重覆頌唸，將佛的形象加強並根深蒂固在意識，甚至潛意
識與無意識場域中，這是語言符號的形象功能。「語言符號所包含的兩
項要素都是心理的，而且由聯想的紐帶聯接在我們的腦子裡」。[4]「語
言的特徵就在於它是一種完全以具體單位的對立為基礎的系統」。[5]索

---

[1]　謝多勇，〈對索緒爾几個語言觀的理解〉，《廣西民族學院學報》，（2004.12）：
　　209-210。
[2]　謝多勇，〈對索緒爾几個語言觀的理解〉，《廣西民族學院學報》，（2004.12）：
　　209-210。
[3]　張　翔，〈索緒爾所指及其認識效應〉，《外語學刊》，99（2000）：48-52。
[4]　劉豔茹，〈語言的結構之思－索緒爾哲學語言觀述評〉，《北方論叢》，2期
　　（2005）：52-55。
[5]　索緒爾（Saussure）著，《普通語言學教程（Course in General Linguistics）》（高
　　名凱譯）（北京：商務印書館，2001），151。

緒爾認爲，「思想按本質來說是渾沌的，它在分解時不得不明確起來」。
[1]索緒爾符號學中，「語言符號的任意性，主要是指在單個語言符號的
能指和所指兩層面之間不存在任何可以論證的實質關係，即能指對現實
中跟它沒有任何自然聯系的所指來說是任意的」，[2]「語言是言語活動
的社會部分」，[3]由於社會是一群個體意識的群集，它是變動不居的。

　　「符號的使用和符號世界的創造不但生動反映和體現了作爲意識主
體和意識性存在的人的本性，而且生動地反映和體現了作爲社會主體和
類生存的人的人本性。這表明語言符號是一種文化符號和一種情景符號」
[4]。「任何特定的語言狀態都是歷史因素的產物，而這些因素正好解釋
了爲什麼符號是不能變動的」，[5]「語言符號的不變性指能指和所指之
間關係的相對固定，不由個人或社會大眾隨意對其加以改變」。[6]語言
符號的不可變動性是因爲語言符號的任意性原則而造成的，「符號的任
意性本身實際上使語言避開了一切旨在使它發生變化的嘗試」。[7]語言
符號的不可變動性也保證了語言符號的差別性，此差別性指所指的概念
差別與能指的符號差別，索緒爾指出，「語言並不可能有先於語言系統
而存在的觀念或聲音，而只有由這一系統發出的概念差別和聲音差別」。

[1]　索緒爾（Saussure）著，《普通語言學教程（Course in General Linguistics）》（高
　　名凱譯）（北京：商務印書館，2001），158。
[2]　董　敏，〈功能主義視角下索緒爾語言符號觀述評〉，《西安外國語學院學報》，
　　12.4（2004）：14-17。
[3]　索緒爾（Saussure）著，《普通語言學教程（Course in General Linguistics）》（高
　　名凱譯）（北京：商務印書館，2001），36。
[4]　董　敏，〈功能主義視角下索緒爾語言符號觀述評〉，《西安外國語學院學報》，
　　12.4（2004）：14-17。
[5]　杰夫瑞‧C‧亞歷山大、史蒂芬‧謝德門（Jeffrey C. Alexander, Steven Seidman）主
　　主編，《文化與社會－當代論辯（Culture and Society － Contemporary Debates）》
　　（古佳豔等譯）（台北：立緒文化出版，1997），83。
[6]　馬壯寰，《語言研究論稿》（北京：中華書局，2002），2。
[7]　索緒爾（Saussure）著，《普通語言學教程（Course in General Linguistics）》（高
　　名凱譯）（北京：商務印書館，2001），109。

[1]由於差別性才能使語言符號明確化，在語言符號的能指與所指關係未確立之前，一切都是模糊的。由於語言是一種社會化的符號，所以它並不是可以隨意被改變的，「任意性並不意味著使用語言的人可以隨心所欲的用任何能指來表達任何所指，這是因為語言符號還具有規約性」。[2]

　　語言符號的可變動性意指，「能指和所指之間的關係出現變化或轉移的性質」，[3]實際上就本質意義而言，符號的可變動性是較具意義的內涵，不論符號的轉移變動有多大，它始終處於此種變動之中，只是人們有時不易覺察。因為使語言變動的因素或條件隨時都存在，這也是人們本能的需求。畢竟語言並無法完整地表現人們心中的想法或概念，因此，「語言根本無力抵檔那些隨時促使所指和能指的關係發生移轉的因素」。[4]語言符號的不可變動性與可變動性是立基於時間線上的一種判斷，因此時間因素就顯得重要，「離開了時間，語言的現實性就不完備。任何結論都無法做出」，[5]時間體現出了語言符號的不可變動性與可變動性。不可變動性從另一個視角而言，它保證了語言在歷史時間上的連續性，使語言不致因為可變動性而中斷了。但若仔細分析，語言符號的連續性也代表著另一個含意，就是緩慢地變動。索緒爾指出，「時間保證了語言的連續性，同時卻有有一個從表面看來好像跟前一個相矛盾的

---

[1] 索緒爾（Saussure）著，《普通語言學教程（Course in General Linguistics）》（高名凱譯）（北京：商務印書館，2001），163。

[2] 董　敏，〈功能主義視角下索緒爾語言符號觀述評〉，《西安外國語學院學報》，12.4（2004）：14-17。

[3] 馬壯寰，《語言研究論稿》（北京：中華書局，2002），4。

[4] 索緒爾（Saussure）著，《普通語言學教程（Course in General Linguistics）》（高名凱譯）（北京：商務印書館，2001），113。

[5] 索緒爾（Saussure）著，《普通語言學教程（Course in General Linguistics）》（高名凱譯）（北京：商務印書館，2001），116。

效果，就是使語言或快或慢發生變化的效果」。[1]索緒爾指出，「文字可以把它們固定在約定成俗的形象之中，但要將言語行為的所有細節都逼真地描繪下來則是不可能的」。[2]「語言符號的聲音層面同樣是不確定的，這種不確定性從根本上導致了語言符號的模糊性。同時能指是一條線，以具有一維線性特徵的語言來表述多維度的客觀世界和所指觀念世界將不可避免地產生模糊性」。[3]

索緒爾首先表明符號是二元單位構成的實體，是一種兩面的心理實體，不可忽略任何一方。也就是說，能指與所指是互為存在主體的關係，是不可切割的整體，這是緊密的環節問題而非可切割的片段問題，否則符號就無法將概念或意義帶出場。這一體二面的關係是以對立關係為基礎的，「語言的特徵就在於它是一種完全以具體單位的對立為基礎的系統」。[4]若以符號學的意義而言，索緒爾強調的偏重在語音系統的符號，對於非語音系統的符號，如圖畫、象形文字、舞蹈、身體等符號是較少涉及論述的。宗教文化中的符號體系，應包含著語音與非語音系統的全面探究，而索緒爾的二元單位的對立，即能指與所指的對立或聯結，實質上是有所偏差的。宗教文化中的單一符號，象徵著「多元意義」的所指內涵，而非簡單的一個能指對應一個所指的關係。宗教文化的身體符號形成了類似文字、圖畫般的形象，此符號形象運行時留下了不可重覆性的痕跡，一種瞬間即逝的痕跡。它代表著符號意義的不在場顯現，亦即符號意義是不可能全部顯現出來的。如德里達所說：「符號的意義也

[1] 索緒爾（Saussure）著，《普通語言學教程（Course in General Linguistics）》（高名凱譯）（北京：商務印書館，2001），111。

[2] 索緒爾（Saussure）著，《普通語言學教程（Course in General Linguistics）》（高名凱譯）（北京：商務印書館，2001），119-120。

[3] 張良林，〈索緒爾、皮爾士與語言模糊性〉，《齊齊哈爾大學學報》，5（2004.09）：113-115。

[4] 索緒爾（Saussure）著，《普通語言學教程（Course in General Linguistics）》（高名凱譯）（北京：商務印書館，2001），151。

永遠不露臉，因爲它總不停變化其"形象"。符號是任意的、差異的，沒有出發點和目的地，只能使用它（做遊戲），不能僵化它」。[1]「能指與所指關係的不確定性或互換性，是德里達解構論的基本特徵，他稱能指與所指是"延異"關係，不是形而上學的所謂觀念與實在的同一性、可重複性，並認爲這是虛假的」。[2]宗教文化的身體符號，由於它築基於人的「身體存在性」，它的根基之源即是民族文化積澱而來的根基，其宗教文化之身體符號蘊涵著「多元意義」的本質內涵。

---

[1]　尙　杰，《德里達》（湖南：湖南教育出版社，1999），113-114。

[2]　尙　杰，《德里達》（湖南：湖南教育出版社，1999），144。

第二節　文化的印記

一、文化的痕跡作用

　　宗教文化的形成受著自然環境的影響頗深，「文化理念要受自然地理、氣候條件的影響，自然環境在人的視野中，也不能不著文化色彩」，[1]在自然環境中，「身體存在性」存在於自然環境顯現出極大的有限性，許多的宗教文化就在人們爲突破這些有限性而生發，逐漸積累而成的一種社會意識與文化形態。身體存在於這些宗教文化的氛圍中，在一種極爲複雜的交織結構中運行著。

> 身體的自然屬性與文化屬性亦相互交織，很難想像有脫離
> 形軀的人和不涵文化色彩的純身。兩種屬性的牽纏、拉址，
> 置人於一種緊張的關係中，這就是人的身體的基本狀況。
> [2]

　　由於這種緊張的關係，促使人們想法子突破這現實時空的緊張，而基於「身體存在性」的有限性，人們僅能依靠著虛幻想像的宗教來舒解這種緊張性。台灣的宗教現象是一多元呈現、和而不同的特殊宗教文化現象，宗教在台灣形成一種文化體系，滲透在各個社會階層，對於個人、家庭、團體、社會都有著顯著性與隱匿性的作用，每一作用都形成一種印跡，對文化的傳承、發展刻劃下使其產生微變的能量。宗教文化在這一多元並融的社會現象中長時間的繁茂成長，長時間的歷史積澱，形成了獨特的「基因化」的宗教文化，它著實地引動著個人的宗教意象、舉止行爲、家庭氛圍及社會的穩定與和諧。民間信仰對

---

[1]　周與沉，《身體：思想與修行》（北京：中國社會科學出版社，2005），10。
[2]　周與沉，《身體：思想與修行》（北京：中國社會科學出版社，2005），10。

台灣社會有著多功能的現象，對穩定社會秩序與良善行為有著很大的作用性。

> 「台灣民間信仰」具有各種社會功能，就像「廟宇」具備
> 著：文化、教育、經濟、政治文化功能，而「祭典」的社
> 會功能也是一樣。雖然「廟宇」與「祭典」之社會功能不
> 及往昔時代，今日仍然有其影響力。例如：今日之政要題
> 贈廟宇大型匾額有逢廟必拜，民意代表候選人倒廟宇上香
> 敬神之情形，就凸顯廟宇之政治功能。祭典期間政治人物
> 之捐獻即參與之情形也一樣很政治。也許神祇也需要大官
> 顯要之支持，其香火才會鼎盛。至於經濟功能方面，就如
> 台灣許多古老廟宇均擁有廟產，台北市「龍山寺」前埕之
> 廟產就出租給攤販做生意，而且收入甚豐。台灣古廟如同
> 一座「文化博物館」參觀古廟等於是一種文化教育。[1]

　　台灣的宗教現象本質上是多元價值的繁盛，一個宗教信仰者的信仰並不強制地限制他不能接受其他的宗教信仰，甚至多元的宗教信仰對同一個主體同時發生作用，常見的是佛道的融合，諸如許多的佛教信仰者，同時在民間節慶時也參與宗教文化活動與祭拜儀式，對於其他宗教，諸如基督教、伊斯蘭教的信仰文化，亦保持著尊重、不排斥的包容心態。這種情形在"佛道"二種信仰形式中尤為突顯，顯示出以這二種宗教為主，結合台灣繁盛的民間宗教信仰與多元的宗教活動，多元的"宗教生態"在台灣是互為增補、互為融合的宗教文化現象，這一現象也造就了獨特的「身體－漾‧態」，由心靈層次受宗教文化的引動而轉化至身體的種種舉止動作。宗教文化的融合關係、因果關

---

[1]　國立自然科學博物館－台灣民間信仰，http://info.nmns.edu.tw/folk/site4/4site.htm。

係、善惡關係都展現在人們的「身體－漾‧態」中。柏德唯斯坦（Birdwhistell,1975）認為，「在一個身體的表達中，很難能將其生理的層次與其心理意識的層次，截然劃分開來」[1]。因此，宗教文化對於人們的心靈層次的廣大與深遠的影響，在不知不覺中轉化了人們的「軀體性態式」與「心靈性漾動」。

　　當然，不同的宗教體系也會有不同的基因作用，亦會有不同的「身體－漾‧態」呈現。其實有一個特殊的現象，就是無信仰者未必真的是無信仰，往往一些高知識分子並無特定的宗教信仰，但仍會在特定的時機進到廟宇祈求，但在這些人的認知當中，他是無信仰者，這也是宗教文化對於個體、家庭、社會都存在著基因作用，其實基因作用我們亦可稱之為「**文化的痕跡作用**」，而文化的痕跡是一次又一次的心靈印記，它具備了不可重複性，當印記生發的同時，它已開始消逝，而形成的痕跡隱入了族群集體的潛意識中，是一種隱而不顯的力量。宗教文化的心靈印記是透過符號來傳達的，包括言語、文字、身體等符號，關鍵在於這些符號所造成的心靈印記是看不見、摸不著的「異域」，是一個難以探究的場域。Jacques Derrida 指出：

> 無論是言語還是文字都不能直接反映感性事物，而只能映照出這些事物在我們心靈裡造成的 "印記"，文字印記是看不見的，聲音印記是聽不到的：印記一次性地發生並稍縱即逝，不可還原，當我們說出和聽到這些言語，寫下和

---

[1]　廖抱一，〈關於「現象學的認知性身體」的補充論述及摘要〉，《舞蹈研究與台灣新世代的展望研討會論文集》，（臺北，2001）：42-49。

看到這些文字時，在時間上已經有了一種不可控制的延緩。

1

二、文化痕跡的隱匿性

　　文化的痕跡作用，在空間上是不斷位移的，在時間上是不斷延緩的，二者就形成了 Jacques Derrida 所言的「延異」。因此，文化基因的痕跡是隱匿的，是需要解碼的，當然，對於不可還原的文化基因，我們不可能完全地解碼，我們只能透過深入的哲學分析，以掌握其大致的脈絡。在台灣擴及最深最廣的佛道二教及民間信仰，其隱跡作用是深化廣及的，而且經常是同時產生作用的，常見一些家庭中的祭祀，既有著佛教的神祇，亦有道教或民間信仰的神祇，同時在廟宇中也常見此現象，例如在台灣的嘉義地區有一廟宇，名為「地藏王廟」，這是一間擁有地下一層，地上七層的廟宇，地上二層至七層多為佛教中之地藏菩薩、釋迦牟尼佛、觀世音菩薩等；地上一層為地藏菩薩與關聖帝君、文昌等；地下一層則為民間信仰之八家將、虎爺等，這就是一間融合佛、道與民間信仰的廟宇。因此，宗教文化對於「身體－漾‧態」的影響，除了在少數較虔誠的宗教團體以外，對大多數的民眾而言，佛道以及民間信仰的交錯影響是同時發生的，往往在民眾的觀念中，這些都是善惡因果、祈求平安喜樂的神祇。這是宗教文化歷史積澱所形成的結果，它基因化的遺傳著，隱匿在歷史痕跡的積澱能量在文化基因遺傳時生發了作用，其所產生的「隱跡作用」是既同時又「延異」[2]（**différance**）的，也就是既是文化遺傳，又是一種對文化的變異式轉化。

---

[1]　陶渝蘇，〈意義追逐與文字遊戲－從 Jacques Derrida 與伽達默爾之爭看德法哲學的不同旨趣〉，《貴州社會科學》，1（2005.01）：58-60。

[2]　「延異」（differance）是 Derrida 解構理論的重要論點，他指出：延異是差異非完整的、非單純的、結構性的與差異區分的基源。故「基源」一詞不再適用。

在台灣的宗教文化活動裡，最引人注目的莫不過是「行腳進香」，其中又以媽祖信仰的進香活動最著名，在這種類似的「行腳進香」活動裡，對身體的挑戰是很大的，信仰實踐者必須存乎一心，忍耐著肉體上苦痛，完成「行腳進香」的挑戰，最後才能品味到信仰的滿足感與喜悅感。在台灣的苗栗縣通宵鎮有一個著名的白沙屯媽祖，每年都會舉辦「行腳進香」的活動，在台灣社會中來自於各個領域的優秀人才都爭相的親身參與此一信仰實踐，諸如企業界、藝術界、學術界中的教授與學生等，他們未必真的有深切的媽祖信仰，但卻對此「行腳進香」的信仰實踐活動有著真誠的心意。這些來自於社會各界的參與者，在真實地體驗過白沙屯媽祖的進香活動後都表示受到極為特殊的體驗，這些體驗來自於特定的軀體性態式的運行，產生肉體上的極大苦痛，但卻相反地造就了心靈上愉悅的漾動經驗。以下摘錄一些經驗分享的實例：

> 一連八天的徒步護駕媽祖到北港，其中心情多是平靜且帶著虔誠之心，鑼鼓聲及「出巡」的歌聲充滿振奮人心，大家的腳步也就輕快、有精神地勇往直前。最令我感動的是，當信徒們誠心誠意就地而跪的「鑽轎下」，那是最令我落淚的一刻，可想像媽祖要就我們無數的信徒是多麼令人感動啊，途中的自己也曾在第三天腿痛不已，無法強撐而上了愛心小卡車，心中也不斷求媽祖保佑我一定要平安完成此行，真不好意思又麻煩到祂，最後兩天終於可以再上路，真是感恩啊！當中自己也學習到也懂得即時放下，某部份的硬撐是傷害自己、甚而更會麻煩到他人，只要心意到了、

盡了力，神明也會接納的，我感覺跟他很親近，如親人般。
[1]

第一次參與白沙屯媽祖徒步進香，在自我身體疲累與內心
掙扎之外，也深深感受到台灣的人情味，這是從小在都市
長大的我未曾經驗過的，尤其是當自己只能操著最簡單的
破閩南語，露出不好意思的微笑時，更是有一種被接納的
感動，不會被遺落也不會覺得孤獨，就像意外發現另一種
語言表達不出的溝通方式，直接感受到彼此的心。八天下
來，突然覺得自己增加了很多正面能量與自信，雖然沒有
走完全程或半程，卻實實在在是一種完成與開始。雖然這
八天好像是與台北的生活環境脫節，掉入另外的時空中一
般，經歷很久以前的故事，但身體與心裡的感受卻是十分
真實的，也許就像林麗珍老師分享的：「這是一個演了八
天的大劇場」，就在每個當下連繫起天地間所有的生命，
凝聚了每個參與者的情感，並深深悸動彼此的心。[2]

從小我媽媽就常說，廟會的鑼鼓聲很像我的「催令符」，
只要村裡有廟會活動的地方，就能夠找到我的身影，對於
傳統常民底層的文化，也一直存著莫名愛參與的熱誠，
至今，餘溫仍存。這多年來，也嘗試著從學習的角度及參
與田野工作的觀點，更近一步發現了民間信仰的草根及生
活性。

　　而自小以來與媽祖婆也一直有著奇妙的因緣，因為小

---

[1]　蔡必珠，白沙屯媽祖網站。http://www.baishatun.com.tw/12-5.htm。
[2]　李聲慈，白沙屯媽祖網站。http://www.baishatun.com.tw/12-5.htm。

時候就拜契屏東故鄉的媽祖及王爺為「契子」，每每就學、工作的轉變，總會依例在神明前燒上 3 柱清香，誠心秉告並獲得告慰；長大成家後，發現我太太的家人，也是家族世代傳承的虔誠媽祖信徒，他們也一直深信，只要一切行事端正，慈悲媽祖婆會默默的『作主』引導，再再都讓自己相信這都是奇妙的因緣。這趟路的體驗，行路途間信徒的虔誠，我深深感動，亦非我筆墨所能形容，但我深深相信，這個看來似乎簡單的體會，是媽祖婆特別用來教化我的，讓生來急性的我，在考慮在乎起點跟終點及不適感受的的同時，應該讓自己有更多的機會「專心」、「當下」的面對每一個感受與過程。能夠有這一次特別的『當下感受』，讓我真的學習到很多，這種學習的延續一直到現在都沒間斷。感謝白沙屯媽祖婆！[1]

腳底沒貼涼涼的藥膏，一直走路的結果是腳底真的長了兩三顆大水泡了。兩腳都有，走一步痛一次，痛得我直想找把小刀將水泡割破。阿桑教妳，妳這根針要先穿一條線然後再刺，刺下去後要穿過水泡的另一邊，然後將線留在水泡裏。」說完阿桑脫下她的鞋襪露出腳底讓我看。果然見著了水泡各刺了 2 個洞留了線，看著都覺得又更痛了。每位寫香燈腳記事的香燈腳們，並不是要傳揚只要向神祈求就能得到回應，而是在傳達教導我們要善良慈悲，透過香燈腳記事，讓人們感動，讓人們知道人間有情處處溫馨。每年媽祖帶領香燈腳們南巡，透過路上所發生令人動容的

---

[1] 謝志一，白沙屯媽祖網站。http://www.baishatun.com.tw/12-5.htm。

每一件事，當我們接受每城鎮當地居民遞來的茶水食物時、
當看到人們虔誠敬仰的膜拜時、當走路累了有人走過來問
要不要上車讓他載一小段路時，當……很多很多的小事，
我們必需細細體會這些代表什麼？為什麼媽祖婆要每年帶
大家到北港再回白沙屯？每件不同的事蹟、不同的體驗和
故事，都真實呈現人性最善良的真、善、美，傳達人們要
心存善念，學習寬大為懷仁慈的心胸。[1]

　　由上述這些案例不難了解，雖然「行腳進香」是對肉體的一種挑戰，
而以白沙屯媽祖進香為例，卻是每年都能盛大的舉辦。肉體上的苦痛卻
在最終能成就心靈性的喜悅漾動，如上案例所述，此可被視為是一種另
類的學習成長的機會，除了宗教性的意義之外，其中更充滿社會性、教
育性的意義。也難怪，許多藝術團體也爭相地參與此類信仰實踐的活動
（如下圖[2]）。

圖 2-1　2006 無垢舞蹈劇場參與白沙屯媽祖活動的初體驗

　　另外，由上述的案例中也不難發現，有些參與者是從小就被類似的
活動吸引著，自然而然就朝此方向有著特定的思維，長大後也很容易就
被此類文化活動所吸引，這即是宗教文化基因的一種體現。這一獨特

[1] Joy，香燈腳記事，白沙屯媽祖網站。http://www.baishatun.com.tw/12-5.htm。
[2] 圖片取自白沙屯媽祖網站。http://www.baishatun.com.tw/12-5.htm。

的宗教文化基因在大多數屬於非極度信仰與極度不信仰者的日常生活
是高度相關的，著實地影響著人們的行為舉止，當然，這形成一種
「隱匿之跡」的作用，這一作用也相對地穩定著社會的秩序。這宗教
文化的「隱匿之跡」的作用，在近百年的台灣社會中早已深根發展，
對於出生在這個土地，在這個土地成長的人們，隱涵顯著的影響作用。
這一作用如遺傳般地從本質上發生基因式的影響，人們從一出生，甚
至更早的胎兒教育，就受著這一本土宗教的影響，在成長過程中，被
家庭、社會不斷地引發這一意向性作用，或許人們無信仰或信仰不同，
但透過整個台灣宗教高度發展的環境影響下，仍發生了許多地意向性
的隱跡作用。台灣所謂「三月媽祖瘋」的現象，媒體日以繼夜地大幅
報導，人們早已被強迫性的接受這些民間宗教活動的訊息，這些訊息
中無不滲透著些許的宗教意識，進而發生了「隱匿之跡」的作用，這
是宗教文化在台灣形成了世界上獨特少有的宗教文化基因現象。由於
這一獨特的宗教文化基因進而形成了多元融合的宗教生態，台灣宗教
的繁盛發展而逐漸形成的宗教文化基因是台灣寶貴的資產，相對於世
界上仍存在的一些宗教衝突，宗教多元融合在台灣達到了高度的發展，
宗教衝突在台灣社會是少見的，宗教的多元價值在台灣社會被差異性
地突顯出來，在本質意義上、在多數人們腦中，台灣的宗教文化是打
破僅接受單一宗教信仰的現象。可以這麼說，多元化的宗教在這塊土
地高度融合，宗的多元價值在這裡被積極的呈現，這就體現與發揮
了「宗教在本質上是多元化的[1]」這一特性。宗教文化基因在「隱匿
之跡」作用下的「身體－漾‧態」的呈現是值得研究的範疇，本文將

---

[1]　單　純，〈論 Jacques Derrida 的宗教思想〉，《國外社會科學》，5 期（2004）：
26-33。

透過哲學理論，分析這一宗教文化的「隱匿之跡」作用以及所引動的「身體－漾‧態」的本質，同時亦探究其深刻的社會學意義。

　　宗教身體文化是一古老的身體與心靈並重的文化，本文所言之宗教身體文化是以臺灣宗教文化思想為基礎，在歷史流變的過程中發展出來的以身體為表現主體的文化。諸如崇拜行為、宗教儀式、宗教行腳、宗教藝術（身體表現的藝術）及宗教禮儀等之身體表現。宗教身體文化的內容豐富，不僅重視心靈氣化的涵養，更由內而外的講究身體機能的養護，同時由內而外的強調日常生活中的身體表現，甚致透過一些設計的身體儀式來培養日常生活中的宗教身體表現。它以身體動作為外在表現，藉由深層內化的宗教思想來整合身與心的本質一致性、身與心的本質和諧性，這一本質是身與心不分切割的主體性，而所顯現的就是一身心融合一致的「身體－漾‧態」，因此宗教身體文化產生一種獨特的身體心靈化、心靈身體化的現象，這一轉化的過程是一曖昧不清的場域，是看不見的宗教現象場域。在宗教身體文化中的任何動作姿勢都是身心總合概念的「身體－漾‧態」，它受著宗教思想的深化影響，由內層—宗教思想的內在原則、核心層—支配這種內在原則的價值系統進而擴散至表層—宗教行為的具體動作形態。顯然，宗教身體文化的表現是受到宗教核心層之價值系統形成的影響。宗教身體文化透過內化的心靈層次而外化的表現出來，追求著有如此近乎「道」之表現的「身體－漾‧態」，在心靈與信仰上亦追求著虛幻想像的境界。宗教身體文化亦然，講究並追求境界，這是渾沌性之境界，融合之境界，超越之境界。宗教身體文化講究身心靈的完全和諧的境界，追求宗教義理與宗教情感所至的境界，不能僅將之視為一種信仰而已，它追求身心靈的境界內涵著實地影響著主體的身體文化，故其所體現之「身體－漾‧態」蘊涵著厚實宗教身心靈和諧境界的外

化形式表現，也就是說，宗教身體文化是宗教化的「身體－漾‧態」，追求著身心靈高度融合的境界內涵。但這一宗教化的「身體－漾‧態」並非是停留在一靜止狀態，所謂的境界也非是靜止狀態的，它是在不斷地變動狀態下而存在的，正如 **Derrida** 所說「存有即在場或在場的變化」[1]。宗教化境界的「身體－漾‧態」進入了仍然變動不止的曖昧性中，亦正因為如此，宗教身體文化才能蘊涵融合性與超越性的宗教意象。

---

[1] 德穆‧莫倫（Dermot Moran）著、《現象學導論（Introduction to Phenomenology）》（蔡錚雲譯）（臺北：國立編譯館，桂冠出版，2005），584。

第三節　現象學視域的宗教文化

　　宗教在各民族、各國家是一歷史久遠，影響深廣的存在現象，對人們的生活、民族的興衰、國家的穩定與動亂都有深切的作用，它是一種基於人性本質上的存在現象，這人性本質直接影響著宗教本質，對於宗教本質的研究不應僅止於宗教現象的分析與詮釋，而應更深一層地進入現象背後的根源性探究，否則易落入經驗意識的判斷結果，形成百花齊放的宗教本質的詮釋。人們在生活中，無不時刻接觸到宗教訊息、宗教活動、宗教宣傳等，諸如每年都舉辦的大型宗教活動媽祖繞境、佛教的禪七、朝山等，人們對宗教有著經驗想像上的信仰與依賴，亦有著經驗判斷上的情感與概念。「神佛顯靈的傳聞，妖怪作祟的迷信，祭天祀祖的儀禮，驅邪趕鬼的巫術，五體投地的皈依，念念有詞的祝禱，香煙繚繞的廟宇，尖塔聳天的教堂等，持久而深入地在人們心靈裡打上了宗教的烙印。只要一提到宗教，這種種現象就會浮現在我們眼前」，[1]這種種現象源於人們對宗教本質在經驗想像與判斷思維上建立的一種異化。因此，如上述宗教的種種易於人們心中浮現的概念，都是宗教本質上的異化而演變的歷史產物。宗教早已超離其核心本質，其本質現象在現今宗教中已深隱於種種異化的現象叢林裡。我們有必要透過哲學的方法還原宗教的本質。

　　　　現象學哲學對二十世紀產生了巨大而深刻的影響，影響不
　　　　只限於哲學領域，還波及到社會學、心理學、美學、藝術
　　　　等各領域」，[2]現象學要做的事不是要認識現成的現象，

---

[1]　呂大吉，《宗教學通論新編（上）》（北京：中國社會科學出版，2002），51。
[2]　張永清，〈胡塞爾的現象學美學思想簡論〉，《外國文學研究》，1 期（2001）：12。

而是要研究如何讓無論是什麼的認識對象出現在當前，要
現象出來，成為我們感性的眼睛或智慧的眼睛的對象。這
就是現象學的事情本身，而這個「事情本身」也是胡塞爾
一建立現象學就提出來的口號。現象學的事情本身是要把
各種不同的對象在我們當前現象出來這回事的基本架構把
握清楚。[1]

宗教學者在面對宗教的過程，往往藉由感性認知或理性思維的經驗
判斷，對各種宗教現象、宗教教理、宗教觀念、宗教體驗、宗教行為、
宗教組織等，藉由意識判斷，使之擴展化、細微化、形象化、精緻化，
進而轉化為科學化的分析結果。這一種結果是否符合或真正還原了宗教
的本質現象，是許多宗教學者感到相當棘手與艱難的，亦是值得一再深
思探究的領域。宗教本質難以找到一個完整的科學定義，在過往的歷史
研究資料中是可以驗證的，「無法完整定義」這現象，或許就是宗教本
質現象的一種體現。將宗教作為客體對象進行現象學分析，這無非就是
一種將「對象」本質還原的、直觀的、原初的現象揭露出來。宗教是一
種基於人類最直觀、原初的本質，在人與自然、人與社會、人與自我的
對抗矛盾之中，以外在客體對象為形式，以意識想像之情感為內容，結
構成宗教的種種現象。此「意識想像」由人們直覺的感受藉由意識經驗
的判斷而形成，具備了方向性與對象性，即是「意向行為」，而「客體
對象」則因意識之「意向行為」而確立，這是一種客觀對象內化於主觀
思維判斷的過程，是「純粹自我」被意識經驗判斷的表現。

---

[1] 熊　偉，《現象學與海德格》（台北：遠流出版公司，1994），引自代序文。

　　現象學研究的對象，是存在性是明證而不可疑的意識之流，
特別是對象以怎樣的方式在意識之流中被構架而呈現出來，
這便是所謂現象，或意識現象[1]。

　　綜觀胡塞爾畢生的現象學研究，除了在探討人類思維的根
本法則之外，也在為個別科學奠基，為哲學建立一個真正
的嚴格科學。[2]

　　對於宗教本質的研究，我們必須從主體的純粹自我主觀著手，探索
此種客體對象內化於主觀意識中過程的種種現象。以現象學之「本質直
觀」方法透視經驗判斷背後的宗教本質；以現象學之「先驗主觀」剝離
自然思維下的主體意識與經驗，體現主體最本源的、先驗的直覺意識。

　　本節主要是透過蒐集有關宗教本質與現象學相關之著作、論文、期
刊文獻等，依據蒐集之資料進行歸納與分析。其主要目的在於透過現象
學的詮釋，重新思辨宗教本質的命題。其基本命題：以現象學的「本質
直觀、先驗意識」還原宗教現象背後之純粹意識下的本質。本節將以胡
塞爾現象學理論為主軸，不針對各種現象學學說進行比較或評斷。以宗
教本質為議題，對於目前許多文獻資料中對宗教本質的探索與解釋，進
行現象學的詮釋，通過現象學的還原方法，透析宗教本質的問題，以現
象學的哲學方法與思辨探索宗教本質不同面向的詮釋。

---

[1]吳汝鈞，《胡塞爾現象學解析》（台北：臺灣商務印書館，2003），32。
[2]夏晟珮，《論胡塞爾現象學中的同一性問題》（國立中央大學哲學研究所碩士論文，
　2003），1。

一、現象學（Phenomenology）

「現象學是在二十世紀一開頭的 1900～1901 年胡塞爾（Edmund Husserl）發表的《邏輯研究》中被提出來的，至今可說是延綿了一個世紀的思潮」，[1]「胡塞爾現象學的總體範疇主要有先驗主觀性、現象與本質、理智直觀（或者本質直觀）、給予、明證性和真理等等，它們構成了胡塞爾現象學體系之網的網上紐結」，[2]「現象學所研究的現象是超驗的、也可說是直覺的，因其所要揭示的，乃純屬意識、純屬經驗的種種結構」。[3]此種意識主要是指主體於對象的意識與主體於主體自身的意識，前者是關於對象的本質直觀，後者是關於主體自身超越意識之先驗主觀，這二者都透過「懸置」或稱「還原」的方法進行現象還原，也就是關於世界在意識中的存在，進行「懸置」的現象學還原。學者指出，「在現象學懸置之前，意識表現爲經驗意識；在現象學懸置之後，意識表現爲超越意識、絕對意識或純粹意識」。[4]

用現象學的存而不論的方法，將意識流以外的一切排拒出現象學的研探範圍之外，作爲現象學式濾過而後剩留下來的胡塞爾所謂的「現象學殘餘者（Phenomenological Residuum）的意識流，於是成爲現象研探絕對可靠的出發點」。[5]

> 現象學應該是實在論還是觀念論？把胡塞爾當作是中庸的
> 實在論者，也就是說他的現象學既是認識論意義的實在論，

---

[1] 熊　偉，《現象學與海德格》（台北：遠流出版公司，1994），引自代序文。

[2] 顧志龍，〈胡塞爾現象學總體範疇研究〉，《山東科技大學學報》，2 卷 3 期（2000）：19。

[3] 劉畹芳，《「身體-空間」經驗的現象學研究》（南華大學環境與藝術研究所碩士論文，2002），1。

[4] 吳汝鈞，《胡塞爾現象學解析》（台北：臺灣商務印書館，2003），51。

[5] 蔡美麗，《胡塞爾》（台北：東大出版，1980），63。

並且這樣的實在論立場又不會跟他本身的超驗觀念論學說相衝突。我們發現到胡塞爾的現象學從早期發展到晚期中一直連續不斷的一貫性所在，這樣的一貫性在晚期發生現象學階段中不但可以化解這兩種詮釋立場的衝突與對立。

[1]

「胡塞爾從一開始就把現象學理解為一種理性的說明，他的思維方式也代表了典型西方理性思維的方式，現象學的意義正是在於澄清並維護所有現象的固有本質和權利。」[2]宗教作為一種現象存在，其存在自身就是目的、作用與價值，我們可以通過現象學以「懸置」為方法的「本質直觀」對宗教本質進行還原，旨在於使宗教本質歸根於透徹明證的原初的現象。同時，對於宗教研究者而言亦是關鍵重要的，透過對主體經驗意識超越後的「先驗主觀」進行對宗教本質的重新詮釋，如此能否體現不同於以往一般論述的宗教本質，或較接近宗較本體本質現象的解釋，而不同於為某種宗教現象、宗教作用而特定存在的「宗教本質」。

（一）本質直觀

「本質還原是在懸置的基礎上，通過本質直觀的方法去排除事實而獲取一般本質的活動。所以本質還原的特點在於本質直觀。從現象學還原的觀點看，直觀對象的本質即是還原出對象的本質意義，亦即還原出經驗主體的純粹意識」。[3]胡塞爾認為，「只有回到直觀的最初來源並從直觀中推導出對本質的洞察，我們才能在我們的概念和問題中充分利

---

[1] 夏晟珮，《論胡塞爾現象學中的同一性問題》（國立中央大學哲學研究所碩士論文，2003），1。

[2] 周貴華，〈試論胡塞爾現象學的開放性及意義〉，《襄樊學院學報》，22 卷 4 期（2001）：17。

[3] 陳本益，〈現象學還原方法與文學批評〉，《湖南大學學報》，15 卷 4 期（2001）：58。

用偉大的哲學傳統。我深信，只有以這種方法，才能直觀地澄清概念，並在直觀的基礎上重新提出問題，從而在原則上解決問題」。[1]

> 本質直觀法或本質還原法是胡塞爾創立的獨特的認識方法。它不同於傳統的經驗歸納和演繹推理，也不同於德國古典哲學中的所謂「理智直觀」，後者既不依賴感知也不通過推理而直達絕對真理。這種沒有感性基礎的、感悟性的認識方法，缺乏上述本質直觀法的直接性、明晰性和它所追求的科學精神。[2]

吳汝鈞的研究指出，胡塞爾說現象學還原即是：「必須對所有超離的東西予以無效的標示。即是說，它們的存在和有效性不能視為存在和有效性自身，充其量只能作為有效性現象而已。這是一種始點運用的真理體系。使認識變成明的自身給予性，直覺到認識的效能本質」。一切超離的東西沒有明證性，不在真理體系或範圍中；它們不是自身被給予，沒有認識的功效的本質。通常我們視為實在的外間的東西，都沒有明證性，都是超離性格的。我們要把它們標記出來，不將之視為有本質內藏於其中的現象。進一步，我們要把它們轉化，使之能在具有明證性的超越的現象世界及超越主體面前展現開來，這便是還原（Reduction）[3]。

（二）先驗主觀

胡塞爾說，「現象學的先驗還原，如在自然設定中的整個世界一樣，我，這個人，也經受排除；留下的是具有其自己本質的純行為體驗，也

---

[1] 伽達默爾，《哲學解釋學》（上海：上海譯文出版社，1994），130。
[2] 陳本益，〈現象學還原方法與文學批評〉，《湖南大學學報》，15卷4期（2001）：59。
[3] 引自吳汝鈞，〈胡塞爾的現象學方法（中）〉，《鵝湖月刊》，26卷12期（2001）：14。

就是純粹自我，沒有任何還原可對其施加影響。通過絕對普遍的懸置把心理學純粹的主體性還原成爲先驗純粹的主體性」[1]。「先驗主觀」是主體意識必然的存在，是藝術創作在邏輯層次上自我意識的淨化，「先驗主觀」亦是藝術創作活動和能力的先決條件，而且是一切藝術作品可能性的絕對存在。「先驗主觀」在藝術創作上是主客觀領域的同時存在，先驗主觀可說是現象學最重要的範疇。

> 胡塞爾其實更注重後期發展之「先驗現象學」，因為它是
> 偉大哲學的終極目標，所以他更重視現象學中之「先驗主
> 觀」或「先驗還原」。先驗還原是在本質還原基礎上的深
> 化和純化。本質還原以外在的經驗客體為對象，通過本質
> 直觀而獲得其本質。因為本質是主體所賦予的或者說建構
> 的，它就是主體的經驗意識，也就代表了經驗自我或者說
> 經驗主體。所以本質還原的結果是還原出經驗自我。先驗
> 還原則進一步以經驗自我為對象，通過徹底的「懸置」而
> 還原出純粹的「先驗的自我」。[2]

「懸置」的還原法亦可稱爲「括號法」或「中止判斷法」，它具有二個層面爲「經驗懸置」和「存在懸置」。「經驗懸置」就是將一切經驗知識懸置的方法；所謂「存在懸置」就是對於主體所能意識到之外在世界的存在，用括號封存中止判斷的方法。藉由此種方法獲取主體之「純粹意識」與客體之「純粹本質」。「先驗還原」專注於主體意識活動自身，從經驗主體轉向先驗主體。經驗主體，即經驗的自我，它意涵自我的經驗、心理意識、思維概念等，從這裡無法體現純粹的意識意向

---

[1]　胡塞爾，《現象學的觀念》（上海：上海譯文出版社，1986）。
[2]　陳本益，〈現象學還原方法與文學批評〉，《湖南大學學報》，15 卷 4 期（2001）：
　　59。

活動，無法領悟純粹超越的、自在的、無限制的主體意識；先驗自我，即隱藏於層層經驗之內的我，它具有純粹的意向性，其意向行為構成了意向對象和先驗意識。先驗還原的核心論述就在於純粹之意向性，一種無外加之概念、思維、經驗偽裝的意識，其意向行為與意向對象都是源於直觀純粹意識的。

二、宗教本質之直觀純粹意識

在認識問題上胡塞爾堅持直覺主義原則，胡塞爾解釋說，「我在接近對象時，在原本顯現的情況中我與對象發生關係，對象作為在世界舞台上的可經驗、可體會、可認識之物顯現給我。因此，接近對象或原本性就成為哲學認識的基礎和規範，每個世界經驗在陳述時都必須依賴於被陳述之物的原初的真實的顯現」。[1]胡塞爾所謂的「本質直觀」，就是從不斷變動的「意識流」中去掌握它的「本質」或「根源」，它具有根本性、穩定性、內藏性的特質，即所謂的「純粹意識」或「純粹直觀」。換言之，就是將意識流之主體與對象間的關聯與各自的本質特徵，透過本質直觀的方法將之還原至原初規律上。人與世界、對象的原初關係，必須透過本質直觀的方式將之還原並賦予其意義，使之直觀無經驗偏見的掌握事實本質，並在人的意識中顯現出意義來，所以現象學的本質直觀是對於主體以外的客體對象，在於使客體對象本身如實的體現出來，這是一門「還原」或稱為「懸置」的哲學。胡塞爾認為：人們的偏見來自於「二元分立」的觀念，處理這種偏見，就需要獨特的哲學思維態度與方法，在胡塞爾現象學中此種態度是「本質直觀」，其方法即是「還原」。就宗教本質而言，透過本質直觀可以由宗教與世界的關聯、

---

[1] 周貴華，〈試論胡塞爾現象學的開放性及意義〉，《襄樊學院學報》，22 卷 4 期（2001）：15。

主體與宗教互動關係的現象中透析其本質。宗教現象源於主體所能感知、意象、判斷、體驗、詮釋的一切，這就如世界現象存於主體意識之中一樣，宗教並不能以一種表現獨立於此世界之外。因此，主體意識作用於具實的或虛幻的對象，就如世界如何存在於主體意識之中是一樣的，這是一個既存在又看不見、摸不著的隱晦場域，但宗教的本質與宗教的作用能量卻都隱匿於此隱晦的場域之中，海德格爾（Heidegger）說，「此在的本質就在於它的存在之中」，[1]對這個場域的探究是不容易但卻重要的，首先得先探討一些學者在宗教本質上的論述與觀點。

　　對於宗教本質的規定與掌握有許多的方法，如學者呂大吉將有關宗教本質的規定與把握，大體歸納為三種方式，「第一種是以宗信仰的對象（神）為中心，第二種是以宗教信仰的主體（個人）為中心，第三種則是以宗教信仰的環境（社會）為中心」。[2]此三種方式以不同的核心主體為出發點去把握並規定宗教的本質，不論是何種方式對宗教本質的掌握與規範，是否能揭示出宗教的真實本質，這是值得再一次深入思索的，但這三種方式揭示出宗教本質研究上的方向。就現象學而言，一般對事物本質的掌握都是經驗判斷的結果，具有經驗性格，它是個別性的、可分割性的部分，而不是直觀性、明證性的性格。事物的本質不應獨立於世界之外或異化於世界或異化於人性，應與人們其他的一切密切相關。通常人們易於將一個整體事物切割成數個部分來加以探究，但問題在於「部分」這個問題是有差異性的。「整體可以分出不同的部分（parts）：片段（pieces）與環節（moments）。片段即使不在其所屬的整體中也還能存在，也能讓人把它呈現；片段可以從整體中脫離出來。因此，片

---

[1]　海德格爾，《存在與時間》（北京：三聯書店，1987），61。
[2]　呂大吉，《宗教學通論新編（上）》（北京：中國社會科學出版，2002），53。

段可以被稱作**可獨立部分**」；[1]「環節則是無法脫離其所屬整體而存在
而呈現的部分；它們無法被抽出。環節是非獨立部分」。[2]整體的「部
分」被切割出來，有著二種不同的性質，其中最重要且容易被誤判的是
「環節」問題。對於宗教本質的掌握，不論是以神爲中心、以主體爲中
心或以社會爲中心，這看似是一個環節問題不應被置入片段式的判斷之
中。另外，對於宗教本質的研究是否應明確地區分各種宗教派別，不同
的宗教派別會有不同的宗教本質嗎？這似乎亦是一個環節問題，「只有
當我們對宗教本質的揭示不拘泥於基督教、伊斯蘭教、佛教等具體的宗
教學派，而是從更廣泛的精神和文化範疇來理解宗教，我們才不失對宗
教本質認識的可能。宗教作爲人類精神和文化的一個方面，是與人類的
其它精神和文化溶爲一體的」。[3]現象學這種部分與整體的分析是一種
科學思辨的方法，我們將其運用在宗教本質的解析上，以探究這「看不
見的現象」，「任何一種學問，如果想把它建設成爲真正的科學，都不
能滿足於描述其對象的表面特性和外部現象，而必須通過外部現象認識
其內在本質，通過偶然的屬性揭示其必然的規律，這是科學之所以爲科
學的基本特性」。[4]客體對象的內在本質是「看不見的現象」，宗教的
真正作用力是存在於此隱晦的場域中，在這個場域中不斷地生發著種種
「變異」，就是這些「變異」讓宗教的作用力如此強韌延續，這也是我
們要探究的環節問題。

---

[1]　羅伯・索科羅斯基（Robert Sokolowski）著，《現象學十四講（Introduction to
　　　phenomenology）》（李維倫譯）（台北：心靈工坊，2005），44-45。

[2]　羅伯・索科羅斯基（Robert Sokolowski）著，《現象學十四講（Introduction to
　　　phenomenology）》（李維倫譯）（台北：心靈工坊，2005），45。

[3]　郝寧湘，〈宗教本質新探〉，《寧夏社會科學》，3（1998）：73。

[4]　呂大吉，《宗教學通論新編》（北京：中國社會科學出版社，1998），35。

「在宗教中，人們把自己的經驗世界變成一種只是在思想中的、想像中的本質，這個本質作某種異物與人們對立著」，[1]宗教的本質在人們經驗、思想、想像中轉化成符合人們所欲成爲的對象，因此，是一種在人們思想中的虛幻異化的產物。這樣的本質當然是非真實、非根源本質的，可稱爲是一種「僞裝本質」，它包覆於各種人們的經驗判斷之中。若宗教的本質是人們經驗判斷的性格存在，它就具備了個別性與變動性，可能因主體經驗判斷的不同而不同，也因此在不同主體意識下產生了不同的宗教本質。

> 宗教是人類本質自我異化的一種特殊的社會意識形態；宗教是現實客觀世界的異化反映，是一種顛倒了的世界觀，是支配著人們日常生活的外部力量；宗教在對抗階級社會裡是人民的鴉片。這是從不同的方面和意義上，揭示了宗教的本質。[2]

根據上述，宗教本質的變動性是很大的，但本質的意義應爲一種必然的原則，它是穩定的自在性與客觀性，方能使事物顯現該事物的現象。我們不應將變動的意識經驗之流所體現的現象當作是宗教的本質，這有如將「僞裝本質」看成本源的、根基的「真實本質」。由之可見，我們需要一個獨特的哲學方法，將之還原至無法還原爲止，再以直觀純粹的意識之流體現宗教的本質。這是一種透過判斷除卸判斷，透過思維解開思維，透過懸置一切經驗意識，逼顯直觀純粹意識的哲學方法，它就是現象學。

---

[1] 馬克思、恩格斯，《馬克思恩格斯選集－第 1 卷》（人民出版社，1996），170。
[2] 陳麟書、陳霞，《宗教學原理》（北京：宗教文化出版社，2000），59。

（一）顛倒的世界觀

　　「宗教是一種意識深處的痴迷和它得以物化外顯的綜合體，要描繪其本質異常艱難，或許最終不過是仁者見仁、智者見智。一種難以言說的精細且獨特的情感以及與之相聯的一系列行爲、習慣、信仰和觀念就構成了宗教的基本內容」，[1]這種意識深處的痴迷是以主體爲中心來探索宗教本質的方法，這的確是最核心的方法，因爲世界的存在正如笛卡爾所說的「我思」的概念，一切存在皆因主體意識之作用。學者周畢芬認爲，「宗教是一種特殊的社會現象，也是一種特殊的意識形態。它的本質是人們對客觀世界的歪曲反映，是顛倒的世界觀」。[2]馬克思也說，「國家社會產生了宗教即顛倒了的世界觀，因爲它們本身就是顛倒了的世界」。[3]顛倒的世界觀是目前許多學者對宗教所下的定義或解釋當中常見的一種用語。但就「顛倒」一詞而言的相對應的「不顛倒」，問題在於這個「不顛倒」是什麼？這個「不顛倒」真實的本質真的是「不顛倒」嗎？亦或是「顛倒」與「不顛倒」都是人們意識經驗與判斷思維中的「顛倒」現象呢？在這個問題尚未釐清以前，對宗教本質所下的定義或解釋是否符合其真實根源，這是值得疑慮的議題。

　　　對於宗教本質，也可以有不同學科的定義角度，大體上可
　　　以有宗教科學的、宗教哲學的以及神學的角度。我們不可
　　　能要求在一個學科的角度把所有角度所看到的共性甚至是
　　　在所有這些學科所考察的宗教的本質都囊括在一個宗教的

---

[1]　周　勇，〈宗教本質之我見〉，《西南民族學院學報》，3 期（1994）：23。
[2]　周畢芬，〈試論宗教的本質和社會作用〉，《黔東南民族師專學報》，（2001）：25。
[3]　馬克思、恩格斯，《馬克思恩格斯選集－第 1 卷》（人民出版社，1996），2。

定義中。既然哲學是在關係中把握本質的，立場不同、角

度不同、觀點不同，關於宗教的哲學定義也就不同。[1]

上述所謂的立場、角度、觀點都是人們頭腦中意識經驗與判斷思維
下的確定物，若將這些由主體意識經驗與判斷思維附加在客體對象的確
定物卸除，使客體對象的本質不因許多外加的判斷而得以顯現。另外，
對於一件事物或現象的哲學思辨，當然無法顧及由事物自身的根源本質
性與其相對應之其他事物關聯所產生的種種共性或現象作出囊括性的定
義。但對於事物本質的一再探究，則可能擴大其定義的囊括程度，這也
是許多哲學或科學之所以存在的原因之一。對事物本質的探究應由「存
在」自身的「此在」著手，許多由「存在」與世界共聯係的關係現象去
探索其本質，必然的會有所謂因立場、角度、觀念的不同而有不同的本
質定義，因此，對於所探究的結果，則不斷引發爭議。

（二）人間與超人間

馬克思恩格斯認為，「一切宗教都不過是支配著人們日常生活的外
部力量在人們頭腦中的幻想的反映，在這反映中，人間的力量採取了超
人間力量的形式」，[2]在這個論述中，人間與超人間以相對的形式分立，
某種外部力量在人們頭腦中的幻想支配著人們，這種力量也可能在不同
的領域出現，例如藝術領域、政治領域，藝術創作時的幻想透過藝術媒
體出現於這個世界上，但其幻想並非真實存在；或政治人物對於世界大
同之意識型態的想像，透過一些政治手段出現在國家政策上，世界大同
還未非真實存在，這些幻想在世界上的存在是有疑慮的、非客觀存在的，
但它也成為某種支配著人們生活的外部力量，甚至也以超人間的形式出

---

[1] 席大民，〈恩格斯對宗教本質的揭示及其意義〉，《青海社會科學》，5 期
（2002）：92。

[2] 馬克思、恩格斯，《馬克思恩格斯選集－第 3 卷》（人民出版社，1996），666-667。

現。人們日常生活中無不時常出現幻想，而這些幻想有些是經驗判斷下存在於世界的，有些則在世界上無法找到其存在的根源，後者就是所謂超人間的形式。這些超人間的幻想也就是所謂顛倒了的世界觀，它以「不客觀存在」來加以確定的是否為超人間的幻想或顛倒的世界觀，惟這個「不客觀存在」的確定是在人們經驗意識與判斷思維下產生的，其這樣產生的存在意義是否進入了一種易於進入的「經驗誤區」之中，進而導致人間與超人間、顛倒與不顛倒在本質上一種錯誤的區分，例如「人」是客觀存在的，「幻想」是屬於「人」的，那「人的幻想」到底是不是客觀的存在？是不是人間的形式？目前這個世界的許多客觀存在，都是前人的「幻想」的實現，人們永遠無法確知現在的「幻想」於未來世界是否會實現。因此，「存在」這個議題有著許多在時間上、空間上多元面向的經驗判斷的失真，它就會形成不同的概念。這是一個深度純化的議題。席大民分析恩格斯的宗教定義：

> 第一，從靜態的角度說，著重揭示宗教這種反映形式與引起這種反映的外部力量的關係，從此種角度來揭示宗教的本質：宗教把人間力量幻想成超人間的形式；第二，從動態角度說，宗教把人間力量反映成超人間力量的幻想過程，說明了反映形式與引起反映的外部力量之間的動態的關係。
> [1]

（三）神靈觀的有與無

　　席大民指出，「作為幻想的反映，既可以包括有神的宗教，也可以包括無神的宗教。無神的宗教所說的無神不是無神論中所說的無神，無

---

[1] 席大民，〈恩格斯對宗教本質的揭示及其意義〉，《青海社會科學》，5 期（2002）：93。

神的宗教實際上是指沒有一種特定形象的擬人化的神，但仍然有一種超自然超人間的幻想形式」。[1]而呂大吉認為，「如果沒有超自然的、不朽的靈魂觀念，就不可能有超自然、超人間的神靈觀念，從而也就不會有所謂宗教信仰本身」。[2]這是二種不同的觀點，有神無神是人們幻想的不同結果，其過程都是幻想的過程。超自然超人間的幻想形式，形成了宗教與非宗教的經驗意識，宗教是如何藉由幻想與外部力量的關係而產生，這些產生都是一種經驗性格的判斷，隱藏於這些經驗性格後的根源是什麼？也就是說，幻想與外部力量的聯繫其根源是什麼？席大民認為，「從馬克思主義宗教觀形成和發展的歷史來看，恩格斯的宗教定義作為一個從馬克思主義立場出發的、著重揭示宗教本質關係的定義，不是一個不完整的定義」。[3]

　　一個不是不完整的定義的判斷，就現象學的精神而言，是經驗性格的判斷，而不是最初根源的本質。恩格斯對宗教本質的定義，有極大的歷史價值，但我們不應沉溺於這樣的定義，而不再進行探索。有神無神的界定也是一種經驗意識的判斷，若超自然或超人間的形式都稱之為神靈，那麼作為主體的「人」在頭腦中的各種想像或幻想都可以稱之為神靈，進而形成了某種虛幻存在的觀念，這些都可以是超自然或超人間的。反之，若超自然或超人間的形式都不稱之為神靈，而認定只是一種人們頭腦的意識想像，那一切宗教現有的神靈觀都只是一種意識想像透過某種特定形式的顯現。如此的爭議將無法停止，或許可以從主體的根源性

---

[1]　席大民，〈恩格斯對宗教本質的揭示及其意義〉，《青海社會科學》，5 期（2002）：93。

[2]　呂大吉，《宗教學通論新編（上）》（北京：中國社會科學出版，2002），105。

[3]　席大民，〈恩格斯對宗教本質的揭示及其意義〉，《青海社會科學》，5 期（2002）：94。

本質來詮釋，這並不要確定一個完整的宗教本質的定義，只是提供一種基於根源性本質的宏觀與微觀兼備的「直觀純粹意識」。

（四）直觀純粹意識中的宗教信仰實踐的本質－「存在之性」

胡塞爾說的現象，並不是指一般的物理現象，而是特別指純粹意識現象。所謂純粹意識現象，並不指涉其意識現象所代表的東西在客觀實在的世界中有否相應的存在，而只是把意識現象當作意識現象來處理和考察。胡塞爾認為：

> 在純粹的意識現象中有本質存在，我們亦可以通過直覺把握和認識本質。他並認為，通過現象學還原，我們可以直達純粹意識的範域。很自然地，現象學還原的方法可以使我們滲透到本質的世界。[1]

從現象學本質直觀的方法，我們將恩格斯定義中的「外部力量」、「幻想」、「反映」視為一種經驗判斷下的現象，外部力量與幻想的現象是真實存在否？我們將之「懸置」不論，因此，穿透種種經驗意識的現象，直觀人們對於客觀世界的種種「直覺」感知。這樣的「直覺」體現著根源性與原初性，它是依於做為主體的「人」而存在，因此，「外部力量」、「幻想」與「反映」都根源於人們的「直覺」感知。這是現象學針對客體對象的本質直觀的還原。而「直覺」感知是屬於主體自身的某種本能，對於主體的種種經驗意識甚至本能發生的現象，應採取現象學先驗主觀的懸置還原。對於主體的「直覺」感知進行「懸置」，進而逼顯出隱藏於主體「直覺」感知背後的核心本質。人們的「直覺」發生是有其根源的，所謂外部力量的形成也是根源於這種人性的基石，隱藏於「直覺」背後的根源直接地指揮著人們的「直覺」感知，缺乏了它，

---

[1] 吳汝鈞，《胡塞爾現象學解析》（台北：臺灣商務印書館，2003），36。

人們也就不需要、也不會產生「直覺」了，更不會有所謂外部力量在頭腦中幻想的存在。這個隱藏於「直覺」背後的核心本質就是「**存在之性**」，它體現於主體的各種「滿足」的現象，例如視覺感官由各種視覺對象給予「滿足」，各種生理感官皆如是，它屬於「**存在之性**」的生理範域；而人們更大的創造性「滿足」則在於「**存在之性**」的心靈範域，它與生理範域緊密地聯結，心靈範域是較核心、較根源的，宗教就是在此心靈範域被創造的。此「**存在之性**」是主體先驗意識作用於種種外界事物的表現。對於主體的「**存在之性**」我們無法再將之「懸置」還原，因為若再將之「懸置」，則會落入否定主體一切的境地，既然主體一切被否定了，也就無所謂客體對象的存在了。客體世界是如實地存在於主體的先驗意識或純粹意識之中的，也就是存在於「**存在之性**」的範域。

　　人本能的、本性的需要「滿足」。因需要「滿足」而產生了直覺、幻想、想像等諸多現象，人們為了「滿足」則有各種可能性的現象產生，客觀世界實在地因為主體的需要「滿足」而被合理地存在於主體的意識之中，「滿足」是人性所有欲求、直覺、判斷、行為等經驗性格的最根源性的本質，這種本質就是「**存在之性**」。「宗教信仰實踐」的種種現象亦離不開這一人性最根源的基石－「**存在之性**」，人們在面對各種所謂外部力量時，由此「**存在之性**」產生了心靈層面需要安定的「滿足」需求，於是乎，此外部力量在人們的頭腦中產生了幻想，並與客體世界的種種進行複雜的聯繫，也就是「反映」。這樣的「滿足」需求從人們客觀現實的力量無法完成，因此，採取了一種虛幻存在的形式，以彌補無法以客觀現實力量完成的「滿足」，這就是所謂經驗意識定義的超人間形式。但實質上它卻是客觀現實的存在，只是此存在的形式與特徵是虛幻性的。說它是客觀現實的，是因為此種「宗教信仰實踐」虛幻的意識想像，是真實地存在於現實世界的主體，並實在地影響著主體的種種

心靈與意識表現；就如藝術作品一般地客觀存在，而其內容卻是人們頭腦中的一種幻想，通過藝術作品而彌補了客觀現實力量無法完成的「滿足」。「滿足」是人性本質作用於事物的一種「**存在之性**」，「宗教信仰實踐」則是一種依存於此「**存在之性**」的一種作用現象、一種根源於純粹意識範域的現象，它是看不見的現象。

因此，「宗教信仰實踐」具備了純粹意識的無限範域，它能與客觀世界的種種客體聯係，產生種種非純粹意識的經驗意識。宗教觀念、體驗、行為、制度皆由此非純粹意識的經驗意識所發展，「宗教信仰實踐」也就因此漸漸超離了根源本質而不斷異化成各種現象，也產生了依於各種不同現象而立的「宗教信仰實踐」本質或定義了。對於「宗教信仰實踐」本質的探究不應脫離這一人性基石的範疇，而僅從後續引發的種種現象來加以定義與解釋。「宗教信仰實踐」作為相應於主體的客體，是基於「**存在之性**」的範域，為因應人性本質而必然存在的，是主體純粹意識作用並賦予客體存在意義的，也是客體適應於主體之「**存在之性**」的範域而存在的。「宗教信仰實踐」本質定義的內涵也都應依於此「**存在之性**」的範域。在「宗教信仰實踐」的定義上，本文以呂大吉先生對宗教所下的定義為基礎如下：

> 宗教是關於超人間、超自然力量的一種社會意識，以及
> 因此而對之表示信仰和崇拜的行為，是綜合這種意識和
> 行為並使之規範化、體制化的社會文化體系。[1]

基於上述，本文對「宗教信仰實踐」的定義為基礎與指標，作如下的詮釋：

---

[1]　呂大吉，《宗教學通論新編（上）》（北京：中國社會科學出版，2002），79。

宗教信仰實踐的本質是，客觀世界純粹必然的被作用於
主體「存在之性」的範域（身體存在性），形成某種經
驗性格的意識想像存在，此虛幻的意識想像轉化成某種
實在的形式（軀體性態式），使主體對於客觀世界的種
種矛盾獲得「解答」與「滿足」（心靈性漾動）。

這樣的詮釋避免了人間與超人間、神靈的有無、顛倒與否的對立，
它們都是主體「**存在之性**」作用於客觀世界時的諸多現象之一二；同時，
也解決了幻象反映外部力量的內外矛盾與虛實矛盾。此詮釋同時也包含
了呂大吉先生所論述的宗教四要素，並擴大其詮釋的範域：某種經驗性
格的意識想像存在，就包含了宗教觀念與宗教體驗；此虛幻的意識想像
轉化成某種實在的形式，就涵蓋了宗教行為與宗教制度。它是基於人們、
宗教、科學等都無法超離的「**存在之性**」，它純粹地、必然地、直覺地
作用於客體對象，並逐漸產生經驗性格的意識想像，這樣的意識想像在
任何領域的範疇中皆如實地存在，尤其宗教領域更加突顯，如實地影響
著人們為求「滿足」而適應於客觀世界種種規律或矛盾。

三、存在之性的積澱

胡塞爾認為，客觀主義的偏執使人們遺忘了對整個人生意
義的探問。通過現象學的操作，人與世界的最原初關聯展
現出來，從而使對人生本真意義的理解成為可能。胡塞爾
認為，問題就不是世界是否存在，而是世界如何對意識而
存在。換言之，現象學所要尋求的不是對世界實存的證明，

而是對一切有關實存斷言和實有意義之產生的根源進行
「意義澄清」,「意義」始終是胡塞爾關注的重心。[1]

先驗的還原法主要對象是做為經驗主體,而非外在之客體對象。也就是說,用「懸置」方法超越主體之經驗意識、心理情感、理智思維、邏輯分析、思維判斷等,將自我視為同外在世界一樣的客體,只剩下一個無法再還原的「純粹意識」或「純粹心靈」。胡塞爾說,「我並不否認或懷疑這個世界,……但要用不加判斷的辦法對它不作任何存在於時間與空間中的斷定,從而使從屬於自然界的所有命題都失去作用」。[2]

人們為了獲取對宗教作出一種完整定義的「滿足」,而在主體經驗意識的判斷下進行主觀的、客觀的、科學的、哲學的或神學的分析與解釋。對於主體的認識本身是被時間、空間與因果關係的經驗與概念所限鑄,是屬於經驗的主體,不具有超越時間和空間的性質。在這樣的前提下,所作出的定義就易落入經驗判斷的偏差,就如人們永遠無法確知當下的判斷是否符合於未來的發生。主體的經驗意識易使客體對象的本質附會非根源性的本質判斷,因此,我們必須將之剝離,使主體性獲得一種超越的、先驗的還原。

現象學還原或懸置最後歸於絕對意識的呈顯,最後必逼出
存有論義的超越主體性,或更恰當地說,活動義的超越主
體性。使人提升至這種超越主體性的層面,正是胡塞爾現
象學的目標。[3]

---

[1] 尙黨衛、陳林,〈胡塞爾現象學的人學意蘊〉,《江蘇大學學報》,4卷4期(2002):5。
[2] 夏基松,《現代西方哲學教程》(上海:上海人民出版社,1985),314。
[3] 吳汝鈞,《胡塞爾現象學解析》(台北:臺灣商務印書館,2003),52。

現象學還原的結果，是從自然的、經驗的範域不斷引退，
從沒有明證性的領域引退到具有明證性的領域，最後退無
可退，終於逼顯出這超越主體性。它代表那直接經驗的絕
對自動的領域。這直接經驗，是拋離一切二元對立性的一
種現前的、直下呈顯的活動。[1]

「宗教信仰實踐」本質的定義或解釋是由作為主體的經驗意識的分
析判斷而成，它僅能是目前較符合現象的解釋，而不應是恆常的定義，
宗教信仰為宗教本質所引發的種種多元的「宗教信仰實踐」現象，每一
種現象具有獨特性或個別性，是變動不定的性質，這是由客體與主體的
經驗性格所形成的；「宗教信仰實踐」本質應從主客體的經驗性格領域
中引退或將之剝離，由超越的主體之自由性格、絕對性格而非經驗性格
的先驗主觀意識面對宗教，由其本源性之超越的主體性中體現出「宗教
信仰實踐」的真實本質。

---

[1] 吳汝鈞，《胡塞爾現象學解析》（台北：臺灣商務印書館，2003），52-53。

第四節　身體文化之印跡與漾態

　　身體文化的印跡（trace）是一族群在歷史脈絡中集體遺留下的一種隱匿的記憶，它在特定的場域中生發著對身體的作用力，在一族群中身體文化的印跡有著獨特性與隱匿性，而且它總和一族群的宗教信仰、民俗活動、體育運動、文學發展、藝術創作等有著緊密的關係，也就在這些文化場域中隱匿著身體文化的印跡。「最近幾年，身體文化研究，不止是國際學界，競相投入，國內文化界，亦不遑多讓。尤其，自身體社會學興起以來，使得對身體的分析或詮釋，不僅止於醫學或哲學，其他如社會學、政治學、人類學、文學、宗教學、史學、符號學等不同學術領域的多元觀點，多角思維的研究典範，已隱然成形」。[1]「身體文化」意謂著身體活動與文化精神是相互聯結，難以切割的一個整體。也就是說一個體系的身體文化，其心靈意識與生理肉體都受文化思想的影響，探究古老的身體文化，不可將這一聯結緊密的整體，功利化的，削足適履地切割開來。本文由此概念出發，初探以身體為載體的文化體系，如何在歷史進程中**遺傳**並**變異**的發展脈絡，並從中究察其「身體」承載的「漾」與「態」，「**漾**」（**ripple**）與「**態**」（**posture**）指涉身體與心靈互化的過程。二者互為體用，難以切割成為各自獨立的部分，二者是緊密聯結的關係又互有差異性的存在現象。身體與心靈互化的過程是一道道印跡的刻劃，一種在既有的印跡上重覆刻劃的印跡，它是看不見的現象但卻真實地生發著作用，它是隱匿且流動不居的印跡刻劃。因為這些流動不居的印跡不斷地刻劃著，文化才傳承了下來，更重要的是因此而「活」出「身體」。「我們不能

---

[1]　許義雄，〈臺灣身體運動文化之建構－就臺灣身體文化談起〉，《臺灣身體文化研究網站，http://www.bodyculture.org.tw/others/article01.htm》。

將身體視爲不能思想的 "物質" （matter），而認爲心靈（mind）是超越於身體之上的形式（form）」。[1]

一、身體之「漾‧態」

傅柯（Michel Foucault）曾說：身體不是根據自身主動力量而展開，**是受歷史與社會的銘刻**，「在傅柯的見解裡，身體與社會控制是一體的，身體只是社會支配的 "體" 現」。[2]筆者認爲：**是歷史與社會現象使得身體「自我銘刻」或「自我刻劃」出各自不同的生命印跡（trace）**。就如「舍勒（Marx Scheler）的著名問題"人是祈禱中的 **X**"中，人絕非一個"**物**"，而是一個"**走向**"，一個"**之間**"的在——方生方成的行爲之在。這種行爲是向上超越的、奉獻奔湧的生命洪流於精神的意向姿態」。[3]「身體」概念的重新詮釋是重要的，因爲「身體」承載著人類所有的文化體系，「此所謂"身體"非惟生物性的肉體，本就是涵孕了身與心、感性與靈性、自然與價值，及生理、意識和無意識，且在時、空中動態生成、展現的生命整體」。[4]「身體，既是人之自我理解的起點，又是人在與社會、自然的聯系網絡中溝通、交往的存在支點甚至價值支點」。[5]

意識與肉體原本是一個整體的環節[6]問題，但人們總習慣性地將之分開來看、分開來談，心靈意識總需由肉體來顯現、出場，肉體上

---

[1] 吳光明著，《中國古代思想中的氣論及身體觀－「莊子的身體思維」（蔡麗玲譯，楊儒賓主編）（台北：巨流圖書出版，1993），394。

[2] 廖炳惠，《中國古代思想中的氣論及身體觀－兩種「體」現》（楊儒賓主編）（台北：巨流圖書出版，1993），216。

[3] 周與沉，《身體：思想與修行》（北京：中國社會科學出版社，2005），引言 1。

[4] 周與沉，《身體：思想與修行》（北京：中國社會科學出版社，2005），引言 2。

[5] 周與沉，《身體：思想與修行》（北京：中國社會科學出版社，2005），2。

[6] 環節，意指看似二個部分的區分，實爲不可分割的整體。是一個整體的二元化表現，導致容易被誤爲是二個部分而加以錯誤的區分之。

的總總感知、反應、動作亦總是向內回饋至心靈意識，二者是互爲作用的關係，這是「**身體存在性**」的二種轉化現象，這是一種肉體的感知，或稱作「身體感」，而「"身體感"的源頭是隱而不顯的"身體運作意向性"，是一種純形式的身體感、先驗的身體感」。[1]「身體感」的綜合形成了「身體存在性」的本質意涵，「"身體感"是"活"的中間介面，"身體感"就像身心問題介於知識論與存在學之間的曖昧地位一般，既是生活世界展開的重要界域，本身的本質條件卻又模糊難辨」。[2]因此，本文意指的「身體存在性」，就是身體本性不斷生發作用地存在於這個客觀世界，由「身體存在性」可以衍生出各種差異性的「身體感」，關於「身體存在性」的意涵在此可以幾位學者對「身體」的闡述爲基礎：

> 海德格爾（Heidegger）認爲：我們並非"擁有"（haben）一個身體，而毋寧說，我們身體性地"存在"（sind）。[3]
>
> 伊格爾頓（T. Eagleton）指出：談"有一個身體"或談"是一個身體"，其中大有關節。[4]
>
> 毛斯（Marcel Mauss）認爲：人首要的與最自然的技術對象與技術手段就是他的身體。[5]
>
> 特納（Bryan S. Turner）認爲：人類有一個顯見和突出的現象：他們有身體並且他們就是身體。[1]

---

[1] 龔卓軍，《身體部署－梅洛龐蒂與現象學之後》（台北：心靈工坊，2006），72。

[2] 龔卓軍，《身體部署－梅洛龐蒂與現象學之後》（台北：心靈工坊，2006），75。

[3] 海德格爾（Heidegger, Martin）著，《尼采（Nietzsche）》（孫周興譯）（北京：商務印書館，2002），108。

[4] 伊格爾頓（T. Eagleton）著，《〈身體工作〉歷史中的政治、哲學、愛欲》（馬海良譯）（北京：中國社會科學出版社，1999），202。

[5] 毛斯（Marcel Mauss）著，《各種身體的技術》（佘碧平譯）（上海：上海譯文出版社，2003），306。

　　王曉華認為：傳統哲學中"我擁有身體"的表述是錯句，不

應說"我的身體"、"我擁有身體"，而應說"我是身體"、"我

作為身體"。[2]

　本文對「身體」的意涵築基在「身體存在性」，其定義為：

　　為"人"不可再去除、還原或懸置之"存在之性"，它是

　　"身體心靈化"和**"心靈身體化"**的最源始的本質範疇。

　　"存在之性"存在於作為主體的－"人"的"生理性肉體"

　　與"心靈性意識"之互動關係的隱晦場域中。

　　身體存在於這個客觀世界中，既是身與心一起生發作用的，其二
者之間亦存在著一定程度的差異性與延緩性，雖然在層次與內涵上仍
有著差異與延緩，但心靈意識一部分會「身體化」，也就是透過身體
動姿轉化出心靈能量；而動作姿勢的一部分亦會「心靈化」，也就是
透過身體動姿改變了心靈能量。這二種轉化的現象，是發生在瞬間並
延續著、變異著，如同漣漪效應一樣，持續性地變異生發，且延綿不
絕。

　　人們所感知到的世界不僅指涉客觀世界，更指涉著心靈意識的虛幻
世界，這是身體文化生發能量的場域。也就是，肉體的感官知覺，如觀、
聽、聞、觸、問等，與意識、無意識形成一個聯結的複雜連動機制，在
文化領域上，主體的觀、聽、聞、觸、問的同時，也都在進行著一種
「反觀」或「反思」，這種向外又向內的雙向運動現象，逐漸積累成人
們「在關注事實、提出問題之傾身所向中，人的身體動姿乃得呈現；在

---

[1]　特納（Bryan S. Turner）著，《身體與社會》（馬海良、趙國新譯）（春風文藝出
　　版社，2000），54。
[2]　王曉華，《個體哲學》（上海：上海三聯書店，2002），17。

觀之有所得、問之有所解的過程中，人的眼界視域和思想品性亦隨之而更新」，[1]也就是經驗的「集結」是在不斷變異的更新狀態。變異與更新表徵著文化信念、文化意象、文化體驗、文化行為、文化制度與團體都是「活」出來的。各個民族有著不同的經驗集結的現象，自然也就衍生出不同的身體文化特點，臺灣是一個宗教文化高度密集的文化場域，其身體文化的獨特性自然受此影響，不僅佛教、道教、基督教三大宗教普及，其影響更深遠的則是民間宗教文化，許多的地方民俗活動都與民間宗教有著極大的關聯。因此，臺灣身體文化的獨特性之一，就是「**宗教性的身體感**」，例如各種廟會文化中的身體活動，包括各種藝陣表演、敬神儀式等。當然，「宗教性的身體感」受宗教文化之身體 實踐與社會需求的影響，因此，「"身體感"便不可能只是某種原初的"運作意向性"的發用，而同時有可能是顛倒過來：透過某種社會文化傳統下的身體概念、技術和語言，規定、塑造了身體與其生活體驗」。[2]臺灣身體文化的獨特性還有著另一個特點，那就是「**民俗性的身體感**」，各種民俗生活中的身體活動都蘊涵著因文化積澱而來的「身體感」，民俗性的身體感所作用的範圍甚於宗教性的身體感，它有如基因般地在一個民族族群裡代代遺傳，在臺灣這個多元族群融合的身體文化裡，民俗性的身體感隨著文化的傳承與發展而影響著這個族群中人們的「身體－漾・態」。關於「身體感」的議題，將於本章第四節結合 Jacques Derrida 的「延異理論」來進一步深入的探究它。

「身體感」的積累創造了屬於宗教文化的「身體－漾・態」，「身體－漾・態」是筆者從「身體」而非單純的肉體概念的基礎上所延伸出的一個名詞，其主要意涵著身心在差異性及延緩性的不同場域中一

---

[1] 周與沉，《身體：思想與修行》（北京：中國社會科學出版社，2005），引言 3。
[2] 龔卓軍，《身體部署－梅洛龐蒂與現象學之後》（台北：心靈工坊，2006），71。

起體現的概念，強調著身心既有著不可分割性，亦同時存在著差異性及延緩性，所關注的不止是身體的生理現象、生物學特徵、遺傳基因或單純的心理因素，更從社會與文化的視閾來關注身心的整體現象，心靈意識不僅主導著身體行為，身體行為亦不斷地回饋作用力予心靈意識，這二者不斷地交互作用著，是互為主體性且變異性的存在。

「身體－漾‧態」從身心一元的整體概念出發，同時認定身與心的二元作用現象的存在，身心一元的整體概念是指涉「**心靈性之漾動**」與「**軀體性之態式**」在共時性與歷時性的同時發生性，身心二元作用的現象，則指涉「**心靈性之漾動**」與「**軀體性之態式**」的同時發生性之中的差異性與延緩性。這是一個雙向運動的現象，這現象存在於一個恒常變動的時空。它是一個隱晦不明的場域，卻是蘊藏著能量的場域，對於身體文化的研究，這是一個重要且關鍵的場域，在這個場域之中，生理性的肉體與心理性的意識是同等重要的，二者在時間的流動上及空間的位移上，有著**延遲**與**變異**的特性，如 Jacques Derrida（Jacques Derrida）解構理論的「延異」概念。當我們感知到這個場域的能量的同時，當我們對它進行詮釋的同時，這個場域帶著「不在場」而「在場」的顯現，它總是一小部分地呈現在現實時空而讓人感知它，而更大一部分則蘊藏在這個隱晦的場域，並持續變動轉化著。本文對身體的概念重新解析，提出「**漾‧態**」一詞，以表徵肉體與意識的一致性與差異性，肉體與意識是「身體」的同一性，卻有著差異的多重呈現之現象，說「身」與「心」的一致性並不表示這二者是毫無差異存在的，因此，以「**漾‧態**」來表示這既一致又差異的「**身體存在性**」。這一「**漾‧態**」不是「樣‧態」般的具體可感，它更具「曖昧性」與「渾沌性」，它不像「樣態」般的明顯有跡可循、有跡可辨。「漾‧態」也是一種不著痕跡的印跡，但此之跡包含著「樣‧態」的外顯之

跡，更重要的意涵是包含著內藏隱匿之跡。在邏輯概念上，「跡」應是外顯的，而「隱」則無跡，但身體之「漾」卻是「隱而有跡」的，這如「矛」與「盾」一般的雖然矛盾卻是存在的。

「身體－漾・態」，是身體心靈化與心靈身體化的中介現象，而身體之「態」則表現出文化的本質屬性，「態，是具有本體性意義的重要範疇，是因爲"態"既具有空間存在意義，又具有時間延續意義」，[1]「漾」象徵著人們虛幻想像的能量在「態」所蘊含的時空中起著變動性的作用，「漾」與「態」是表現人與事物之互動關係的本質範疇。社會文化的價值理念，總是無形地制約著「身體」，身體的各種表現都受著社會意識與文化價值理念的影響，因爲「身體存在性」的本質是社會性與文化性的。

> 身體與理念的關係，在古代性中是一種價值論意義上的制約關係，即身體受理念的超自然意義約束，文化性的價值理念系統有如一件服飾，某個身體穿上它才稟得一種生存的人性身份和社會性權利。[2]

身體動作是人類最自然的、最原初的身體表現，這一身體表現是身心不可分割的主體性，這一不可分割的主體性本文稱之爲「身體－漾・態」。「身體－漾・態」就是主體所展現的生命情境，不論是面對在場或不在場的事物，人們總是身心一起產生作用力而給出呈現的，「身體－漾・態」的呈現也就是主體性的呈現，身心是一個「總合」且「差異延緩」的概念，而非二個先獨立存在再合而爲一的概念。同時，身體一

---

[1] 羅筠筠，〈態：中國美學的一個重要範疇〉，《哲學研究》，6（2005）：66-70。
[2] 劉小楓，《現代性社會理論緒論》（上海：上海三聯書店，1998），333。

詞的概念，在本文的界定中，並不僅指生理性的肉體，也不是心理性的意識，是這二者整體存在又互有差異性的變動關係。

二、身體文化的印跡（trace）

宗教文化長久以來就伴隨著人們的生存環境，與人類的身體發生緊密的聯結關係，所有的宗教信仰都以身體來執行著某些特定的儀式化動作，是以身體爲核心來進行著所謂心靈與神祇間的交流。因此，宗教文化就無形地支配著人們的精神與身體活動的意念。馮天策指出：

> 宗教信仰原是人類自古以來主要的精神生活，建構出社會
> 成員共同的宇宙觀、社會觀、價值觀、人生觀等觀念體系
> 的信奉與遵行，形成人們的精神支柱與行動指南，支配了
> 民眾的社會活動與精神活動。[1]

即便在社會快速變遷的情形下，宗教帶給人們的影響並未減弱，而是適應時代的朝流而轉變了外在的形式。由於民間信仰的功利性較強，所以人們現今與神祇之間交換的條件做了微妙的轉化，例如在臺灣升學壓力（升上明星學校或公立大學）頗大的情形下，人們常進廟宇進行祈禱，位於台北市中心的「行天宮」就是祈求民眾熱絡的典型代表（如圖1）。人們在行天宮內祈求、膜拜、抽籤、許願、擲筊等，透過特定規範的身體活動來進行，但又每個個體有著本質上的差異存在。人們在這樣的規範儀式中，進行著身體活動，人們沉浸在自我的「默會想像」之中，獲得一種壓力的抒解與心靈上的撫慰。「默會想像」，意指人們在祈禱的身體活動中，內在一種靜默領會卻又難以言述的想像經驗，是不易以語言、文字表述的知識層面。，筆者認爲這種默會想像是增強宗

---

[1] 馮天策，《信仰導論》（廣西：廣西人民出版社，1992），1。

教信念的重要因素。但此「默會想像」必須透過身體特定的宗教行為來
獲得，例如佛教儀式中的禮佛活動即是，佛教信仰者認為禮佛一次可滅
千萬罪業，因此堅定的信仰者每天進行百次以上的禮佛活動。在不斷重
覆著相同身體動作的禮佛行為中，內心會有著越來越深厚的「默會想
像」，這類似呂大吉先生所言的：「宗教體驗」，[1]

　　宗教文化透過身體來傳承，宗教體驗也存在於宗教信仰中的身體行
為，而身體文化經驗的「集結」不論是個體化的或是集體化的，它總是
一種在場顯現而又帶著不在場顯現的一種印跡（trace）（或稱為印跡），
而這印跡的生發是「身體存在性」的一種現象，這一印跡有時外顯，有
時隱匿，但它總是在時間的流動上、在空間的位移上，恒常地生發著變
異，就有如 Jacques Derrida（德里達）解構理論中的「延異」現象，

> 　　"延異"是差異的有系統遊戲，是差異的特徵的有系統遊
> 戲，是使各因素相互聯繫的空白（spacing）的有系統遊
> 戲。這種空白同時既是主動地又是被動地產生間歇。沒有
> 間歇，豐富的術語就不能有所意指，不能有所作為。[2]

　　身體文化就是一種在歷時性與共時性上不斷差異、延緩的有系統的
遊戲，文化印跡的外顯與隱匿表徵著「身體存在性」的不圓滿性或有限
性，文化的存在現象由身體在時間與空間的運動上被顯現出來，但它總
是蘊涵著二層意義，一是在場顯現的意義，一是不在場顯現的意義，二
者是相互作用並同時生發的一種存在現象。「身體，作為印跡化的存在：
表達在世界中的經驗，顯現出一生存空間的形跡，也就是我們的生活，
乃是一種活生生的真實體驗；空間，也就是一種真實的體驗，是身體存

---

[1]　呂大吉，《宗教學通論新編上冊》（北京：中國社會科學出版社，2002），76-77。
[2]　德希達（Jacques Derrida）著，《立場（Positions）》（楊恆達、劉北成譯）（臺
　　北：桂冠出版，1998），29。

在－印跡化的運動，即"延異"的現象自身的顯現，同時也證明"存在"是一種"現象"，也就是延異（**différance**）的"印跡"本身」。[1]

身體在歷史進程中留下的印跡（trace）總是文化性的，印跡（trace）是雙向的運動現象，一方面部分的印跡殘留在歷史脈絡中，進行一種積澱；一方面，印跡不斷外顯，隨著歷史發展延續下去，印跡的延異，總是蘊涵著這雙向運動的意義。

> 印跡延異理論中的來回運動路徑，亦即是"現在的"當下存在的身體在場狀態；印跡是曾經的存在，是存在的刪除號，它意味著某種"在場"的"缺場"，故而它總是指涉一個總是先已缺場的在場；因此，它總是在指涉一個"未來的"時間中，又意味著已是"過去的"時間曾經在場的狀態。只有印跡能同時涵蘊"過去－現在－未來"的時間整體與空間整體的完形運動現象中，所代表的身體／經驗的意識整體結構在世界中的存在，在觀照自身時又能同時賦予自身一個歷史。[2]

「身體存在性」是歷史的，它既代表著個體化的歷史，也表徵著族群歷史的意涵，身體的文化印跡在生發的同時，已成為歷史，身體是處在一個「活」的狀態中，雙向運動是這一「活」的特徵，肉體化的運行與心靈意識的變化是一雙向運動；個體化的身體文化與族群的集體化身體是一雙向運動；文化印跡當下的生發與過往歷史的積澱是一種雙向運動。

---

[1] 劉晼芳，〈「身體-空間」經驗的現象研究〉(南華大學環境與藝術研究所碩士論文，2002)，摘要。

[2] 劉晼芳，〈「身體-空間」經驗的現象研究〉(南華大學環境與藝術研究所碩士論文，2002)，摘要。

> 因為，先驗主體的理想客體乃是它自身，在觀照自身時，
> 自我不可能滯留在某個"活的在場"的純粹現時態中，它必
> 須賦予自身一個歷史，在顧後進而瞻前之中，從意識在過
> 去和未來之間的這一往返，同自身構成差異。它能說明
> "此在"在世存有的現象整體的意義：對存在的體驗，正就
> 是對存在的否定；存在"已是"—"變為"印跡，在這"否定"
> 與"保留"之間的同時也就是現象自身的呈現。[1]

因此，身體的出場，對於「身體存在性」的詮釋與解析，是對文化印跡研究的一個重要關鍵，透過對身體的各種分析理論，透過身體運行著文化的生命能量，身體的文化印跡成為基因式的遺傳是一種必然的存在現象，這是「身體存在性」的「活的印跡」現象。Jacques Derrida 指出：

> 印跡（trace）是活的現在的內在對其外在的關係，是向一
> 般外在、外在於"自身"的領域的"開口"；外在在運動中迂
> 迴，非空間的內在，即具有時間名稱的東西通過這運動自
> 我顯現、自我構成並自我在場。[2]

現在是活的，是變異的，是在場與不在場互相補充的過程，它們並不是一方決定一方的因果關係，而是相互依存增補的現象。在場與不在場相互滲透，現在與非現在相互滲透，這種二元的對立面並不是完全之不同，而是在變異的過程中不斷的調節、滲透、融合，因此，它們相似而不同。不在場增補了在場，非同一性增補了同一性，亦是在場增補了

---

[1] 劉畹芳，〈「身體-空間」經驗的現象研究〉(南華大學環境與藝術研究所碩士論文，2002)，摘要。

[2] J. Jacques Derrida, trans, by spivak. **of Grammatology.** The Johns Hopkins University Press,1976. P.86.

不在場，總之是二者相互增補的現象。這種增補或補充現象是不斷擴散、不斷循環的，是無限地被重複著的，因此，印跡總被印跡消抹或更新著。現在的在場是印跡不斷被更新、被消抹的過程，我們應從這個視角來思索現在的在場，而不是形而上學的由某種核心概念出發，因此，現在的在場可以由種種多元差異的不在場視角切入，現在的在場因而是「活」的，是活躍變異的在場。這種性質的在場，與其說它是「現在」，不如說它是不斷被消抹、更新的「印跡」。Jacques Derrida 說：

> 印跡是自性的抹消，是其自身在場的抹消。不可抹消的印
> 跡不是印跡、它還是充實的在場、是不可破壞的非運動的
> 實體。抹消就是死亡本身。[1]

Jacques Derrida 指出，「"原始印跡"。在時間經驗的最小單位之中，如果沒有持存、如果印跡在同一之中沒有保持作為他者的他者，差異就不可能運作，意義就不可能出現。這裡不是已構成的差異問題，而是在所有內容確定以前產生差異的純粹運動的問題」。[2]因此，心靈意識若離開了「身體」，也就不復存在，相同的身體若離開了心靈意識，亦無法呈顯出身體動姿所作用的意義世界。這就有如《易經》中所云的「道」與「器」之間的關係了，「形而上者謂之"道"，形而下者謂之"器"」。日本學者湯淺泰雄指出：

> "道"是陰陽能量流動性的變化法則。它的作用，做為一定
> 的現象而得到形體的，是為容器、工具。因此宇宙萬物乃
> 承受"道"的作用之容器，也是它的作用之工具。離開"道"，

---

[1] J. Jacques Derrida, trans. by A. Bass. **Writing and Difference.** Rout ledge & Kegan Paul.1978. P.230.

[2] J. Jacques Derrida, trans, by spivak. **of Grammatology.** The Johns Hopkins University Press,1976. P.62.

固無所謂容器；離開容器，"道"亦無所謂作用可言。兩者
本是一體。[1]

　　這意涵中的部分，亦如本文所提出的「漾」與「態」的一部分意義，
更重要的是「漾」與「態」欲彰顯出難以研究的隱晦場域，這一場域中
不斷地進行著關於身體的、文化的銘刻印跡，此身體文化印跡雖然有所
銘刻，但又不復呈顯或不在場的存在，有著作用生發或能量溢出，但卻
難以被發現其形式，這由此隱晦場域所生發的具大的能量，僅一部分向
外轉化由身體動姿呈顯出來，其餘則有如水平面下的冰山或地底下的熱
能，總是隱匿在身體動姿之內、隱匿於理性意識之內，形成一種不自覺
的心靈能量。

　　身體的種種感官接受是單純的身體生理機能作用，但此作用的本
質是延緩性與差異性的，身體動姿的一部分會內化於心靈意識，心靈
意識的一部分會外化於身體動姿，相同的感官接受在不同的時間與空
間的場域中，所表現出的作用現象是不同的。當身體的感官接受作為
一種作用而向內轉化為心靈層次的作用時，此心靈層次的作用又不斷
地向外延伸而影響了身體的表現，這是「身與心」的一種「前行」與
「退行」的現象。「前行」，意指由無意識或潛意識的能量釋放，轉
化為外顯且可感知的意識與行；「退行」，則意指由外在的身體動姿
與行為的實踐，向內形成一種作用力，往內在及深層意識回饋而轉入
潛意識與無意識的層次，這種情形常在不斷地、長期地、重覆地宗教
儀式行為中發生。但應注意的是，這二者並非是等量的對等關係，也
就是說，身體動姿的作用「退行」至意識與無意識時，可能是增大、
增強的，亦可能是減弱、縮小的。身與心在一元整體的本質上，生發

---

[1] 湯淺泰雄著，《中國古代思想中的氣論及身體觀－「氣之身體觀」在東亞哲學與科學中的探討》（盧瑞容譯，楊儒賓主編）（台北：互流圖書出版，1993），64。

的二元或多元作用是不斷循環、延緩與差異的動態現象或稱爲「活」的現象，身與心的作用是相互滲透、相互引領的，所以從宏觀的角度而言，身心是一元的整體概念，從微觀的角度而言，身與心的作用是二元的存在與相互影響的變動本質。在宗教文化的身體表現中，身心互爲主體性與互爲他者的情形更甚之。在宗教活動的場域中，這種身心一元整體與身心二元、多元作用的複雜現象，或可成爲哲學與宗教學領域值得重視的研究方向。

第三章　「身體－漾‧態」

的兩義性與曖昧性

第一節　宗教文化基因與集體意識

一、宗教文化基因

　　宗教文化的形成來自於人們對客觀世界與主觀世界的意向經驗，這意向經驗是複雜的深層問題，並不容易被分析，意向經驗是文化得以形成並隨著歷史進程而發展的重要根基。

> 我們對世界的"經驗"，是基於對世界中的對象（包括自己、別人、週遭的一切）的知覺（包括自覺和不自覺的經驗），因為經驗的主體，永遠意向到（或想像到、感覺到、猜測到、知覺到……）對象，所以又可以叫作"意識"（意向性的知覺）。[1]

　　意向性的知覺是一個變動不定的場域，這個場域豐富了文化體系的內容。人們常能感知的意識，僅代表著所有意識場域中的一小部分，如冰山浮出水面之一角。意識場域有更大的空間是屬於無意識領域的，是一種不自覺的自覺，近代許多的研究都指出這個現象，例如：

---

[1]　劉一民，《運動哲學新論》（台北：師大書苑出版，2005），105。

「佛洛伊德提出的"潛意識"、榮格的"集體潛意識"、杜威（Dewey, 1958:3-4）的"原初經驗"、胡塞爾（見 Merleau-Ponty, 1962: xviii）的"操作意向性"（operative intentionality）或梅露龐蒂寫作中經常提到的"非反省性經驗"（The unreflective experience）、"知覺的信仰"（The perceptual faith）、"先於客觀的經驗"（The per-objective experience）、"先於歷史的存在"（The prehistorical existence）、或"先於意識的意識"（The preconsciously consciousness）等」。[1]

這些哲學家與心理學家對於意識場域的解析是相當深入且具獨特性的，本文將在文中運用這些理論探究宗教文化基因的意識場域的現象。然而這個模糊的意識場域是難以言說且個體的差異性極大，在過往的研究中，大都認為這個場域是無價值的。

但是當代的思潮，則認為不易自覺的意識，雖然模糊卻是普遍的；雖然不易自覺，卻是自覺意識的動力根源，進而是人生意義的動力根源；而身體因為是人與世界相連結的中介，所以對身體的反省，成為探求人生根本意義的重要途徑。[2]

宗教文化的發展並不是一種靜態的現象，而是變異性的現象，它依著各個不同的時代，依著人們的不同的需求而有所轉化。族群中的集體意識表現在當時所呈現的文化形態與精神意涵，而當文化形態與

---

[1]　劉一民，《運動哲學新論》（台北：師大書苑出版，2005），105-106。
[2]　劉一民，《運動哲學新論》（台北：師大書苑出版，2005），106。

精神意涵有所變異轉化時，原本的集體意識逐漸地被人們遺落，被新的文化形態所取代。這些被遺落的集體意識在時間進程中並未消失，而是隱匿在族群的集體無意識或稱集體潛意識（Collective unconsciousness）中，成為一種不可感的能量場域。例如台灣的廟會活動中，有許多陣頭文化，如跳鼓陣、宋江陣、宮將首、八家將等，原本的形態與意涵是驅魔降妖的一種宗教儀式，在近代則逐漸轉化為一種廟會慶典活動時的敬神娛樂的形態與意涵。但是驅魔降妖的意涵在人們的心中並未消失，當人們參與廟會活動時，總有一種祈福、心安的心理作用，原本的精神意涵是隱匿在人們的潛意識或無意識層次中，同時這又是一個族群所共有的集體無意識場域，這場域隨著一代一代地遺傳延續，它並不會消失而是轉化了。

宗教文化的基因概念就基於此不斷積澱轉化的文化意涵，宗教文化源於族群的集體意識，亦源於族群在歷史積澱中的集體無意識。集體無意識是一種關於族群心理探究的理論，心理學家榮格反對佛洛伊德把精神層次的問題全部歸因於性衝動，他致力於史論與回野實證的基礎研究，求實創新地提出新的論點，他「經過長期探討東西方神話、宗教傳統與潛意識活動的關係，多次實地考察土著部落的心理活動，榮格提出了著名的**"潛意識分層構想"**，這就是把潛意識劃分為**"個人的潛意識"**與**"集體的潛意識"**」，[1]集體潛意識或集體無意識都是指稱由族群長期積澱下來的文化意象，這是神秘且隱晦不明的，但它實質地引領著族群的發展，這在宗教領域上是顯著的現象，許多的宗教文化意象，影響著社會秩序與個人的日常生活。榮格的解釋是，集體無意識「主要包括人腦結構所遺傳的"普遍精神機能"，特別是"種族神話聯想"或"種族神秘意象"，這便是潛意識的"原始模型"

---

[1]　張志剛，《宗教學是什麼》（北京：北京大學出版社，2002），80。

（archetype），因為作為"種族遺傳的反應方式"，它潛移默化地影響著種族的、群體的或集體的人格」。[1]族群的神秘意象來自於宗教信仰中的虛幻想像，如台灣民間的媽祖信仰深植於基層人心，形塑出獨特的族群人格。「榮格認為，人的整個精神或心理活動具有不可忽視的宗教功能，這種宗教心理功能實際上是不可還原的」。[2]這種族群的神秘意象隱匿於集體無意識中，並在族群的遺傳中起著「基因作用」，「無意識是人格結構的基本因素之一，若無它的參與，作為人格行為的信仰顯然是不可想像的。蒂利希（Paul Tillich）指出，無意識因素總是顯現著並在很大程度上決定著信仰的內容，但另一方面，信仰是一種有意識的行為，人格的核心內容又是超越於無意識的」。[3]

「集體無意識，指的就是通過遺傳而塑造成型的心靈氣質」，[4]集體無意識是同一族群集體意識的「原型」（archetype），它在不可感知的場域中生發著作用力，它隱匿在歷史文化發展的痕跡中，包括著「原型本體」（archetypes proper）與「原型心像」（archetype images），「集體無意識，作為人類經驗的貯存所，同時又是這一經驗的先天條件，乃是萬古世象的一個意象」，[5]宗教是人類虛幻想像之經驗透過宗教行為、宗教儀式來呈現，這是一種內在意象的外顯化。宗教既是一種社會文化體系，就必然與族群的歷史發展緊密地聯結著，族群的宗教意象關乎著此社會文化體系的形式與內涵，而宗教意象除以主體的獨創性為主之外，常透過宗教文化活動、宗教組織而呈現出集

---

[1]　張志剛，《宗教學是什麼》（北京：北京大學出版社，2002），80。
[2]　張志剛，《宗教學是什麼》（北京：北京大學出版社，2002），81。
[3]　張志剛，《宗教學是什麼》（北京：北京大學出版社，2002），39。
[4]　榮格（Carl Gustav Jung）著，《探索心靈奧秘的現代人（Modern man in search of a soul）》（黃奇銘譯）（北京：社會科學文獻出版社，1987），157。
[5]　弗雷・羅恩著，《從佛洛伊德到榮格：無意識心理學比較研究》（陳恢欽譯）（中國國際廣播出版社，1989），118-119。

體宗教意識。另外，這些集體意識又同時間隱晦性地受著歷史積澱的集體無意識的影響，某些儀式行爲或外在訊息總會觸動隱匿在歷史積澱的痕跡，並由此釋放能量，作用於人們的意識層次，生發模糊隱晦的原始心像。同時融合著當時宗教文化的形態與意涵而表現，因此我們必須探索著族群的集體意識與集體無意識。集體意識表徵著當代的宗教意象，集體無意識表徵著過往且積澱的宗教意象。集體意識向內「退行」隱匿於歷史痕跡中，向集體無意識轉化，外在的形式改變了，但其原始意義並未消失，如「巫術禮儀的圖騰形象逐漸簡化和抽象化爲純形式的幾何圖案（符號），它的原始圖騰含義不但沒有消失……反而更加強了」。[1]「在宗教傳統那社，作爲基本象徵的“神”或“上帝”，無非就是“原始模型”的表達方式，因爲該象徵所要表達的就是精神統一或存在的本原。這便意味著宗教經驗在個性化過程中可起重要作用」。[2]集體無意識中的原型，是族群長期的文化積澱的意象，這意象一代一代的被遺傳著，族群意象不自覺地受此影響並引領著宗教意識。這不斷被遺傳的宗教意象是根基於人類的本性，榮格指出，「我過去並沒有把宗教功能歸於精神，我只是支持了一些事實，證明精神在天性上就是宗教的（naturaliter relignsa），也就是說，精神具有一種宗教功能」，[3]這個論點是可以被肯定的，透過意識想像人們可能增強了宗教信念。

「歷史是“生發一切意義的境況”，實踐是“在活動的交叉中自發產生出來的”一種特殊意義，“通過這些活動，人組織他與自然和其他

---

[1]　李澤厚，《美的歷程》（天津：社會科學出版社，2001），32。

[2]　張志剛，《宗教學是什麼》（北京：北京大學出版社，2002），80。

[3]　Carl Gustav Jung,（榮格）Psychology and Alchemy,《心理學與煉金術》 *The Collected Works of C. G. Jung,* Vol. XII, 1967, 13.

人的關係。馬克思認為，歷史是內在於人際之間的事件中」。[1]也就是說，人與人的互動關係中，人與他人的互為主體性之中，存在著歷史的積澱。「榮格界定的集體無意識實際上是指有史以來沉澱於人類心靈底層的、普遍共同的人類本能和經驗遺存，這種遺存既包括了生物學意義上的遺傳，也包括了文化歷史上的文明的沉積」，[2]

　　宗教意象在宗教文化的歷史進程中積澱，它象徵著同一族群的意象痕跡存留在歷史儲存所，並遺傳至人們身體的無意識場域，由於同一族群的慣性行為，會將上一代的信仰意象與行為傳承下來，並再傳承給下一代。台灣民間信仰中最常見的「進香」活動即是一例，且這個「進香」活動也由於時代的轉變以及加入了不少的高級知識份子而有所轉化，不論在形態與意涵上，既遺傳了上一代的意象與行為，同時又生發了新的元素。這種現象「是具有延續性的族類精神意指的**原始意象**（原型）。它的身上留下了時代賡延的痕跡，既有原初的人性、理性，又有新的文化心理因子」。[3]人類的本性包含著感性與理性思維，在基因化的文化場域中，在不可明確感知的氛圍中，被積澱的意象痕跡不斷地引動著、影響著，意象痕跡「就是一種代代相傳的同類經驗在某一種族全體成員心理上的積澱物，是某種遺傳的心理氣質」。[4]某種不明確的文化心理氣質被遺傳著，這就如宗教文化一代一代地被遺傳著一樣。

---

[1]　詹姆斯‧施特密（James Schmidt）著，《梅洛龐蒂─現象學與結構主義之間（Maurice Merleau-Ponty – Between Phenomenology and Structuralism）》（尚建新、杜麗燕譯）（台北：桂冠圖書，2003），179。

[2]　常若松，《人類心靈的神話─榮格的分析心理學》（台北：貓頭鷹出版社，2000），132。

[3]　李吉勇、胡立新，〈榮格與李澤厚「積澱」說的比較〉，《黃網師範學院學報》，24.5（2004.10）：46-50。

[4]　曾耀農，〈榮格文藝思想初探〉，《麗水師範專科學校學報》，20.6（1988.12）：26-30。

　　宗教文化的具體形象被遺傳著，同時亦改變著，宗教文化的心理意象亦被遺傳著，同時在每個不同的主體意識中又被創新式的詮釋著，例如台灣人民信仰關聖帝君與媽祖，這二種信仰不僅毫不衝突且共融相生，人們對這二種神祇的心理意象，大致與過往人們的宗教意象相同，但在主體意識的主導下，又有著不同的心理意象的生發，這是在宗教文化基因的遺傳下進行的變異式轉化，它豐富了宗教文化的內涵。宗教帶給人們希望也豐富人們的生命，宗教信仰者在宗教文化基因的引動下，不自覺地參與宗教文化活動，在活動中生發了種種宗教意象與宗教體驗，這些經驗讓人們運用到實際的日常生活中，產生了一定程度的功效，改變了人們的生命意義。榮格在《心理學與宗教：西方與東方》一書中就曾指出，「不論這個世界如何看待宗教經驗，有這種經驗的人便擁有一筆偉大的財富，一種使他發生重大變化的東西，這種經驗變成了生命、意義和完美的源泉，同時也給予這個世界和人類一種新的輝煌」。[1]在台灣社會中，由宗教文化而來的民俗活動是興盛且常見的，其中廟會活動即是一例，在台灣民間信仰中的「王爺」與「媽祖」信仰，其廟會活動是在每年特定的時間都會定期舉辦的，因此，民俗廟會活動對台灣人民的影響有著經驗上的深切性。

　　　　民俗廟會，隨著人民的生活習慣、情感與信仰的代代相傳，
　　　　經由地域或環境變遷的影響，而衍生出如今深具地方特色
　　　　的台灣風俗，在歷史文化傳承與人們精神生活方面，扮演
　　　　著舉足輕重的角色。從北到南，全台各地廟會活動終年不
　　　　斷，傳達出台灣人民心靈至誠的信仰。值得一提的是，這
　　　　些豐富的廟會活動，除了具有知識、藝術與娛樂功能之外，

---

[1]　Carl Gustav Jung,（榮格）（Psychology and Religion: West and east,《心理學與宗教：西方與東方》*The Collected Works of C. G. Jung*, Vol. XI, 1958），105.

也兼具教化民眾、凝聚民心和保鄉衛民的特色，更促使民
俗廟會朝向民間戲劇與傳統藝術表演的蓬勃發展。因此，
廟會文化彷彿是台灣鄉土文化的縮影，從廟會活動中可以
清晰地看到台灣人民的信仰、藝術、人文的多元面貌，也
真實地浮現了台灣民間信仰的價值觀。[1]

這類活動在長時間的歷史脈絡下，自然且必然地會成爲一種文化的
隱跡作用，默默地在生活層面中影響著人們的思維與行爲模式，並且體
現在身體表現之中。族群的宗教經驗是宗教文化的重要內涵，而族群的
宗教經驗又是不斷傳承並創新的，因此我們可以作一個探討，宗教文化
的基因意涵：

是以群族共同的宗教經驗為核心，包括宗教意象、宗教體
驗、宗教身體符號、宗教制度與組織等，這些宗教經驗在
族群的歷史發展中是雙向運動的現象，一方面不斷「退行」
至集體無意識，一方面不斷「前行」至集體意識與主體意
識。這現象蘊涵著宗教文化的積澱和遺傳過程，其過程是
隱晦、隱匿、活化的，同時不斷生發能量並刻劃心靈痕跡。

雖然區分了集體意識與集體無意識，但是有一點需要確認的，這二
者互爲作用的連動關係，是一個環節（moments）問題，而非片段
（pieces）問題，「片段即使不在其所屬的整體中也還能存在，也能讓
人把它呈現；片段可以從整體中脫離出來。因此，片段可以被稱作**可獨
立部分**」；[2]「環節則是無法脫離其所屬整體而存在而呈現的部分；它

---

[1] 全球華人網路教育中心，http://edu.ocac.gov.tw/local/web/Trad/Temple/about.htm。
[2] 羅伯‧索科羅斯基（Robert Sokolowski）著，《現象學十四講（Introduction to phenomenology）》（李維倫譯）（台北：心靈工坊，2005），44-45。

們無法被抽出。環節是非獨立部分」，[1]。這種區別有助於我們不將連續性的現象切割開來分析，而錯失了其相互引動的關鍵，宗教文化的基因概念是連續性且相互作用的現象，宗教文化基因的意涵並不是生理學上的基因序列，可以單獨被研究或分解的，宗教文化基因的意涵我們得由一個整體的視角，將之區分為數個環節來加以研究，若將之視為片段部分則易落入謬誤之井。例如若將宗教意象僅視為一種虛幻想像的存在，而不考慮身體基礎與宗教文化活動等在場顯現的元素，則在立足點或出發點上即產生了謬誤。集體無意識也必須和集體意識、主體意識一起分析研究；歷史積澱的痕跡與宗教文化的時代轉變亦需一起考量；宗教意象之「漾」與宗教現象之「態」以及以「身體」為出發點的研究亦為如此，也就是說，各種現象都是不斷地相互作用著，因此，相互作用的中介場域就是一個關鍵的重點，這是一個動態且變異的過程，在場的與在場的變異，以及在場的與不在場的變異，這是一個隱晦不明的場域，卻是宗教能量得以生發作用的場域。

「集體無意識的原型語言透過各種意象、幻想、象徵表達，與自我意識或心靈已知部分有別而獨自存在」，[2]而榮格的無意識有三個特點：「（一）無意識的發展是一種自動的過程；（二）其與意識相輔相成；（三）它是人類共通的原始心像（primordial images）即指**原型**的居所」，[3]「是對自覺到的問題有不自覺的反應；其源頭超越意識領域，位於原型的領域」。[4]對自覺到的問題有不自覺的反應這在宗教領域是

---

[1] 羅伯・索科羅斯基（Robert Sokolowski）著，《現象學十四講（Introduction to phenomenology）》（李維倫譯）（台北：心靈工坊，2005），45。

[2] 安・凱斯蒙（Ann Casementt）著，《榮格（Carl Gustav Jung）》（廖世德譯）（台北：生命潛能文化，2004），3。

[3] 常若松，《人類心靈的神話－榮格的分析心理學》（台北：貓頭鷹出版社，2000），331。

[4] 安・凱斯蒙（Ann Casementt）著，《榮格（Carl Gustav Jung）》（廖世德譯）（台北：生命潛能文化，2004），3。

常見的，且可能是被有意識地訓練的，人們在無自覺意識的狀況下經過寺廟，可能在不自覺的情形下，內心起著虔敬的心理作用，或是正在做著不符合宗教道德的行為時，心中不自覺地產生罪惡感。另外一種情形是將信仰者訓練至不自覺地起著共同的意象，例如佛教淨土宗的強調唸佛，將信仰者或修煉者訓練至所謂的「不念而念」的境界，或是在發生任何危險、恐懼的情境時能不自覺地心念佛號。這些現象都是超越了理性的意識領域，它並不是在意識判斷後的反應行為，是原型無意識的自發現象。榮格認為，「作為個性化過程的"活化原型"（the activated archetypes），宗教經驗可給人帶來複雜的感受，像神秘感、威嚴感、崇高感、完美感、依存感、活力感、超越感等，促使人們轉變生活態度，追求更積極、更美滿的東西」。[1] 宗教規範化的形式與意涵是可以實質改變人們日常生活的舉止態度，有著穩定的社會功能，但亦可能過度極端的發展，而產生異樣且危害社會的作用。總之，宗教文化的基因能量是發生在集體意識與集體無意識相互作用的場域中，它是一種歷史積澱的痕跡，它不會消失只是變異轉化且隱匿在看不見的場域，積累著宗教作用的能量，體現在宗教意象的形塑、宗教的身體符號與種種的宗教現象。

二、宗教文化的集體意識

身體文化基因築基於主體與族群的超現實意識，將宗教文化視為一種遺傳性的基因概念是本論文的重點，文化的遺傳性在歷史進程中是明顯可見的，但它並不是完全式的複製遺傳，而是「變異性」的遺傳。由於它牽涉超人間與超自然的意識，且這意識既是主體性的，也是集體性的意識，如學者指出的，「宗教是關於超人間、超自然力量

---

[1]　張志剛，《宗教學是什麼》（北京：北京大學出版社，2002），83。

的一種社會意識，以及因此而對之表示信仰和崇拜的行為，是綜合這種意識和行為並使之規範化、體制化的社會文化體系」。[1]這種超人間、超自然的意識，不論是主體性或是集體性的，它都以一種「意象」儲存在人們的意識中，而被規範化的行為與體制，是隨著宗教意象的轉化而進行改變的。宗教意象蘊涵著神秘性的想像，以現實時空創造出虛擬的時空，以主體的獨特性而創造出可以滿足心靈的意象，它可能清楚明確，也可能模糊隱晦，但宗教意象總有一種「幽靈狀態」的虛幻經驗，這種經驗生發著宗教神秘感，「幽靈狀態就是一種不可能的經驗，缺失的不在場的東西卻可能是潛在的真實的東西，比如，不是現實時間與空間反映的另一種空間和時間，虛擬出來的空間與時間」。[2]

　　在歷史發展的過程中這些宗教意象不斷地被幻想著，不斷地生發著，並在集體意識中不斷地交流互動，同時它也不斷地向內積澱與向外轉化。宗教意象生發的過程中包含著意識的「退行」與「前行」的雙向運動。「退行」意指宗教意象由外界客體對象的感知，不斷地向內在深層轉化，退行至潛意識與無意識層次，而成為一種積澱且隱匿的痕跡，它積蓄著能量且未消失；「前行」意指宗教意象的生發，因外界的客體對象的感知，引動由潛意識或無意識的積澱痕跡，向外擴展至意識層次而被呈現，這是一種帶著原始意象而有不同於原始意象的創新呈現。宗教意象的不斷「退行」與「前行」，經過長時間的歷史進程，它逐漸形成一種遺傳的基因特性，在同一族群中不斷地「變異性遺傳」著，主導著該族群宗教信仰與宗教文化的發展。在這樣的基礎上，族群的宗教意象是具備著相似性或同質性的，在台灣人民的關聖帝君的

---

[1]　呂大吉，《宗教學通論新編（上）》（北京：中國社會科學出版，2002），79。

[2]　尚　杰，〈"看不見的現象"暨"沒有宗教的宗教"—再讀德里達《馬克思的幽靈們》，《教學與研究》，1（2005）：13-18。

信仰中，總會生發著公正、義氣、無懼且神威廣大的宗教意象，舉凡教育子女、病厄、災難、考試升遷、創業等都可以向關聖帝君祈求如願，位於台北市中心著名的〈行天宮〉香火鼎盛（如下圖）。

圖 3-1　台北市行天宮的祈求者眾

　　行天宮位於台北市區內，每日的祈求者不斷，並以一種速食式的方式進行著，人們進入廟中祈求並不像以往會在廟中等待較長的時間，而是短時間的進行宗教崇拜、祈求的行為，宗教意象迅速被喚起，也迅速被拋至腦後，這宗教信仰興盛與高度現代化都市融合的現象，是交易化的宗教關係，亦是宗教文化基因遺傳的相似性與不可重複性。

　　宗教意象的遺傳來自族群中不斷運行的文化活動，例如佛教的〈打佛七〉、〈朝山〉、〈齋僧大會〉、〈放生〉；民間信仰的〈作醮〉、〈繞境〉、〈進香〉、〈廟會〉等，在這些文化活動中，宗教意象不斷地在主體接受活動中感知到的形象時被建立，並在個體差異的情形下，變異性的生發著種種的宗教意象，此意象既是文化傳承的產物，亦是創新生發的神秘想像，是這二者的融合現象。這是宗教文化看不見的現象，是一個「不可感的感知」的虛幻場域，宗教文化強韌的生命能量也在於此看不見的場域。這個看不見的場域包括著宗教感知、宗教意象、宗教體驗、宗教判斷、宗教詮釋等，或稱之為虛幻的宗教經驗，而其中以宗教意象為最重要，感知來自於感官知覺著外在事物的變化現象，有了感知宗教意象得以被喚醒、被創構，而宗教體驗、宗教判斷與宗教詮釋都是以宗教意象為核心來進行的。由於宗教意象的無法驗證性，形成種種神秘的體驗與傳說，或形成宗教騙徒得以發揮的空間，

　　　　宗教感受和宗教經驗之說，究竟是宗教職業者自欺欺人的
　　　　騙術，還是某些宗教信仰者宗教生活中客觀存在的事實？
　　　　這是宗教學在理論上判斷其性質前必須解決的一個事實問

題。種種情況表明，我們應該把宗教經驗作為宗教生活中的事實予以承認。[1]

宗教意象當然是一種宗教經驗，而它的重要性在於：宗教意象的經驗過程可能使主體獲得一種莫名的領悟並感到滿足，同時成為使之持續進行宗教行為與活動的動機。雖然宗教意象或宗教體驗是有種虛無、虛空的感覺，有如盲人摸象一般地自由自主地感知虛幻時空的意象，並以此為真實現象，而信之不移。許志偉指出：「不同的宗教是不同的盲人去尋找和談論大象，未尋獲大象的盲人固然可能對假的"象"有某些真的描述；而有些找到"象"的盲人對真的"象"卻有不少假的描述，這正是宗教界的現實情況」。[2]

宗教意象包含著「意」與「象」的二個層次，「意」，則分為意識與無意識；「象」，則分為象之所象與象外之象。在這四個範疇上仍可區分為集體性與主體性的層次。宗教意象是一種虛幻想像，在宗教信仰上是不可缺乏的，許多的宗教信仰的強度都來自於宗教意象的創構，例如佛教修行法門中的〈觀像法〉或〈觀白毫〉中的三千大千世界即是。許多的「意」由意識到無意識，許多的「象」由象之所象到象外之象，無意識與象外之象都創構了神秘且富生命張力的宗教意象，主體對之生發了內在強烈的情感，增強了宗教信仰。可見宗教意象雖是虛幻性、虛擬性的宗教情感與宗教體驗，但其作用力卻客觀地存在。

我們可以用科學的觀點和方法對此種宗教情感和宗教體驗作出合乎理性的解釋，剝去其神秘主義的眩人色彩，但卻

---

[1] 呂大吉，《宗教學通論新編（上）》（北京：中國社會科學出版，2002），263。

[2] 何光瀘、許志偉，《對話：儒釋道與基督教》（北京：社會科學文獻出版社，1998），609 注。

> 不能否認這種神秘主義的宗教經驗在這部分人精神上的存
> 在。正如海市蜃樓一樣，雖是真正的幻象，卻是客觀的真
> 實。[1]

　　或許許多宗教文化研究者對此現象感到無價值性，但筆者認為這
是真正發生作用能量的場域，這場域不斷地生發作用能量且不斷地積
澱能量，是宗教文化的生命能量場域，它變異著並遺傳著，人們在面
臨「生、老、病、死」的威脅時，這個能量場域就會發生作用，在主
體意識中生發著種種宗教意象，在面臨無可避免的威脅時滿足著主體
的期待心理。因為人們無可避免掉「生、老、病、死」或社會壓力，
宗教這一社會意識，這一社會文化體系就不會消失，宗教意象也就會
不斷存在並生發著、轉化著、遺傳著。

　　宗教意象是蘊涵著「意向性」的，不論是意識的理性與感性或是
無意識的自發性，都具有「意向性」的存在。作為永恆的絕對真理的
純粹意識具有一種意向性功能，即它總是指向它自身以外的東西。
「現實世界是純粹意識的意向性產物，因而都是現象」[2]。宗教意象
的「意向性」（intentionality）就是主體與意識中的意象發生關係時，
其主體意識總朝向某一目標的指向性，或說對象的指向性。現象學家
胡塞爾認為，「自我意識或純粹意識具有意向性，它由三種因素構成：
意向性活動主體（自我）、意向性活動、意向性對象（客體）。對象
世界並不存在於自我意識之外，世界必然是包容於自我意識之中的；
自我意識從各方面朝向（意向）某一對象，某一對象就具有特定的意

---

[1] 呂大吉，《宗教學通論新編（上）》（北京：中國社會科學出版，2002），264。
[2] 袁義江、郭延坡，〈論杜夫海納的現象學美學〉，《松遼學刊》，4 期（1995）：
　　35-40。

義，從而成爲該事物」[1]。因此，宗教意象的本質內涵應是在於：外在客體世界與主體意識相互作用的關係中變異性的存在。對於宗教意象的研究，可以現象學對意識意向性的理論基礎來加以分析。「意向性理論是貫穿整個現象學運動的核心線索。意向性理論集中反映了現象學爲解決近代思想中的認識論難題、克服近代思想中的二元論傾向所付出的艱苦努力」[2]。這有些類似藝術創作中審美對象的創構也是渾沌不明的，「意向行爲和意向對象之間不是傳統的主客體之間的那種第一性與第二性、決定與被決定的單向度關係，而是共生共存、相互決定、相互從屬、相輔相成的關係。具體而言，在現象學的理論視域中，審美對象既非與主體無關的物理物，也非與客體無關的某種單純的心理活動，而是兩者交互作用的關係性產物」[3]。「意識活動是由意向作用和意向對象構成的，所謂意向性理論就是研究意識如何通過"意向作用"而構成"意向對象"的。所謂"意向對象"並不是與外在的實在對象相對的內在對象，它是在現象學對於**意識體驗**的反思中才出現的」[4]。宗教意象原本就是一種宗教體驗的核心，在宗教意象場域中，宗教情感與宗教體驗形成一股「氣漾能量」，由意識層次引動著身體知覺、態度與行爲，心靈因此身體化了；宗教的身體知覺、態度與行爲，在運行的同時，又反向回饋至意識層次，又轉化了宗教意象的存在，身體知覺、態度與行爲因此心靈化了，這是雙向存在並作用的「**身體存在性**」意涵；另外，在宗教意象場域中發生著多元且

---

[1] 周貴華，〈試論胡塞爾現象學的開放性及意義〉，《襄樊學院學報》，22.04（2001）：14-18。

[2] 蘇宏斌，〈現象學的意向性理論述評－從胡塞爾到梅洛・龐蒂〉，《學術研究》，4（2002）：44-48。

[3] 張永清，〈從現象學角度看審美對象的構成〉，《學術月刊》，6（2001）：47-54。

[4] 蘇宏斌，〈觀念、對象與方法－胡塞爾的現象學思想概觀〉，《浙江社會科學》，2（2000）：113-117。

複雜的宗教現象，每一種宗教現象都包含著「時間之態」與「空間之態」，時間之態可以縮短、停止、變長，空間之態可以創構出任何形態，例如佛教對西方極樂世界的意象，道教對天、地、人空間的意象，這一類的「態」並不同於常理下的「態」，它是變異性的「態」，是超自然與超人間的「態」，它們都存在於宗教意象的場域之中。

第二節　宗教意象

一、「漾」－「氣化變異」

宗教意象之「漾」是一種「氣化變異」的現象，宗教意象在變動的過程中形塑的同時，釋放出引動肉身運行的能量，引動著個體的行為，它強調著人們精神意識層面的重要性，心靈意識的變動在身體的一種氣化並變異著的現象，本文謂之「漾」。例如在宗教中常見的禁欲主義，佛教顯宗要求信眾吃素不殺生，首先在信眾的思想觀念上灌注關於六道輪迴的因果關係，由此創構了信仰者意識中關於輪迴的種種意象，這樣內涵的意象由內而外的改變了外在的態度與行為。宗教種種禁欲主義的意象與社會世俗意象形成一種強烈的對比，無形中存在著一股入世與出世、此岸與彼岸、理想與現實之間的張力，「"神聖恒在"與"個體偶在"間存在永恒的張力」。[1]「宗教因其固有特性與社會保持一定的張力，但張力不是固定不變的，而是處於不斷的變化之中」，[2]在宗教生活中，許多的規範化行為是與一般的生活形態不同，而宗教信仰者不僅願意改變這樣的生活，並且努力地完成這些規範化行為。當人們完成某種階段的禁欲行為，例如打禪七或佛七時，七日過午不食及七日完全禁語，信仰者會有種滿足的宗教意象生發，促進未來宗教信念的加強與宗教行為的落實。「當禁欲主義的倫理成為一個社會制度的倫理時，它就會變成反對其他社會制度的一種制度性的力量」，[3]這種制度性的力量雖然站上反對的立場，但由於

---

[1] 周與沉，《身體：思想與修行》（北京：中國社會科學出版社，2005），9。

[2] 孫　雄，〈宗教與社會的張力及其制度安排〉，《哲學研究》，8（2005）：121-125。

[3] 孫　雄，〈宗教與社會的張力及其制度安排〉，《哲學研究》，8（2005）：121-125。

宗教內在積極的力量，信眾大多具備無報酬性的付出，這力量會結合著社會意識的趨勢來改變社會意識。例如素食不殺生的信仰觀念，就結合著社會健康飲食的意識而轉化。

在宗教文化範疇上，任何的微弱的身體行為表現，都蘊涵著宗教意象的變動現象，禁欲行為即是一例。另外信仰者在參與宗教文化活動時也會透過感知來創構宗教意象，例如台灣著名的媽祖繞境活動，信眾隨著媽祖神轎的隊伍徒步行走數百公里，眼睛注視著神轎的起伏想像著媽祖的廣大神威，當人們感知了媽祖或其他神祇的互動，身體就會起著些微的變化，忘卻了徒步百公里的辛勞，這是**心靈身體化**[1]的現象，是宗教現象之「態」。宗教現象之「態」表徵著宗教本質上一種超越性的張力，宗教是一種超自然、超人間的社會意識，但它蘊涵著超越社會現實面的意象與現象。

> 宗教的張力是與宗教的超越性本質聯系在一起的。儘管並不是每一種宗教都有關於上帝的概念，但毫無疑問，每一種宗教都有超越性的價值追求，這是由人的存在本性所決定的。人的超越性追求源於人的有限性：生命的有限性和人性的有限性。[2]

人的有限性是來自於「身體存在性」，「身體性的惟一性是個體自身認同的真正根據，身體意味著生命和生命的限度」。[3]人們總想突破這些有限性，因此在宗教信仰上得到一種精神意義的增補，宗教意象創構了宗教的「終極實體」，這是一個難以明確化的終極實體，

---

[1] 心靈意象的「氣漾能量」向外轉化至身體，透過身體之態表現出來的現象。

[2] 孫　雄，〈宗教與社會的張力及其制度安排〉，《哲學研究》，8（2005）：121-125。

[3] 趙汀陽，《沒有世界觀的世界》（北京：中國人民大學出版社，2003），61。

由主體的宗教意象盡情地想像並體驗著，「終極實體」蘊涵著宗教的「終極關切」，它關切著人的「身體存在性」的有限性，諸如生老病死等。因為「終極實體」與「終極關切」就使人們產生了宗教信仰，「所謂信仰，就是指某種**終極關切**（ultimate concern）的狀態」，[1]例如佛教淨土宗關切著人死後的去處，強調前世今生的因果關係，提出種種唸佛法門供人們掌握死後進入西方極樂世界的門票，這種終極關切使人們面臨現實生活的壓迫，獲得心靈上的舒解。在宗教信仰上，終極實體意象的創構是重要的部分，由此而產生的作用能量是巨大的，它能夠使信仰主體原本的態度、行為有巨大的改變。例如台灣的慈濟功德會，它是一個佛教團體，宣揚並徹底執行社會公益的信念與作為，在這個團體有太多的例子是屬於生活態度與行為的大幅度改變。信眾主動無私地幫助社會中的弱勢族群，成為這個佛教團體最顯著的特色，當然這是有著一種內在驅動力（修未來世的福德），這是一種「終極關切」的期待。它與以往的佛教團體有著明顯的差異，這個團體鼓勵著信眾以出世的精神從事入世的公益事業，這是宗教現象的一種現代化轉變，也是由終極實體所衍生出來的內在驅動力。對終極實體－人格神的服從，進而由內在心靈意識進行改變，直接地引動態度、行為、生活動姿的改變，「有著宗教情感的人們，多會在一生中某個關鍵時刻面臨選擇：把根基和希望皆交付與某個絕然外在的人格神，信靠、渴慕此人格神的大愛和救贖；抑或顯發本來在已的真性，藉踐行、修煉以追求生命提升和境界圓滿。選擇的結果，將使生命展現出不同的風貌來」。[2]信仰者依照著終極實體的宗教信念，努力地約束自己的生活態度與行為，這內在驅動力是宗教意象的一種「氣漾能量」，想

---

[1]　張志剛，《宗教學是什麼》（北京：北京大學出版社，2002），240。

[2]　周與沉，《身體：思想與修行》（北京：中國社會科學出版社，2005），2。

像著什麼就有著什麼樣的對應行為。「這種終極實體始終是人類感受的極限，但又是一種無限的力量。這種力量使人有可能超越有限的人生，從深陷於有限存在的困擾中徹底解脫出來，產生一種寬慰感、寧靜感、安全感和神聖感」。[1]「作為終極關切的信仰，就是指全部人格所付諸的行為。這是終極關切說的第二個基本命題，旨在強調"信仰狀態的整體性與統一性"」。[2]

主體心靈意識中宗教意象的「氣漾能量」與他人產生互動，在互動中彼此修正協調，逐漸獲得一種共同的宗教意象，產生集體的「氣漾能量」，發揮著社會團體的功能，形成宗教的社會力量。此社會力量的形成是人們存在於現實時空，虛幻地立足於虛幻時空（彼岸），而反過來對現實時空的一種拉址力量，抵抗著他們認為的一些不符合宗教信念的現象，因此宗教時空與社會時空就形成了一股張力。涂爾幹 (Durkheim, Emile)（或譯成杜爾克姆）說：「把世界分成兩個領域，一個包括所有神聖的事物，另一個則包括所有世俗的東西，這是宗教思想獨具的特色」。[3]人們在宗教意象中總是把神聖的世界與現實世界劃分開來，許多在現實世界得到的壓迫、不滿、恐懼、不確定性，都在神聖的世界中獲得平衡，這是宗教現象之「態」。「宗教現象的特徵就在於，假定整個宇宙由兩大部分構成──神聖事物與世俗事物；所謂神聖事物是指那些由禁律隔開來並受保護的東西，世俗事物則指那些須與神聖事物保持一定距離的東西，即禁令的對象」。[4]宗教現象之「態」，體現出種種的宗教關係，如神聖與世俗、禁欲與欲念、

---

[1] 孫　雄，〈宗教與社會的張力及其制度安排〉，《哲學研究》，8（2005）：121-125。

[2] 張志剛，《宗教學是什麼》（北京：北京大學出版社，2002），241。

[3] 張志剛，《宗教學是什麼》（北京：北京大學出版社，2002），39。

[4] 張志剛，《宗教學是什麼》（北京：北京大學出版社，2002），40。

人與神、宗教行為與社會行為等關係，這些都是宗教現象所呈現出來的「態」，這些「態」，構成了宗教文化的整個體系。「在宗教體系那裡，信念、教義、神話、傳說等，都旨在表現神聖事物的本質、美德、力量、歷史等，各種儀式則規定了信仰準則，即信仰者必須怎樣跟神聖事物打交道」。[1]在整個宗教文化體系中，規範化的行為舉止，形成了宗教獨特的符號體系，它透過身體來表現，成為一種與神聖世界溝通的身體符號。在這些宗教意象的創構與宗教現象所呈現出來的種種「態」，看似人們毫無理性基礎的盲目感性行為所造成，實際上，宗教信仰、信念、禁慾主義或終極關切等都是在一種以人們的理性思維為前導，進而引起大量的感性思維的基礎上而被構的。蒂利希（Paul Tillich）指出，「理性是信仰的先決條件，信仰則是理性的實現。作為終極關切狀態的信仰就是出神入化的理性。信仰的本性與理性的本性之間並無衝突；它們是互為包容的」。[2]這種以理性為信仰的先決條件的說法，或許不是很符合事實，但就現今高科技、高資訊時代，雖然台灣社會中仍有極興盛的民間信仰、佛道教信仰。但較普遍的情況是人們因為在現實生活上的種種欲求的迫使下，在理性思考所做的決定下，才會前往廟宇祈求、膜拜，而感性思維是在做了此決定之後才開始生發並產生作用的。蒂利希（Paul Tillich）的論點或許可以修正成：

理性是信仰的前導因素，信仰則是理性思維的感性化實現。

宗教信仰由於「身體存在性」的有限性，人們必須藉由理性思維尋找超越這有限性的時空場域，因此，信仰就在理性思維的基礎上，作為一種超越性的存在，以增補了「**身體存在性**」的有限性。

[1] 張志剛，《宗教學是什麼》（北京：北京大學出版社，2002），40。
[2] Paul Tillich,（蒂利希）（*Dynamics of Faith*,《信仰的動力》 Happer & Row, Publishers,1957），77.

> 信仰與理性的關係主要體現在兩方面：一方面，理性是信
> 仰的前提，因為只有有理性的人才能抱有終極關切；另一
> 方面，信仰是理性的超越，因為人的理性認識能力畢竟是
> 有限的，但同時人也意識到了其自身潛在的無限性，這種
> 超越意識表現出來的就是終極關切。[1]

宗教現象在某一層次上而言，是一種社會意識的神化或異化表現，「宗教現象的特徵簡明地反映於古老圖騰體系」。[2]例如台灣各地區的廟宇，其中多數有著「龍」的形象，作為所崇拜神祇的坐騎，這是古老文化延續而來的一種圖騰。「所謂的圖騰同時象徵兩類東西：既是圖騰本原或神的外在形式，又是某種氏族社會的鮮明標誌。因而，圖騰可比作氏族的旗幟或氏族的符號」。[3]由於人是生存於社會環境的，而神又是人們所虛幻想像出來的異化對象，是經過人們的思想來加以美化的，因此，這一對象就包含著這二種象徵意義。

> 實際上，任何一個社會都是通過個體意識體現出來的。因
> 而，社會力量勢必個體化，即滲透到作為個體的社會成員，
> 在他們身上發揮作用。可以說，社會力量就是這樣轉化為
> 個體力量，乃至成為我們自身存在不可或缺的一部分的。
> 正是由於這一個事實，社會力量才能得到加強，並被我們
> 親手崇高化和神聖化了。[4]

[1]　Paul Tillich,（蒂利希）（*Dynamics of Faith*,《信仰的動力》 Happer & Row, Publishers,1957）, 77.
[2]　張志剛，《宗教學是什麼》（北京：北京大學出版社，2002），41。
[3]　張志剛，《宗教學是什麼》（北京：北京大學出版社，2002），41。
[4]　張志剛，《宗教學是什麼》（北京：北京大學出版社，2002），43。

　　這個論點完全站在社會學的立場而研判宗教現象，強調社會對宗教的決定性作用，其實，這是一個雙向的互動現象，社會力量透過個體化的過程轉化爲虛幻的宗教意象，形成宗教力量，反過來，宗教力量又反饋至社會力量，使社會力量被這虛幻的宗教力量改變轉化，二個力量之間的張力促使了二者的融合與平衡。宗教意象的「氣漾能量」與宗教現象之「態」，這二者是個體化與社會化的互動，是人與宗教在心靈上與身體上的互動，這之間的張力是持續變異的存在，是宗教文化－個體的與社會的價值。

二、宗教意象「幽靈」的存在

　　Heidegger（海德格）說：「此在在真理中」，[1]又說「此在在不真中」[2]。「由於形而上學遺忘了存在，所以它也看不到人的此在。隨著形而上學把人規定爲理性的動物，人的此在也同時陷入被遺忘狀態中，以致於人的此在一直以一種非本真的方式存在著，以不是其自身的方式顯示著自身」。[3]對 Heidegger 來說，「現象學要彰顯事物，一如其彰顯自己那般」，[4]他認爲，「現象學用爲進入具體人生活現象、事實生活的恰當模式，……主張人主要受制於其所過的生活，被心態與情感認同、關切與憂慮層層纏繞住、受到引誘，將自己投射到可能性之中」。[5]「現象學不能只是去描述，……現象學是尋求意義，而它可能被表象的實體模式遮蓋住，這麼一來，尋求意義的恰當模式便是文本的詮釋」，

[1]　Martin, Heidegger. Being and Time,　（Basil Blackwell, 1962），263.

[2]　Martin, Heidegger. Being and Time,　（Basil Blackwell, 1962），264.

[3]　李革新，〈在遮蔽與無蔽之間－海德格爾現象學的一種理解〉，《復旦學報》，2（2003）：22-28。

[4]　德穆‧莫倫（Dermot, Moran）著，《現象學導論（Introduction to Phenomenology）》（蔡錚雲譯）（台北：桂冠圖書，2005），295。

[5]　德穆‧莫倫（Dermot, Moran）著，《現象學導論（Introduction to Phenomenology）》（蔡錚雲譯）（台北：桂冠圖書，2005），296。

[1]所以 Heidegger 是將現象學與詮釋學結合在一起的。宗教文化的各種符號所象徵的意涵，是人們感知後對之進行的多元化詮釋，對於相同的符號，例如「大日如來」這四個文字，每一個體對之的詮釋都是不同的，同一個體對之的詮釋也隨著空間的位移與時間的延緩而有所不同，同一族群對宗教符號有著相同又相異的詮釋，這也正是宗教文化的生命能量所在。亦因此而能對應於各種不同的個體，並產生作用力。「科利認為，語言只要被使用（言語），便是一詞多義的，問題是如何理解這種現象」。[2]宗教符號一旦被主體所感知，進入了主體的想像世界，它就變成一種「言語」，有著主體的獨特性，創造獨特的宗教意象，就如一個藝術家創作它的藝術作品一樣，宗教信仰者在宗教符號上賦予了所有可能性的意義，這是一個廣闊的「異域」。或可說宗教符號的詮釋是一種主體獨特的藝術之思，在這思維裡，主體感受到宗教符號的神秘感、美感、信賴感，這是主體獨自創造出來的虛幻世界，並在此獲得極大的滿足感。

宗教符號的被詮釋，本質上是不受語言規範限制的，它具備著詩性的意涵，是曖昧性的多元意義。

> 民間信仰在觀念的組合上是"合緣共振"的，在意義的表達上則是"含混多義"的，其主要思維模式是延續了上古神話思維而來的。所謂神話思維是人類最早成系統的思維模式，中國原始宗教體系就建立在神話思維，後代的民間信仰，雖然加入了不少上層建構的文化內容與形式，就其

---

[1] 德穆‧莫倫（Dermot, Moran）著，《現象學導論（Introduction to Phenomenology）》（蔡錚雲譯）（台北：桂冠圖書，2005），298。

[2] 尚　杰，《德里達》（湖南：湖南教育出版社，1999），146。

本質而來說，其文化結構的創造能力仍與神話思維連接成
有機的整體。[1]

　　人們腦海中對所感知的世界，總有一種虛擬的創造，這可說是「身
體存在性」的藝術性，此藝術性是幽靈狀態的含混與曖昧，神話世界就
是被這幽靈狀態的藝術性所創造出來的，它不會消失且持續運行著。
Heidegger 言：「藝術的本性是詩。由於藝術的本性是詩，只有回到詩
的藝術才更具本源性或保持本性」。[2]語言符號本質上就是詩（並非指
涉日常生活之用語），而宗教文化透過「身體存在性」來詮釋宗教符號，
宗教之思其本質上是詩性的藝術詮釋，是幽靈狀態的揮之不去的創造。
「我們的理解從一開始就是詮釋性的，對事物詮釋性的接觸不見得在思
考或認知的層次上，通常更是在關切、實際的處置中」。[3]理解一開始
就是詮釋性的，一旦詮釋發生了，它就遠離了符號能指的原本對象，原
本對大自然的感知就此形成了虛擬的神話世界，宗教之思於是成為一種
飄忽不定的幽靈狀態。問題在於，我們如何理解這種詮釋性的宗教之思，
如何理解其幽靈狀態的存在，它是如何存在的？有符我們進一步來深思
解析。

　　在宗教之思的想像場域中，主客體之分被消解了，在幽靈狀態的意
象裡，分不清是神或是人，主體與對象融合為一整體。Heidegger 的思
想是建立在「此在現象學」的，傳統哲學忽視了存在者的存在，而將焦
點專注於存在者，導致了主客體二分的困境中。Heidegger 認為：

---

[1] 鄭志明，《台灣傳統信仰的宗教詮釋》（台北：大元書局，2005），54。

[2] 張賢根，〈藝術的詩意本性－海德格爾論藝術與詩〉，《藝術百家》，3（2005）：66-69。

[3] 德　穆‧莫倫（Dermot, Moran）著，《現象學導論（Introduction to Phenomenology）》（蔡錚雲譯）（台北：桂冠圖書，2005），298。

> 傳統哲學或形而上學混淆了存在者（Das Seinde）和存在
> （Sein），它們只追問存在者而遺忘了存在，是無根的本
> 體論。[1]

> 必須追問存在自身，要追問存在、追問存在者。他說，只
> 要問之所問是存在，而存在又總意味著存在者的存在，那
> 麼，在存在問題中，被問及的東西恰就是存在者本身。[2]

> 此在就是在世界中存在（In-der-Welt-sein）。此在的本
> 性在於它的生存。在本真狀態中，此在選擇發現自身的可
> 能性，在非本真狀態中，此在依他人預定的可能性。[3]

「此在」對於宗教之思的幽靈狀態而言，類似於一種「**活躍的虛無**」，虛無並非沒有，它代表著極大的自由度，是無定所的不斷變動的現象。此在的另一層意義，是走向死亡的存在，是不可重覆的一次性生命，是空間上的位移與時間上的延緩的現象，因此，它必是處於變動、變化的狀態，幽靈狀態乃是無定所的，若有所定性的則是存在本性被遮蔽的一種現實性。例如宗教的「因果循環」的觀念，在現實性的，族群共有的認知的意義，是被規範化的意義，有著一定的因果循環的結果；但在主體意識的幽靈狀態下，這因果循環的宗教之思則有著極大的變異性，它的想像結果大大地差異於現實性的規範，有可能被增強了或被削弱了。

---

[1]　張賢根，〈海德格爾美學思想論綱〉，《武漢大學學報》，54.04（2001.07）：413-418。

[2]　張賢根，〈海德格爾美學思想論綱〉，《武漢大學學報》，54.04（2001.07）：413-418。

[3]　張賢根，〈海德格爾美學思想論綱〉，《武漢大學學報》，54.04（2001.07）：413-418。

　　宗教之思有許多不可說或無法言說的東西，但它並不是不被人們說出來，而是以另一種方式被顯現出來，它被身體符號寫出來了。因為語言的侷限性，總代表著意義的缺場或不在場，「身體－漾‧態」成為了這一缺場的文字，它能留下不著痕跡的痕跡。Jacques Derrida 指出，「對不可說的東西不必保持沉默，你應該把它寫出來」，[1] 其實在宗教文化中，身體符號就代表著對不可說或無法言說的宗教意象的文字或繪畫，它不斷地寫出「異域」的世界，繪出看不見的神秘場域，當然，它是隱晦的、曖昧的、含混的。這樣的身體符號象徵著宗教之思的幽靈狀態，這一幽靈狀態是不滅止的延續性與變異性，它在宗教歷史中，形成一個曲折的脈絡遺傳下來。Ludwig Wittgenstein（維根斯坦）云：「世界運行的不是條直線，而是一條曲線，它的方向經常變化」。[2]

---

[1] 尚　杰，《德里達》（湖南：湖南教育出版社，1999），151。
[2] 尚　杰，《德里達》（湖南：湖南教育出版社，1999），162。

第三節　信仰實踐的「三重關係」

一、自身、媒介、意義

　　身體的動姿表達著某種內在意識的意向性，例如每個宗教文化中向其信仰中心祈禱的動姿，具有其獨特的意向性，此獨特的意向性來自於信仰者的獨特性與信仰的核心意義（例如對人的終極關懷或生死問題）。當然，此意向性也朝向某種在宗教文化中象徵信仰中心意義的實在物，如雕刻、繪畫中的信仰人物或特定的象徵物，這有如是一個獨特的媒介，透過此媒介物溝通著信仰者與信仰神祇之間的交流與溝通。因此，一個宗教信仰者的「身體－漾‧態」的存在結構，就取決於一種三重關係的結構層次，包括信仰者自身、信仰的核心意義與信仰的場域與媒介物，其主要結構中的主要關係有如下圖所示：

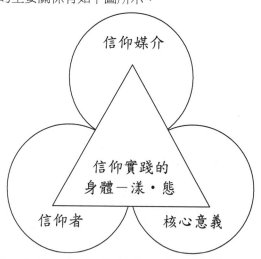

圖 3-2　宗教文化中「身體－漾‧態」的三重關係

　　上圖所示的三重關係決定了宗教信仰或宗教文化活動中的「身體－漾‧態」的表現。人們透過自身的信仰與在信仰中學習而來的種種身體

的動姿來傳達其內在意識的信仰需求。在台灣的社會現象中，其信仰的媒介－廟宇、寺院到處林立，人們可輕而易舉的接近或接觸信仰的媒介，由此信仰媒介所形塑出的信仰場域，自然而然地帶動著人們信仰中的身體動姿，例如不論走進了佛教寺院或民間信仰的廟宇，人們總是很自然而然的雙手合十，身體向前彎傾，以示虔誠的敬意。即使一個信仰不深者，走進了這些有著獨特氛圍的信仰場域中，也會很自然的表示其敬意，而較不會有任意狂妄的舉止行為。另外，有著較深厚的信仰者，則意欲藉此信仰場域的獨特氛圍來強化自身的信仰意志，企圖透過強化的信仰意志來化解人生中的苦難。而又有另一種較具哲思的信仰者，是藉由信仰媒介中的經典理論，來獲取由宗教文化積澱而來的知識或智慧。但不論那一種層次的信仰，在台灣的社會中，當人們走入信仰媒介的場域時，很自然而然地會有某種身體動姿的表現，它蘊涵著由宗教文化而來的兩義性與曖昧性。兩義性意指，在三重關係中人們看待自身、信仰的核心意義與信仰媒介的二元對立性，包括「軀體性與心靈性」－（信仰者自身）、「可見性與不可見性」－（信仰的核心意義）、「虛擬性與現實性」－（信仰媒介或場域）等。當然，由此推衍而來的兩義性本質上是多元的，但大體上脫離不了上述的三種對立結構。另外，曖昧性則意指，這些二元的對立結構其實是在一個整體的本質中才能呈顯出來的，因此這些二元的對立結構，其劃分的界線是模糊與曖昧的，並不是那麼絕然分割的二元結構。

　　在相同的一個雙手合十向前彎傾膜拜的「身體－漾‧態」，其軀體之態式看似相同，但其心靈之漾動可能有著多元的差異存在。例如可能只是單純地表達敬意，別無祈求；也可能有著強烈的現實需求，祈求神靈滿足其需求；亦可能透過規律的軀體之態結合特定意識的心靈之漾動，來獲取某種特定的訓練成果，如佛教所強調的「定」；也可能只是民間

習俗中規範的信仰禮拜。由於三重關係的兩義性與曖昧性，也就導致了這三重關係的結構是一種「迴旋結構」，「身體－漾‧態」的現象可能是由信仰媒介而起，亦可能是由三重關係中的任一而起的迴旋，由迴旋的起點而言，也是兩義性的，不論是由信仰媒介而起至信仰自身，或是由信仰媒介而起至信仰核心意義，其迴旋結構亦是一種重疊的迴旋結構。對此之研究視角是可以多角度的探察，在此先以一個簡單的視角來看這一「迴旋結構」。

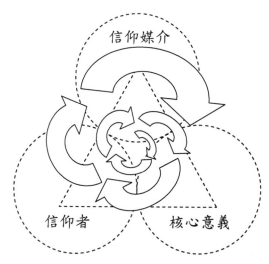

圖 3-3 　「身體－漾‧態」之三重關係的

由圖 3-3 可以看出，其迴旋結構是一種動態性的結構，圖示的迴旋雖只是一個方向的不斷迴旋，但其事實上並不是如此，圖 3-3 僅表示了多元迴旋結構的一面，有可能存在著更多不同方向的迴旋現象，甚至若以不同視角觀之，亦有可能是一種向上或向下的立體迴旋結構，象徵著「身體－漾‧態」受此三種關係的迴旋結構的影響而「動態性的存在」著。至於其更深入的探究在後續章節中再詳述。在此必須再涉入另一個

層次的範疇,也就是迴旋結構是來自於「知識」,不論此知識是由信仰媒介而來,或是由信仰的核心意義而來,或是信仰者自身思考種種議題所得而來。這一「知識」蘊涵著極大的兩義性與曖昧性的特徵:沉默的知識與表述的知識。沉默的知識意指「知識範圍中,可感知、可意會、可領悟的,但卻無法結構化與符號化爲表述語言的部分」;表述的知識就相對於沉默的知識,意指「知識範圍中,可以結構的符號語言表達出來的部分」,上述的迴旋結構的動因就來自於這一知識的兩義性與曖昧性。沉默的知識可能來自於表述知識的擴展與深化,而表述的知識可能也來自於沉默知識的結構化與符號化。此二者的關係如下圖所示:

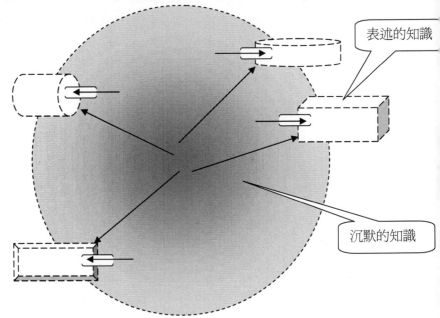

表述的知識

沉默的知識

圖 3-4　沉默的知識與表述的知識

　　由圖 3-4 象徵著沉默的知識與表述的知識之間的差異與關係,沉默的知識是廣深的、隱晦的、非結構性的、非符號化的、非焦點的、模糊

的;另外,表述知識是清楚的、結構的、符號化的、系統化的、焦點的、外顯的。這是知識的兩義性特點,且此二者的關係又是曖昧的,也就是說,表述的知識雖是清楚的、結構的,但並不代表其內容都等同於清楚與結構的形式,其間仍隱含著部分的沉默知識;而沉默的知識雖是隱晦不明的、非結構符號的,但仍不表示其不能以特定的形式來傳達其意涵,在邏輯結構上,只能說是暫時的「不可轉譯性」,而非永久的不可轉譯。從文化長久積澱的視角來看待,其沉默的知識之所以難以轉譯成結構清楚的表述知識,其關鍵的重點包含:沉默知識的廣度與深度、沉默知識的不同層次以及表述知識的豐厚性與創造性。也就是說,這幾個特點都影響著這知識兩義性之間的互動,而「身體-漾・態」的現象,當然深受這二種知識的影響,筆者個人以為,尤以沉默的知識影響更甚,關於沉默知識的部分,本文將於第四章再深入探究。

二、信仰之「三重關係」的現象

本章所云之三重關係乃由宗教信仰的角度出發來看待其「身體－漾・態」是處於什麼樣的空間位置，由圖 3-1 表示其空間位置是位於信仰者自身、信仰媒介及信仰的核心意義這三者的互動關係之中。這個位置是微妙且曖昧的，若此三者缺了其中之一，「身體－漾・態」就失去了空間位置而落入幾近純粹的形式或內涵，其「身體－漾・態」的表現很可有能只餘留成為「心靈漾動」或「軀體態式」。例如少了信仰的核心意義，餘留信仰者自身與信仰的媒介或所構成的場域，那麼「身體－漾・態」的現象將會偏重於軀體所運作的各種「態式」，其「態式」與心靈意識之「漾動」則切斷了聯結；反之若少了信仰媒介或場域，則「身體－漾・態」將偏重於心靈意識所運作的各種「漾動」，由內主動地切斷了與「態式」的聯結。也就是說，「身體－漾・態」的空間位置是在此三者相互聯結且互動交流的關係中才建構出來的。在此，有一個前題必須先說明，此三重關係是有可能有其中之一較弱的情形，但不可能出現三者之中有二者消失或缺少的現象，因為若有此現象，它已經和信仰無關係，所以也就不是本章所談的宗教信仰的研探角度。此三重關係有強弱的現象，所以建構了動態存在的空間位置。因此，可以理解的是，在宗教信仰的這三重關係之中，「身體－漾・態」的空間位置是漂忽不定的、忽隱忽顯的、難以界定的。雖然如此，我們仍不免要想辦法以較規律的、較明確的結構來捕捉這難以界定的「身體－漾・態」的空間位置，這亦是研究之所必需的要求。但在此要求下，也難以避免有所遺落或遺憾之處，唯此也是研究所必需承擔下來的。

關於三重關係的問題，首先得先理解個自獨立存在時的兩義性與曖昧性「軀體性與心靈性」、「可見性與不可見性」、「虛擬性與現實

性」，再探究二者互動關係的動態過程中所呈顯的特點。如下表所示之
特點內容：

表 3-1　三重關係之兩義性與曖昧性的特點

	兩義性區別	曖昧性的轉化
信仰者自身	軀體性 與 心靈性	軀體化 心靈化
信仰的核心意義	可見性 與 不可見性	結構化 解構化
信仰媒介或場域	虛擬性 與 現實性	虛化 實化

　　宗教信仰者的「身體－漾・態」在一種動態變化的三重關係之中存
在著，而三重關係中的每一個元素都存在著可被區別出來的兩義性，包
括由信仰者自身而來的「軀體性與心靈性」、由信仰的核心意義而來的
「可見性與不可見性」以及由信仰媒介而來的「虛擬性與現實性」等，
在此將分別來探究其中的意義。

（一）信仰者自身－軀體性與心靈性

　　將信仰者這一主體區分成「軀體性與心靈性」，實際上這種二分法
若是以相當明確的切割方式來區分，筆者認為是不恰當的。因為「軀體
性與心靈性」在本質上是難以明確被切割的，所以筆者除了談兩義性之
外，更以曖昧性來補充其不足以切割的綿密關係與轉化的現象。由軀體

性的角度來看，在宗教文化活動中有著各式各樣的軀體性的態式，例如在台灣的宗教信仰中，持香膜拜常見於佛教、道教、一貫道或各類民間信仰，在這些持香膜拜的宗教活動中，其持香的態式也有所差異。唯這些不同的態式所聯結的心靈意識也因不同的宗教信仰而有所差異，這來自於歷史脈絡中所形成的宗教儀式或禮儀的不同。例如台灣社會中的民間信仰極擁有著複雜且龐大的儀式或禮儀系統，這當然是一種長期的社會文化積澱所形成的，宗教禮儀的影響也在人們的生活形成影響。

> 民間信仰最大的特色就在於完備的宗教禮儀，表現出其重實踐的文化傳統。[1] 禮儀本身就是一套精神還鄉的信仰系統，是扣著民眾的生理保存需求、精神滿足需求與自我實現需求而來。[2] 宗教禮儀是終極信仰的社會化實踐，神聖的象徵與行為的形式合為一體，從個人的行為操作擴大到人際關係的整體和諧上，民間信仰是民眾統合與聯結人際關係的生活秩序，在日常生活的人際交往中，注入了宗教精神聖性的關懷、誠懇與愛心。[3]

宗教禮儀的實踐在信仰者自身的「軀體性與心靈性」之間的互動關係形成了不同層次的「身體－漾‧態」，這兩義性的關係大體上可區分為三個不同層次的關係，例如其中一個層次的關係表示著在台灣社會中大部分信仰者的現象，這是一種以傳統的軀體態式為主的信仰內容，可能呈現出一種規律性的信仰活動的運行，或是依照著民間習俗的傳統而

---

[1] 喬基姆著，《中國的宗教精神》（王平、何其敏等譯）（北京：中國華僑出版社，1991），185。

[2] 盧紅、黃盛華、周金生，《宗教：精神還鄉的信仰系統》（河北：南開大學出版社，1990），185。

[3] 斯特倫著，《人與神－宗教生活的理解》（金澤、何其敏譯）（上海：上海人民出版社，1991），167。

運行的關於信仰的軀體之態式。這些常發生於民俗節慶之中，如媽祖聖誕、觀音聖誕等。而另一種層次則以心靈之漾動為主的信仰活動，強調的是透過特殊的修煉方式以獲得心靈狀態的某種提昇或突破，這常見於台灣社會中的寺院經常舉辦的活動，例如佛七活動、禪修活動等。在這類的信仰活動中，透過獨特設計的方式，如走香、動禪、打坐、唸佛號等方式，藉由單純或單一的軀體態式來修煉或提昇信仰者自身的心靈漾動，以期獲得宗教核心意義的精髓。因此，筆者將這種不同的現象劃分為三種層次，其軀體之態式與心靈之漾動的關係如下圖所示：

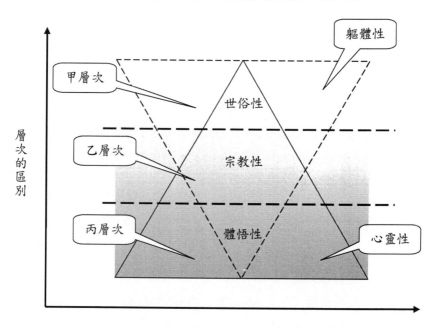

圖 3-5　軀體性與心靈性的關係

　　由上圖可以看出其虛線構成的三角形代表軀體性之態度的強弱，左右範圍愈寬代表強度較強，反之則較弱；另外，由實線所構成的三角形

代表心靈性的強弱。因此，由上至下形成不同內涵的結構，而甲乙丙層次有著不同的意義。甲層次有著較強的或較明顯的軀體性的態式，而對於心靈性的需求是較弱的，可見於一般習俗中的信仰活動，有時甚至是將信仰活動當做一種娛樂節目看待。例如宗教節慶活動中以往常見的與驅邪避禍相的活動，現今多以一種娛樂的形式來呈現。另一種現象是在宗教節慶之中也多了許許當代的表演藝術的呈現，由此可見其宗教信仰活動的內容除了信仰膜拜之外，更增加了許多能提供娛樂性的活動。因此，在此一層次當中，「身體－漾・態」的表現是多以軀體性之態式為主，在心靈性的漾動方面是較少涉及信仰的核心意義的，此一層次的信仰信念是屬於較弱的情形，其「身體－漾・態」是較偏重於世俗性的。

　　在乙層次之中，由上圖的關係可以看出其「軀體性與心靈性」是較為並重的現象，在這一現象中其「身體－漾・態」是較為融合的，也就是說，在此層次中的種種軀體性的態式是與心靈性的漾動相互結合的。筆者認為，此一層次的信仰信念相較於上一層次而言是較重的，其「身體－漾・態」是偏重於宗教性的。也就是說，軀體性的態式是相當符合於宗教性的要求，同時也較嚴格地要求其心靈意識的漾動應符合宗教性的。例如在佛教的信仰活動中，常見的雙膝跪地式的五體投地的禮拜，除了有著明顯的軀體性態式的要求之外，更強烈地要求心靈意識的想像，不論是想像著信仰神祇的加持護祐或是想像著誠心一禮佛得以罪滅如河中的沙數。在乙層次的信仰者自身是較強烈地要求著軀體性的態式與心靈性的漾動相穩合的情形，這一層次的信仰者是較常以宗教信仰的內容來規範自身的生活狀態，如長年茹素者，同時，他們也是經常出入信仰場域、參與各式的信仰活動或資助信仰組織的一群。總之，其宗教性的「身體－漾・態」是與其日常生活結合度較高的，宗教信仰對他們的人

生價值、生活目標、生命核心起著相當重大的影響，有人因此而獲得較正面價值的生活，但也有過於重視其宗教性而產生對生活的負面影響。

第三個層次如圖中的丙層次，由圖中的相關性可看出，這一層次的信仰者自身是較不重視宗教要求的軀體性態式，但相當強調其心靈意識的漾動情形，透過心靈意識漾動的轉變，以獲得與其信仰的終極目標相符的體悟。此層次的信仰者透過較強或較重的內在反思的運行，關鍵在於能產生與宗教核心意義較契合的內在反思。例如佛教的靜思打坐，可能要求著透過不斷地反思印證經典所言的義理，或是透過一定程序的內在思維，企圖破除人們對軀體或肉體的執著，是相當重視心靈意識的漾動而輕忽外在的軀體性與肉體性。在某些特殊性很強的信仰活動中，其對外在軀體性形式的拋棄是更明顯的，例如常聽到的「禪」並非坐或臥的種種形式中才能獲得，其意指已很明顯地指涉外在的種種形式是一種假借的過程，並不是關鍵之所在。因此可知，在此一層次的信仰是較強烈的試圖透過心靈意識的控制與修煉，來獲得信仰的目標，其「身體－漾‧態」是偏重於體悟性的，而體悟的方式不一定得與宗教儀式或原則相符合，通常是借助宗教傳說或特殊的歷史公案來進行體悟，這是直觀體悟的信仰實踐，不論在民間信仰或佛教、道教中均存在以此方式進行信仰實踐的現象，當然此現象也造就了宗教與哲學的緊密關聯。體悟性的信仰層次，信仰者常進行人與神祇、人與物、人與現實環境之間的模擬思維，並試圖打破之間界限。例如佛教中的觀想法，其中一種方式即是想像著自我與佛無差異，且同等存在，藉以磨練其「無分別心」的人生觀點。

> 重直觀與整體領悟的思維方式，在上層建構形而上學的推
> 展與開悟下，早成為中國哲學特有的文化特徵，重視主體

的領悟，進行整體的綜合感受，以直覺對直覺的方式，進行模糊思維，最大的特徵，就是物我混同，形成了模糊物我界限的思維狀態。[1]

在此層次的信仰者，是由心靈意識所體悟的意義來決定其外在態式或形式的運行，某種程度上來說，其外在的態式或形式是較具創意性的。在台灣社會中屬於這一層次的人亦不少，甚至有些藝術團體的產生，即是透過這樣的宗教修行過程而意外誕生的。由上圖亦可看出，軀體性與心靈性是一種「互為主體性」的現象，時而以軀體的各種態式運行來強化、滿足心靈意識的需求，時而以心靈意識的漾動，主而改變軀體性態式的改變。

（二）信仰的核心意義－可見性與不可見性

宗教信仰的核心意義通常而言是以文字、語言、繪畫、雕刻、建築、音樂等形成一系列可見性的宗教信仰符號，藉此來表達或形成一種管道來示意其宗教信仰的核心意義。可見性的符號是宗教信仰之「結構體」，一種強盛的宗教在文字、語言、繪畫、雕刻、建築、音樂等，綜合地建構了一種系列化的「結構體」，而此一「結構體」的目的乃在於涵蘊其不可見性之核心意義。上一部分所談的三種層次：世俗性、宗教性、體悟性，不論是那一種層次，或多或少都可能涉及對不可見性之核心意義的探索；不論是以「軀體性」為主，或是以「心靈性」為主，對信仰核心意義的探索都肯定得透過一系列的可見性的宗教信仰符號來成為其探索的路徑。

---

[1] 袁　珂，《袁珂神話論集》（四川：四川大學出版社，1996），119。

　　由另一個視角而言，關於可見性的宗教信仰符號與信仰的核心意義，此二者的關係也不盡然是路徑與目的的關係，在許多的信仰之中，這些可見性的宗教信仰符號直接就是信仰的核心意義。在台灣社會中的許多民間信仰之中，信仰的核心神祇就等同於該信仰的核心意義，而其意義如學者鄭志明指出的是一種「含混多義」的現象：

> 民間信仰還是以神話思維作為其主要的心靈活動，在思維
> 過程中，有序與無序相伴生，確定性與隨機性相交錯，其
> 各種文化活動有其複雜性也有規律性，「含混多義」即是
> 用來表達這種思維的特徵，說明其交感同構的文化特性，
> 本質是「含混」，形式是「多義」，以渾沌的主體思維去
> 面對萬千氣象的現實世界，能以不變的主體性去應付萬變
> 的客體作用。[1]

　　雖然學者認為本質是「含混」，形式是「多義」的現象，然而此形式的「多義」代表的正是本質的「含混」，換言之，形式的「多義」並不只是形式的，更包括多義性的詮釋與理解。在宗教信仰中，在每個信仰者的信仰意義中，都不會只有形式的存在，每一形式都蘊藏著多義性的詮釋與理解，亦因此有不同的軀體性態式對應其心靈性的漾動。例如台灣社會中盛行的「關聖帝君」信仰，「關聖帝君」在台灣社會中所代表的核心意義之一就是「忠義」，因此，許多廟宇之中的「神像」在人民的心中就等同於「忠義」。若從「忠義」這個文字所蘊涵的意義來說，也是具備兩義性的，在未與「關聖帝君」的符號或意象相聯結時，這只是一般大眾所認同的意思，但若與「關聖帝君」的符號或意象相聯結時，亦或是身處在信仰的場域時，「忠義」這對字詞就直接轉化成與信仰神

---

[1] 鄭志明，《台灣傳統信仰的宗教詮釋》（台北：大元書局，2005），59。

祇直接相關的現象，或可說「關聖帝君」與「忠義」都是信仰的核心意義之一。當然，「關聖帝君」在台灣社會中不僅是「忠義」的象徵意義，更有著其他不同的核心意義，而此對上一段所述的不同層次的信仰情形時，也存在著不同的核心意義，例如對於世俗性層次的信仰者而言，向「關聖帝君」祈求與向「媽祖」祈求的意義是相同的，可能都與平安如意的意義有相關。

　　信仰核心意義的可見性與不可見性，除了可見性的符號與不可見性的意義之外，另一種現象則是以「宗教體驗」或「宗教想像」為主的探究。當信仰者透過各種信仰符號而來的體驗或想像，這些體驗與想像首先是藉著身體的軀體性來進行，例如各種宗教中不同的膜拜姿勢；其次則在這些軀體性的態式運行中來進行體驗與想像，這些軀體性態式有可能是靜態模式，亦可能是動態模式，但不論如何，這些模式都存在著「重覆性」，像是不斷地走禪、不斷地膜拜或是長時間的坐禪。由於重覆性的關係，因此特別有利於在規律的重覆性模式中進行宗教體驗與宗教想像。信仰核心意義的可見性與不可見性體現在信仰者宗教體驗或想像中所創造出來的「意象」，這被信仰者創造出來的「意象」存在著虛擬的且可見的性質，然而此可見性卻只存在於信仰者自身的體驗與想像之中。這些虛擬的且可見的「意象」也並不是完全的可見或完全清晰的，這得取決於信仰者自身想像的程度或能力。此由宗教體驗或宗教想像而來的「意象」是直接與信仰的核心意義相關的，當然這在上述的世俗性、宗教性、體悟性三種層次當中，自然會產生不同的信仰核心意義，也因而會有不同的「意象」產生，但這對信仰者自身而言都是真切的核心意義。信仰的「意象」是處於信仰者的核心位置，是對信仰者最具影響力的元素，這同時也屬於心靈意識漾動的結果，也會對其軀體性態式產生影響，對其生活型態與模式都會有一定程度的影響。這一種來自於宗教

體驗與想像的「意象」當然與上述所提及的文字、語言、繪畫、雕刻、建築、音樂等可見性符號也有某種程度的聯結，其實這有如一層一層不同位置與空間的同心圓，一層聯結著另外二層，成爲一種緊密的聯結，而「意象」則處於最核心的位置，其之間的關係如下圖所示：

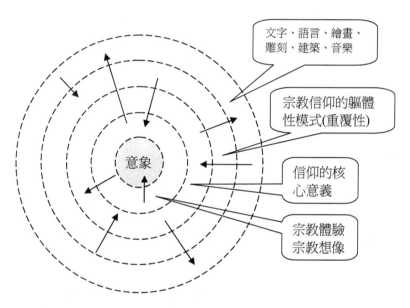

圖 3-6　信仰意象的同心圓關係

由上圖可看出其「意象」與外層的關係是以虛線來表示，代表著其同心圓的層層關係並非是絕然的區隔開來，彼此間是以一種「滲透關係」存在著，由最外層的文字、語言、繪畫、雕刻、建築、音樂等形成一系列可見性的宗教信仰符號向最內層的「意象」滲透，而最內層的「意象」也一層一層地向外層所滲透，所以許多的信仰實物、或信仰者的軀體性態式、或膜拜的儀式，大部分是在長時間的歷史積澱過程中，自於信仰者的宗教體驗與想像後的結果。由「意象」向外層滲透也表示著一種由

心靈意識的漾動朝向軀體性態式的方向性，這可由上圖中之最外圍的二層來窺見得知：包括最外層的文字、語言、繪畫、雕刻、建築、音樂的宗教信仰符號與第二層的宗教信仰的軀體性模式(重覆性)；這二層都具有較表象化的現實性，也是軀體性表現的態式或表現後的結果。另外，由最外層向最內層「意象」的滲透，表示著一種由軀體性態式向心靈意識漾動的方向性，由這二種不同的方向性來看，可以理解出關於軀體性的態式與心靈意識的漾動二者之間的互動關係是「雙向性」的，亦可稱是「多向性的」。由此「雙向性」的現象來看，也可以了解另一種現象是存在於信仰者的不同狀態，若勉強以「強度」來進行區分，有二種狀態分別屬於「內強型」及「外強型」，前者指涉著信仰者透過宗教體驗與想像，進而創造與信仰相關「意象」的能力較強，但其內在「意象」滲透至外層的軀體性態式的力量是較弱的，也就是說，信仰者的外在可明辨的態式與信仰核心意義的關係程度較弱，此種狀態的信仰者重視信仰的「意象」的運行，而不在意其軀體性的態式是否一定得符合信仰戒律中所規範的，他們重視內在心靈意識的漾動狀態是否受到良好的控制，並以此來填補來自於社會現實的空缺感或不足感；另一種狀態的信仰者是「外強型」，也就指涉其軀體性的態式或因信仰而來的獨特行為模式是較強的，由外在可見的型體、姿態、氣質等，即可明辨其信仰者的身份，由另一個視角而言，這類信仰者十分重視因信仰而來的行為模式或軀體性態式，對於信仰「意象」的創造、形成或重視的程度則較低。「外強型」的信仰者常相信透過特殊的信仰模式與進行特定的軀體性態式，可以獲得現實性的或虛擬性的滿足，當去除掉這些模式與態式之後，他們會感到十分的不安定感或罪惡感，此狀態的信仰者由外層的符號向內層「意象」的滲透力量是較弱的。

　　上圖表示了信仰者所創造的「意象」與文字、語言、繪畫、雕刻、建築、音樂等的宗教信仰符號之間的「滲透關係」，此「滲透關係」主要還是在信仰者的心靈意識的種種漾動之中變化著，「滲透關係」指涉這五種不同的同心圓之間的關係是變動不居的，因此，可見性是變動的，不可見性也是變動著，信仰者的「身體－漾・態」也是不斷地變動著。由此可知，其變動不居的原因乃在於各種不同層次之間的相互滲透，信仰者也因此不斷滲透的現象中，其信仰的知識與體悟將會不斷地改變與進行轉化，而且更大一部分都將轉化進入難以表述或言語的層次，而本文稱此層次為「沉默的知識」，這在宗教信仰中起著關鍵的作用力，左右著信仰的核心意義的實質內涵。此「沉默的知識」相對於「表述的知識」，也是一種關於信仰的核心意義的可見性與不可見性，同時這二者既是兩義性的存在，也是曖昧性的存在，其「滲透關係」如下圖所示：

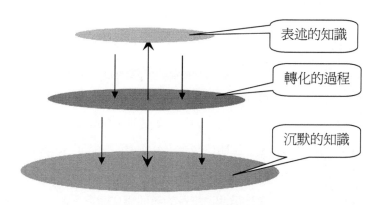

表述的知識

轉化的過程

沉默的知識

圖 3-7　信仰知識的轉化與滲透關係

　　「雙向性」的滲透現象，在同心圓的結構中是層與層之間的交流與溝通，或稱之為一種轉化的現象。因此，軀體性態式的運行，在信仰的獨特模式中，不斷地重覆運行，以軀體性的態式所得到的刺激，可以逐

漸轉化至內在的心靈意識；而關於信仰而來的「意象」不斷地被創造、形成、建構，亦可能向外滲透而改變軀體性的態式，這就是「雙向性」滲透的現象，這現象表現在宗教信仰的領域中是常見且普遍的。當然「雙向性」的滲透關係，也正指涉了本章所探究的兩義性與曖昧性的存在現象，由此更可知，在宗教信仰的領域中，其兩義性與曖昧性是一個整體的二面，它們並不是二種不同的整體而各自獨立存在。從信仰的核心意義來說，可見性與不可見性是兩義性；內在的「意象性」與表象的「符號性」也是兩義性；信仰者的「內強型」與「外強型」也是兩義性；以及後續要探究的「表述的知識」與「沉默的知識」亦為兩義性；但不可否認的這真正這些兩義性的本質卻是存在於二者之間的「曖昧性」關係。

（三）信仰的媒介或場域－虛擬性與現實性

信仰的媒介意指如同上一段落之同心圓的最外層，也就是指文字、語言、繪畫、雕刻、建築、音樂等的宗教信仰符號，當然其實際的內容可能還更豐富，包含信仰行為所需的器具、材料等，或統稱為信仰用品。信仰用品的指涉不僅是祭祀用品，也包含了信仰中的修煉行為所需的用品，這些都可成為關於信仰的媒介，也是信仰場域中形塑其氛圍的元素之一。在台灣社會的信仰場域中尤以民間信仰較為興盛，各類的民間信仰廟宇之中，大多以燃香枝或香灰做為膜拜與祈禱儀式的媒介之一。這是一個重要的過程，常見民間廟宇中香火鼎盛、梵香祈求。然而，在廟宇中最重要的信仰媒介，就屬於該信仰神祇的雕刻品－「神像」，廟宇中的一切元素都與此「神像」有關，構成一種系列化、結構化的場域。

信仰場域中的「神像」是信仰中最重要的媒介元素，也是一切媒介的核心元素，它大部分源自於歷史中某一特定的人物，或傳說中的人物，

在台灣的社會中也有部分是屬於動物形像的信仰媒介，但大多是與歷史傳說有關。幾乎在民間信仰的崇拜中，其信仰神祇背後都有一傳奇的故事，例如常見於台灣社會的土地公，在每一個不同的地域其土地公所背後的傳奇故事也有些許的不同。來自於傳奇故事或歷史人物的意義與精神，再藉著藝術的手法，如雕刻、繪畫等，將之轉化為具有特定形體的「神像」，這是一種虛擬性轉化至現實性的過程。值得注意的是，這一過程的中介層，大部分是透過人們一種藝術的技能配合宗教的想像或體驗而進行的。當然，這一虛擬性轉化至現實性的現象，仍不可避免每一個不同時代背景、地域環境的「集體意識」的表現，不單單只是執行藝術技能者的個人的宗教意識或藝術意識。

「民間信仰的神明概有數百個之多，其發展的趨勢有二端：一為地方神，保護神與神格低的神普遍下降，如開漳聖王、三山國王、王爺信仰等。二為普遍性、多功能與高神格的神，仍受尊敬，如媽祖、觀音、關帝等」。[1]另外一種情況則是「佛教神明加入民間信仰。觀音菩薩、釋迦佛、阿彌陀佛、地藏王菩薩等神祇民間亦多奉祀」。[2]廟宇中主神之崇拜模式，即是除了主祀神之外，還有很多其他的配祀神，這反應了民間的多神信仰的性質。但不論是那一種神祇，都經過了由虛擬的傳奇事件演變至現實性的實體物，這些神祇大部分是與地方的開發或發展的過程關係密切的神祇，也多是大陸原鄉帶來的神祇。蔡相輝先生於《台灣的祠祀與宗教》一書中的分類，略將民間信仰諸神作一簡介：[3]

1、儒家聖賢：儒家思想為中國學術之主流，自漢代以降歷朝政權
　　皆尊崇孔子，台灣孔廟不奉孔子像，亦無香爐，也不供庶民婦
　　孺參拜，崇拜孔子即為景仰其崇高的人格典型。另有亦被視為

---

[1] 吳寧遠，《台灣宗教世俗化之研究》（高雄：高雄復文，1996），8。
[2] 房志榮等著，《宗教與人生-下冊》（台北：國立空中大學，1989），33-36。
[3] 蔡相輝，《台灣的祠祀與宗教》（台北：臺原出版，1998），42-49。

賢者的韓愈，建有之昌黎祠崇拜之。崇拜朱熹建有朱子祠，其亦爲五文昌夫子之一。

2、開臺先賢與名宦：開台先賢與名宦所指爲歷代開發台灣及於民有大恩德者，其代表人物有鄭成功(開台聖王)、曹謹(開建曹公圳)、吳鳳、吳沙(開發蘭陽)。此外，另有學者主張台灣的王爺信仰，與中國大陸的王爺殊異，是從鄭氏父子的祭祀中漸次演變而來。

3、政教神：古人以政治與祭祀爲國家要政，歷代政權奠定基礎之際，同時也開展出祭祀規模，教化生民。明鄭統治台灣時期，在廟祀方面，以文(孔)廟、真武(玄天上帝)、關帝、城隍爲主要祠祀。入清之後，據《續修台灣府志》的記載，所列祠祀相當多，諸神祇各有所司，皆與生民有關。而祠祀對象大體未變，僅關帝轉稱武廟，天后(媽組)取代真武。觀清代之治，真武、關帝、城隍、天后諸神，爲政府神道設教之張本，也是台灣民間規模最大的主要祭祀神祇。另台灣社會數目最多之土地廟亦與政府教化百姓攸關，亦列入政教類。

4、鄉土神：鄉土神即台灣居民祖先渡海來台時，攜帶香火、神像，於拓墾有成後，建廟祠祀之神明。此類神祇都具有地域色彩，非當地籍民後裔大多不加崇祀。地方械鬥發生時，此類神祇亦爲團結之號召。

5、行業神：自古以來各行各業，皆奉祀該行業頂尖好手爲神，或相關人物、神祇爲行神。如讀書人多奉祀文昌帝君、魁星，一般商賈多祀關聖帝君，從事閩、台貿易之郊商則祀水仙或媽祖，醫神則祀保生大帝，藥神則祀藥王韋慈藏，戲班則祀西秦王爺或田都元帥，木匠則祀魯班，妓院則祀豬八戒或水手爺等等。

6、雜祠：台灣地區之雜祠，主要包含量兩大類，一爲各地之大眾爺、義民爺等無祀孤魂祠，一爲毫無毫無根源之大樹、石頭等祠廟。大眾爺之祭，尙有悲天憫人之意在，而各地之石頭公、松樹公則多好事者渲染附會而出，較具迷信色彩。

陳郁夫先生曾言：「台灣約有 80% 的人民崇尙此信仰」[1]，可見民間信仰對台灣人民的生活起著極大的影響，人們經常進入信仰的場域進行祭祀行爲，「祭祀在於強化人與宇宙間的親和關係，從自然秩序進入到超自然秩序之中，人們是以敬天地鬼神的虔誠心態，在神道信仰的基礎上期望鬼神能賜福解厄」。[2]例如在都市化的城市中，即便是現今 2008 年的世代，在台北行天宮的祭祀情形仍然是熱絡鼎盛的（如下圖）。其中年輕學子也佔有多數，多半是爲了學業、升學、考試等原因而前來祭祀的，雖然在看似科技發達且理性思維有較強主導的社會中，這些已長久紮根於台灣社會的民間信仰，依舊存在著極大的需求性。

以上述所言及之民間信仰的神祇而言，其信仰的媒介幾乎都是一種虛擬性朝向現實性的轉化。由另一個視角來看，其「身體－漾‧態」在這樣的虛擬性與現實性交織的信仰媒介或場域中也起著微妙的變化，這可由空間性與時間性來探究它。當信仰者在信仰的場域中，接受各種由感官知覺而來的信仰媒介中的元素，在信仰者的「身體－漾‧態」中存在著二種不同的生存維度，一爲時間，另一爲空間。人們在一個特定的場域中，首先能知覺到的生存維度，即是空間，次爲時間，也就是說空間的被知覺是優先於時間的，這或許與視覺感知有直接的相關。

---

[1] 房志榮等著，《宗教與人生-下冊》（台北：國立空中大學，民78），32。
[2] 林素英，《古代祭禮中之政教觀－以禮記成書前爲論》（台北：文津出版社，1997），363。

圖 3-8　台北的行天宮

　　當信仰者在信仰場域中進行宗拜的行為時，其「身體－漾・態」所感受與創造的時間性與空間性形成一種獨特的「知覺場」，此「知覺場」是包含著四個向度：虛擬性的時間、虛擬性的空間、現實性的時間、現實性的空間。在此一「知覺場」的內涵中，既包含著軀體性的態式，也

包含著心靈意識的漾動，這種視角下的主體才是涵括著各種生存維度的主體，如現象學家梅洛‧龐帝（Merleau‐Ponty）云：「在各個維度的相互交織中來研究主體，並重建我們的主體概念」。[1]，因此，主體的概念絕不只是軀體性的，或只是心靈性，主體的概念是一種複雜的交織過程中所呈現或被知覺的現象。在此，關於信仰媒介或場域的虛擬性與現實性將從上述四個向度來進行後續的探究，此四個向度之間的關係如下圖所示的關係。

此圖的整體概念是一種蘊涵著虛擬性的時間、虛擬性的空間、現實性的時間、現實性的空間等四個向度的統整觀，它其實代表的就是一個信仰者的「知覺場」。在這一「知覺場」中，其四個向度是複雜的交織在一起，不斷地在信仰者的「知覺場」成為焦點後再消逝的一種循環。上圖的「知覺場」中，其虛擬性與現實性的範圍是部分重疊的，時間軸在現實性的範圍裡，是一種客觀規律的時間，而在虛擬性的範圍中，則呈現非規律性的時間，有時甚至有停頓的現象。空間的部分，在現實性的範圍中，空間是結構的、系統的，而在虛擬性的範圍中，空間是扭曲的，任意的。「知覺場」有一個重要的特性－「殘留意象」，當信仰者接收了信仰媒介中的元素之後，在這些現實性的元素在感官知覺前消失時，原有現實性的實體特徵仍舊殘留在信仰者的意想之中，現實性向著未來逐漸轉化為虛擬性。「殘留意象」也因主體的差異而有不同，其擴散性愈大，則信仰者的「知覺場」就愈深廣。因此，「知覺場」是具有廣延性與深化性的，它將來自於現實性的信仰媒介轉化至扭轉的、不規律的空間與時間之中，進而再回饋至信仰者的意象。當然，許多的現實性媒介也都是來自於這扭轉空間與不規律時間的外化，也就是創造的虛

---

[1] 梅洛‧龐帝（Merleau‐Ponty），《知覺現象學（Phenomenology of Perception）》（姜志輝譯），（北京：商務印書館，2005），514。

擬性意象，最後表現在被創造出來的現實性媒介上，這有如不同朝代的宗教雕刻與繪畫，在形式與內容上都有其不同的特點表現。

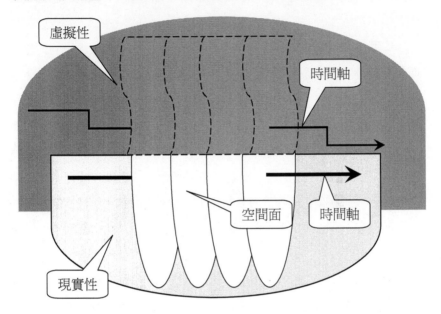

圖 3-9　虛擬性與現實性的時間與空間的知覺

　　時間這個概念看似包含著「過去、現在、未來」三個維度，但若仔細一探究竟，我們會發現這三個維度的大部分都是屬於虛擬性的時間，嚴格說來，若虛擬性的時間不算是一種時間，那麼幾乎是沒有客觀條件下的時間存在，梅洛・龐帝（Merleau‐Ponty）曾指出：「將來和過去處在一種前存在和永恒遺存之中」。[1]我們可以輕易地理解到過去與未來這二個維度是虛擬性的，過去是永恒的遺存，這其中已蘊涵了太多人們虛擬的回憶與想像在其中，過去的或歷史的真正還原是不可能的；未

---

[1] 梅洛・龐帝（Merleau‐Ponty），《知覺現象學（Phenomenology of Perception）》（姜志輝譯），（北京：商務印書館，2005），515。

來則是一種前存在，對於未來會如何？總在人們腦海中虛擬地建構著，在未來還未成為現在之前，未來的確是存在的，存在於人們的想像與臆測之中。

虛擬性的時間尤如一種變形的時間，因此，在心靈意識中的對象，並無客觀時間的軸線，心靈意識中的對象，例如信仰神祇的「神像」在心靈意識中的浮現，它可以是時間靜止的狀態，也可以是時間飛快的呈現。關於此點，梅洛・龐帝（Merleau - Ponty）指出：「作為一個意識的內在對象的時間是一種被夷平了的時間。換言之，它根本不再是時間」。[1]假如信仰者在知覺上接收了信仰媒介中的元素，或在信仰場域中的氛圍，把信仰者帶到了過去的經驗，將當下的知覺與過去的經驗做了一種融合，進而產生了對信仰媒介中之元素的轉化。這是因為信仰者由當下的信仰媒介，得到了過去的意義。但這樣的意義已由過去的現實性轉化為虛擬性，同時也是由當下的現實性，以一種回到過去的虛擬性而被呈現。會有如此的現象，主要在於信仰者自身就帶著這種過去現實性的意義，只不過在過去已成為實質的歷史時，這現實性的意義早已轉化為虛擬性的意義，過去的意義只能在與現實性的意義相互交織的情形下才能呈顯出其虛擬性的意義。

在信仰者的意念中，對於信仰中的未來世界的期許是厚實的，信仰者透過對現實性的感知，意想著未來的景象與心境，以獲得信仰的堅定力量及滿足感。但是對於未來，它比過去擁有「身體」的種種記憶，還更具虛擬性。信仰者心中的未來是由現實性出發而建構出一種虛幻的想像世界，例如許多佛教信仰者，每日規律的修行模式，為得就是未來能在佛國淨土獲得重生或是在未來獲得心靈上的解脫。但是，未來這個概

---

[1] 梅洛・龐帝（Merleau - Ponty），《知覺現象學（Phenomenology of Perception）》（姜志輝譯），（北京：商務印書館，2005），517。

念的實質內涵就是虛擬性的，或是尚未存在的，「不能像過去那樣在我們身體上烙下標記，因此，如果我們想要解釋將來與現在的關係，只能通過類似於現在與過去的關係來解釋它」。[1]若由信仰的媒介與場域中的現實性來看，其實這一現實性的本質內涵並非是單純的現在性，而是包含著過去經驗中的印跡，以及對未來的意想。信仰者在意想的未來世界中所體驗的信仰神祇的神性是各自不同的，在不同的宗教信仰系統中對其神性的體驗與詮釋也是不同的，這是文化基因的重要脈絡，「各個宗教都有各自表述的真理主張，體驗到神性現象是可以多種多樣的，在各自不同的生態環境下，不可能不留下個體的、歷史的、尤其是文化的烙印」。[2]這些文化的烙印是信仰者在虛擬的想像世界中所創造的，進而逐漸轉化至現實世界中的實踐。信仰的媒介可能因信仰者變形的虛擬想像而產生多樣性、多義性，進而在信仰的實踐過程中有著不同的表現情形。因此信仰的媒介與場域中的現實性，本質上是蘊涵著虛擬性的，但是我們並無法清楚地區分這一信仰的現實性與虛擬性的界限，就如同難以區分軀體性態式與心靈性漾動一樣，因為，這是來自於信仰者「身體－漾‧態」的兩義性與曖昧性的現象。

---

[1] 梅洛‧龐帝（Merleau‐Ponty），《知覺現象學（Phenomenology of Perception）》（姜志輝譯），（北京：商務印書館，2005），518。

[2] 張志剛，《走向神聖－現代宗教學的問題與方法》（人民出版社，1995），253。

第四節　「三重關係」的迴旋結構

　　宗教信仰人類社會中重要的文化現象，在台灣社會中此文化現象是更爲興盛的，其宗教信仰的形式是多樣的，尤以民間信仰的豐富性爲最典型的代表，呂大吉先生提出宗教包含著四大要素：宗教觀念、宗教體驗、宗教行爲、宗教組織等，[1]「但這四個要素的形態與內容，也不是單一的，而是多重的，且各個宗教在四個要素的結構與組合上各有關注的重點，其體系的建構可以是千姿百態與千差萬別的」。[2]因此，似乎難有一種結構的或系統的說法來包括所有宗教信仰的現象，可見其複雜的程度極高。信仰的複雜性是來自於信仰中充滿著個人化的宗教觀念、宗教體驗與行爲，雖然宗教組織是較爲穩定性的要素，但另外三個要素則受個人化的影響，其變異性頗大，尤以宗教觀念和宗教體驗爲變異性最大的要素。本文所談到的信仰的三重關係：信仰者自身、信仰的媒介與場域、信仰的核心意義這三者構成了「信仰意義的結構空間」，而這三者除了信仰的媒介或場域是較爲穩定的，其他二者亦爲變異性頗高的現象。不論是四要素或本文所提的三重關係，其變異性高的主要原因來自於人類的「靈感思維」，也就是變異的現象是來自於「靈感思維」，「靈感思維反映了人與神靈相交感的願望，顯示人是可以掌握到超自然的力量，神人原本就是一體相應的，人叩著需求而期待神的出現，神應著人的呼喚而存有，雙方結合爲命運的共同體」，[3]「靈感思維，可以說是人類最早的形上思維，創造了抽象的鬼神存在，以象徵超自然力的存有。這種抽象思維，已是人類思維能力的高度表現，能用抽象的概念

[1] 呂大吉，《宗教學通論新編（上）》（北京：中國社會科學出版，2002），76。
[2] 卓新平，《宗教理解》（北京：社會科學文獻出版社，1999），3。
[3] 鄭志明，《台灣傳統信仰的宗教詮釋》（台北：大元書局，2005），91。

來認知對象與處理訊息」。[1]本節將延續上節的探究，繼續深入地探索關於「信仰」的三重關係，主要針對其「迴旋結構」來探究。首先將由圖 5-2 來分析其「信仰意義的結構空間」，其剖析其空間的特點與內涵；其次欲了解「迴旋結構」中一種隱晦的作用力，分析其社會性的關鍵元素；最後以圖來表示並詮釋其三重關係的「迴旋結構」的三度空間，以期更精細地解析此「迴旋結構」的本質現象。

一、信仰意義的結構空間

信仰的三重關係的「迴旋結構」可由圖 3-10 初步地看出其迴旋的情形，「信仰」這個概念的意義就存在於這三重關係的「迴旋結構」之中，筆者稱之爲「信仰意義的結構空間」，如下圖所示。

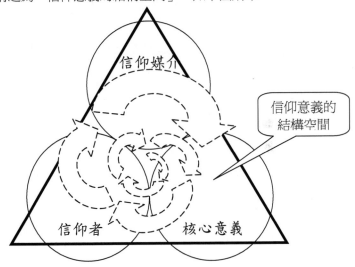

圖 3-10　「信仰意義」的結構空間

---

[1] 張　浩，《思維發生學－從動物思維到人的思維》（北京：中國社會科學出版社，1994），132。

　　「信仰意義的結構空間」看似一個明顯的三角空間，這是來自於三者信仰者自身、信仰的核心意義及信仰媒介或場域這三重關係，並由這三者之間的迴旋互動結果而構成了此一「信仰意義的結構空間」。與其說此一空間是一個明顯的三角空間，不如說是一種隱晦的變動空間，也就是說，其空間是變動的空間，但始終維持一種三角位置的空間。雖然大部分的情形並不是如上圖那樣均等的三角空間結構，可能是偏重於某一方的不均等的空間結構，而這之間也是一直處於變化、變動的情形。這一情形有如上一節所提到的關於世俗性、宗教性和體悟性三層次的信仰，在這三層次的信仰之間，其「信仰意義的結構空間」都是不同的情形，空間形狀不同，意指其內涵的迴旋狀態也有所不同。此一空間的隱晦性是來自於在這三重關係之中的迴旋現象是多義性的情形，迴旋的本質在於：信仰的意義，總存在於三重關係的不斷迴旋並改變其迴旋的狀態中。也就是，在三重關係之中，其迴旋的現象是一直存在的，假如迴旋的現象消失了，那麼即表示著信仰者已經逐漸地退出「信仰」，轉而成為另一種狀態存在，例如轉變成一種人生哲學的思考者，與信仰的核心意義或信仰的媒介脫離。

　　上述關於迴旋的本質，提及迴旋是不斷地迴旋的狀態以及不斷地改變其迴旋的狀態，表示著在三重關係中，不論由那一點起始，都可能任意地朝向任一對象來轉化，而進行迴旋。例如由信仰者自身起始，可朝向核心意義，亦可朝向信仰媒介來進行迴旋。而且可能的情形是迴旋方向的改變，如由信仰者→信仰的核心意義→信仰的媒介，再轉回信仰的核心意義→信仰者自身→信仰的媒介。其轉變方向的現象是任意的，完全取決於在不同情境中的各種作用力的左右情形。由此可知，「信仰意義的結構空間」是處於三方拉扯的情形下不斷變化的。所以，「信仰」的意義也是在不斷拉扯的狀態中持續地變化著。

　　「信仰」是存在於此「信仰意義的結構空間」，當此空間喪失了三重關係，或僅剩餘二重關係時，「信仰」就無法存在。也就是說，「信仰」是必須在這三重關係的拉扯下所形成的空間來獲得存在的。但是此「信仰意義的結構空間」的本質其實並不是如上圖所示那麼地有結構的，或應該說這是一種蘊涵「解構性」的結構空間，解構性的結構空間有幾層的意義面：看似一個單純的卻是重疊的數層結構空間（如圖 3-11）、多重斷裂的解構所構成的結構空間。

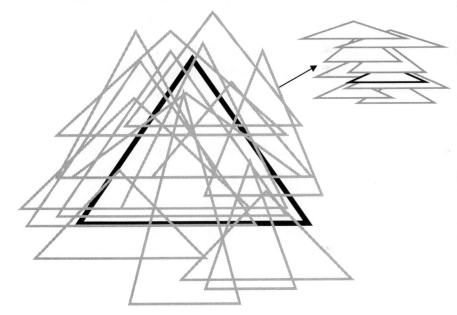

圖 3-11　「重疊的」數層結構空間

　　圖 3-11 表示了「信仰意義的結構空間」的解構性的第一層意義，隱喻由三重關係的迴旋結構所形成的空間，本質上是解構的，解構的第一層意義即在於表示結構的不穩定性、亂序性、重疊性的。不穩定性表示結構空間的變化是恒在的，從個體的立場而言，三重關係之間迴旋的

不穩定性是既存的現象，例如一個有著堅定信仰的人，在長時間的信仰
生活中，有時是相當重視自身的改變，有時則相當重視信仰媒介的使用
或參與信仰場域的活動，有時則又十分重視信仰核心意義的領悟。這種
不穩定性的現象也可能發生在社會中的集體意識裡，例如當發生了社會
中宗教信仰的重大事件時，透過媒體的大幅報導，可能大層面地影響社
會中的集體意識，而對某一特定的宗教產生較相同的意向性，此時信仰
者的「信仰意義的結構空間」可能會因此而產生轉變。這類不穩定性的
轉變既是個體性的，也是社會性的；既是個體意識的，亦爲集體意識的。
上圖所示的灰色部分，表示原結構空間可能轉移的位置，也就是如圖中
原黑色較明顯可辨且較穩定的結構，也能在某種情境下，轉變成灰色的
且不同形狀的結構空間，換言之，當信仰者在這三重關係中的三個元素
發生了「焦點強度」[1]的不同時，結構空間的形狀即會改變，例如當信
仰者因某種情境而產生了對信仰場域或某一媒介的「焦點強度」增加時，
導致了另二個元素的「焦點強度」較弱時，結構空間就會產生變化，此
時「信仰意義的結構空間」就有所不同。這一結構空間乃取決於信仰者
的心靈性漾動與軀體性態式，是與三重關係中的那一元素聯結的較強來
決定。因此，它是極不穩定的，是屬於經常解構的一種結構空間。

　　亂序性表示其不穩定的混亂仍是有序的狀態，基於上述，看似「信
仰意義的結構空間」是一種極不穩定的狀態，而上圖所呈現的又看似一
種相當混亂的結構空間。雖然如此，仍然可以理解其亂中依然存在著規
律與秩序，這一規律與秩序當然來自於不可缺其一的三重關係中的每一
元素：信仰者、信仰的核心意義、信仰的媒介或場域。因爲缺乏了三者
之一，就成了另一種意義的結構空間，而不是本文所談的「信仰意義的

---

[1] 「焦點強度」，意指在信仰者的「身體－漾・態」表現中，在三重關係中的某一方
　面呈現較強的心靈性漾動與軀體性態式的現象。

結構空間」。因此，由上圖看來極不穩定的狀態，其實仍然存在著本質上的規律與秩序，「信仰意義的結構空間」的任何轉變，都是因爲信仰者對待三重關係中任一元素的「焦點強度」不同而導致，所以其空間的改變仍然離不開這三重關係的元素。

重疊性則表示「信仰意義的結構空間」是蘊涵多變的不同層次的空間，每個不同的結構空間都有不同的意義，但都與其他的空間之間有所聯結，甚至可以任意性的轉換。重疊性中所表現的不同層次的結構空間，代表著不同信仰意義的情形，也意謂著，當信仰者在三重關係的每一元素中同時或任一元素有重大的改變時，結構空間即產生轉移，成爲另一個不同層次的空間，其「身體－漾‧態」也會有所轉移。在台灣社會中較明顯的例子發生在佛教信仰裡，現今台灣的大學院校中的佛學社團普遍設立，其中關於淨土宗的佛學社團是較普遍的，當一個年輕學子由台灣社會中盛行的佛教淨土宗入門，習得佛教中的信仰知識，一開始就在軀體性態式上有較大的轉變，其心靈漾動也以淨土宗的信念爲基礎，例如行住坐臥都不離開唸佛心，因此在軀體性態式與心靈意識的漾動之中都會以此爲原則或基準而進行改變。進一步地，當他習得了淨土宗而又感到無法解決心中疑惑時，他可能朝向更深入的佛教經典中去獲得答案，最後可能的情形是他在佛教的上乘經典中或較不受佛教戒儀、文字符號所規範的禪宗思想中獲得疑惑的解答，此時他的「信仰意義的結構空間」將會有很大的轉移，因爲他對信仰者、信仰的核心意義、信仰的媒介或場域等三重關係有了不同的認知，產生了不同的知識。由於結構空間的重疊性，使得「信仰意義的結構空間」得以有轉移至不同層次的機會，而這樣的轉移又是一種任意性的狀態，所以說「信仰意義的結構空間」是一種解構性的結構空間。若進一步對重疊性加以探究，也可以用另一

種形式來表示重疊性：「信仰意義的結構空間」是一種在三度空間中不斷轉移的結構空間，關於此點，在下一部分將會深入來探究。

　　所有這些不論是明顯的或是隱含的、不穩定的、亂序的或重疊的結構空間，可以統合起來並稱之為「信仰界域」，在此界域中蘊涵著多層次且不同的「信仰意義的結構空間」，彼此間相互重疊、相互聯結、相互轉換及變化，由這些多層次且不同的結構空間就形成了「信仰界域」。「信仰界域」就界定了信仰者之「身體－漾・態」的表現，而解構性的「信仰意義的結構空間」也在此「信仰界域」中不斷地解構再結構。當然，「信仰界域」的廣度與深度也會因解構再結構的轉化過程，不斷地廣延與深沉。探究至此，回觀社會中的信仰現象，有二種現象的存在，一是以「信仰界域」的廣延化為特點的現象，表現在信仰知識外化為與生活知識的融合，甚至與工作中的專業知識的融合；二是以「信仰界域」的深沉化為特點的現象，表現在將生活與工作信仰化的情形，生活及工作必須向信仰依靠或集中，一切以信仰為主要原則與標準來決定生活方式與工作內容。

　　現在將針對「信仰意義的結構空間」的第二層解構意義來進行探究，它是一種「多重斷裂的解構所構成的結構空間」，意指其「信仰意義的結構空間」之間的聯結是屬於「多重斷裂」的現象。也就是說，信仰者與信仰的核心意義的聯結，或信仰的媒介或場域與信仰者的聯結，或信仰的媒介或場域與信仰核心意義的聯結，這元素之間的聯結是「多重斷裂」的現象。這是因為個體的或集體的「知覺場」是一種極為複雜多義的本質，又因為「知覺場」是體現在個體的或集體的軀體性態式與心靈性樣動之中。這就如之前所探究的「虛擬性的時間、虛擬性的空間、現實性的時間、現實性的空間」的概念，「多重斷裂」就發生在這四個向度的轉化過程中，這就顯示了在三重關係的聯結中，有著現實性與虛

擬性的時間、空間的轉變以作為中介，也就是在這樣的轉變中介的現象，才造成了「信仰意義的結構空間」的第二層解構意義。換言之，「信仰意義的結構空間」並非如圖所示的一種絕對的幾何空間，這元素的聯結過程應該加以謹慎地檢視，「多重斷裂」式地聯結，才是真正造就「信仰意義的結構空間」的因素之一，因為「多重斷裂」而導致意義的產生，而不只是在感官知覺上的聯結而已。例如當信仰者進入信仰場域之中，由感官知覺接收了各種宗教信仰的媒介，其所產生的意義，至少來自於四個向度（虛擬性的時間、虛擬性的空間、現實性的時間、現實性的空間）的訊息。「多重斷裂」可以由二個視角來探究，一是在感官知覺接收了媒介之後所發生的擴延與深化的意象，再由此意象回饋至信仰的媒介，這在信仰者與信仰的核心意義之間亦是如此的情形；二是在感官知覺接收信仰媒介之前，就已經先運行了四個向度的意象，導至信仰者在接收信仰媒介時，已帶有一種意象的立場，其感官知覺的接收變成是一種創造性的接收。上述的二種視角都屬於「多重斷裂」的現象，也因此三重關係中的元素之間的聯結，並不是客觀的、簡單的、直接的聯結，它是斷裂性的聯結，或稱回饋性與創造性的聯結。當然，上述的二種視角，會是同時存在的現象，只不過這二者之間可能存在著強弱的區別。

二、迴旋結構中的「他者」

　　三重關係的「迴旋結構」之所以能進行迴旋，其中涉及的部分是頗為複雜的，其中最關鍵的乃在於：信仰者自身、信仰的核心意義及信仰媒介或場域這三者存在者一種隱晦性的作用力。此作用力來自於一個重要因素：「他者」。「他者」非指涉某種「物」，「他者」指涉的意義是社會化的，涉及了單獨他人的「身體－漾‧態」及群體他人的「身體－漾‧態」對三重關係的影響。另外，「他者」是能以有形的及無形的

方式存在著並對三重關係的「迴旋結構」產生影響。因為，「他者」的
介入，使得迴旋結構所形成的「信仰意義的結構空間」成為一個多視角
的三度空間，如下圖所示：

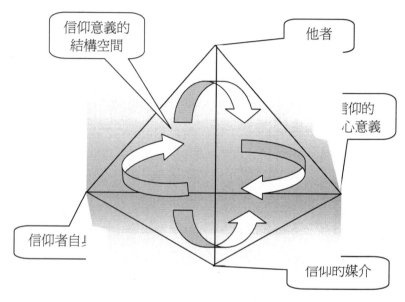

圖 3-12　迴旋結構中的「他者」

　　Jacques Derrida 在《哲學的邊緣》中表示：「哲學始終就是由這一
點構成的：思考它的他者」，[1]筆者由哲學的視角來探究信仰的三重關
係，除了思考信仰者自身、信仰的核心意義及信仰媒介或場域之外，仍
不可忽略其社會性，也就是這三重關係中的每一元素，包括「他者」所
影響的內涵以及與這三者之間所構成的「信仰意義的結構空間」。關於
「他者」的存在相對於信仰者而言是具有影響力的，例如該信仰的宗教

---

[1] 楊大春，〈德里達論他者的命運－從哲學與非哲學的關係看〉，《文史哲》，3
（2006）：150-156。

類別是否被社會所接受，是否得到親人或朋友的支持。「他者」在信仰者的軀體性態式與心靈性漾動都有著明確地影響，「他者」相對於三重關係，位於一個特殊的位置，使得三重關係與之相應後成就了一個更廣化與深化的三度空間，也因此三度空間的形成，使得「信仰意義的結構空間」也產生了變化，也就是說，在三重關係中的每一元素，都不是獨立存在的，至少每一元素就必然地與另一元素及「他者」有所聯結而存在。似乎由於「他者」的加入，使得這一「信仰意義的結構空間」變得更為複雜，這之間的交織情形似乎顯得難以被分析。

　　由上圖看似一種很規律的幾何空間，其所包含的三度空間（高度、寬度、深度）代表著「信仰意義的結構空間」，但如同上述的解構現象一樣，它並非是如圖那樣明確的結構，而是隱晦且模糊的空間。此一三度空間真正欲傳達的內涵在於：「信仰意義的結構空間」的無法探知的縱深與廣延，這亦為結構空間被解構的重要原因。知覺現象學家梅洛‧龐帝（Merleau - Ponty）在他的著作《知覺現象學》中曾指出如下的觀點：

> 寬度、高度僅僅是事物及其種種要素相互並列的層面，而縱深則是這些要素相互包含其他、與其他共存的層面。寬度、高度、或與縱深相應的空間各部分不是並立，而是共存的。這是因為它們全都包含在我們的身體對世界擁有的唯一的一條線索之中。[1]

　　鷲田清一對上述觀點的外加詮釋如下：

---

[1] 鷲田清一著，《梅洛－龐蒂認論論的割斷》（劉績生譯）（河北：河北教育出版社，2001），188。

　　　　這裡所說的線索也可以改稱為在實踐上付諸行動的開端。
　　　　在被體驗的世界中之所以能夠存在定向，是因為作為有定
　　　　向「可能的活動系統」的我的身體，與「其現象上的
　　　　『場』」取決於自己的任務與狀況的潛能的「身體」相互
　　　　密切咬合又相互面對的緣故。[1]

　　任何信仰之軀體性態式與心靈性漾動，必然地是透過在信仰的實踐
行動中得以開展的，軀體性態式與心靈性漾動總合的「身體」，是一個
具有縱深與廣延的「活的系統」。「活」，則意謂著現象上的「場」是
由軀體性態式與心靈性漾動總合的「身體」來決定其變異的情形。此變
異的情形在如上圖所示的「信仰意義的結構空間」之中，「他者」是一
個與軀體性態式與心靈性漾動總合的「身體」相呼應的重要因素，也是
構成現象上的「場」的主要因素。也是因為「他者」的存在與出現，使
得「信仰意義的結構空間」的縱深與廣延變得難以窺探。此空間的縱深
與廣延亦使得「迴旋」的結構變得混亂，如圖中所示各種方向的「迴旋」
都存在著，且此多樣性的「迴旋」都與「他者」有所聯結，不論其「迴
旋」的現象如何，其「迴旋」的軌跡都將涉過「他者」而帶有不同的意
涵。

　　「他者」的存在亦可由現實性與虛擬性二種視角來切入，對於信仰
者自身而言，「他者」的存在是現實性與虛擬性交織而成的「他者」。
對於信仰的媒介與場域而言，許多存在的媒介（現實物）都是由眾多的
「他者」所組織完成的，因此，在此信仰的媒介與場域這一元素，其本
質的內涵已指向了「他者」的存在。對於信仰的核心意義而言，「他者」
則扮演著詮釋的角色，不論是信仰的同儕，或是信仰領域中有權威性的

---

[1]　鷲田清一著，《梅洛－龐蒂認論論的割斷》（劉績生譯）（河北：河北教育出版社，
　　2001），189。

「他者」，或是專門從事信仰意義論述的「他者」，關於信仰者所能獲得的信仰意義，其與「他者」的詮釋有著緊密的聯結關係。「他者」存在的現實性是重要的，大部分對於「他者」的虛擬性是來自於現實性的。但是，對於「他者」存在之現實性的判斷，卻也受著虛擬性的影響。因此，當「他者」的現實性存在對於「信仰意義的結構空間」產生大作用力的影響時，信仰者的「身體－漾‧態」也隨著受之影響，並引發對「他者」的虛擬性意象。

> 作為我們軀體性實存與世界之間的媒介的意義，總是在物質性的存在契機中顯形，在其中記入自己的結構。不僅僅各種事物在意義上相遇、被理解，也不僅僅是事物由意義賦予形體，而且，意義發生的媒介物本身也寓于事物之中。
> 1

　　例如，在信仰之中，像是各種膜拜儀式、信仰行為等，我們的軀體性態式與心靈性漾動，都固定在特定的結構系統之中，必然地，這些在特定結構系統中的軀體性態式與心靈性漾動，也就成為了使意義之所以發生的機轉。

　　「他者」與三重關係所構成的三度空間，它是包含著縱深與廣延二個特點的「場」，有如之前談到的「知覺場」。嚴格來說，這個「場」是無明顯邊界的「場」，也就是難以劃分出的一種「場」。它的縱深與廣延都導致了在信仰之中其軀體性態式與心靈性漾動的變動，例如在台灣的佛教信仰中，由於信仰核心意義所帶來的信仰信念，以及受信仰同儕的影響，接受「過午不食」齋戒是常見的情形。當信仰者違背常理中

1 　鷲田清一著，《梅洛－龐蒂認論論的割斷》（劉績生譯）（河北：河北教育出版社，2001），169-170。

的飲食習慣，進入「過午不食」齋戒時，此時的軀體性態式與心靈性漾動必然地會有所改變，而飢餓感卻可能因為「他者」的相同實踐，或信仰信念的催使，使得身體對於飢餓這樣的感受有了不同的「知覺場」。由此例子可以理解其縱深與廣延是與信仰的核心意義相聯結的，同時其「知覺場」的縱深與廣延亦和「他者」有著相當程度的聯結。

　　另外值得一提的是「他者」的現實性存在，使得「知覺場」首先來自於在視域上的感知，進而透過軀體性態式與心靈性漾動的綜合作用，將「他者」的現實性存在轉化至虛擬性的存在。從反向的視角來探究，「他者」的虛擬性存在給予了主體相當程度的影響，而更進一步地再次轉化至「他者」的現實性存在，但後者現象中的現實性，以非原初客觀下的現實性存在，而是帶著虛擬性「陰影」的「他者」。也就是此一過程的來回轉化，造就了「信仰意義的結構空間」的縱深與廣延。事實上，「陰影」的「他者」才是信仰意義的縱深與廣延的最重要「動因」。「陰影」的「他者」可能來自於單獨的主體，大部分的情形更是來自於組織團體，亦有一部分是來自於諸如文字經典等媒介物的詮釋者或撰寫者。因此，「他者」在現實性與虛擬性之間的轉化，形成了一種「可逆性」的現象，或是稱作一種「雙向性」的轉化。

> 身體既是顯現的主體，又是被顯現的對象，身體－主體既
> 是主動的，又是被動的；既是能動的，又是受動的。可逆
> 性還表明，人們對事物知覺是從自己的角度進行的，人們
> 所感知的是世界的不同視角和方面。在梅洛・龐蒂看來，

> 自我與他人之間的可逆性就意味著一種主體間性，這種可
> 逆性使我們之間廣泛的社會交往和對話成為可能。[1]

　　然而，在信仰的界域中，信仰者將其界域中的元素，透過「知覺場」的運作，使這些元素的內涵意義全都表現在軀體性態式與心靈性漾動之中。也就是說，信仰的世界被信仰者「身體化」了，這一身體化的現象包括了「他者」、信仰者自身、信仰的核心意義與信仰的媒介物或場域。關於「他者」對信仰者自身的呈現，即是一種「身體化」的現象，也就是「他者」的存在，透過「知覺場」而被主體所身體化了，另一個視角而言主體對於「他者」而言，也是被「他者」身體化了的現象，不論是信仰者的身體化或是「他者」的身體化，都是一種變化的流動場，而此流動場的機轉就是「知覺場」，它是主體與他者之間的交流的機轉，在信仰的三重關係中，每一元素與「他者」之間的互動交流都在「知覺場」進行轉化，因此，亦可說「信仰意義的結構空間」的「知覺場」是大部分重疊在一起的。此種身體化的流動現象，其過程是：

　　現實性→虛擬性→現實性（蘊涵陰影的現實性）

　　梅洛‧龐蒂在《知覺現象學》中提到：

> 絕對的流動在它自己的注視下顯現為「一種意識」或人，
> 或具體化的主體，因為它是一個呈現場──向自我、向他
> 人和向世界的呈現，因為這種呈現把主體置於主體得以被
> 理解的自然和文化世界。我是我看到的一切，我是一個主

---

[1] 王曉東，〈梅洛─龐蒂主體間性理論的雙重視域〉，《江蘇行政學院學報》，2（2004）：17-23。

　　　　體間的場，但並非不考慮我的身體和我的歷史處境，我才
　　　　是這個身體和這個處境，以及其他一切。[1]

　　因此，「他者」的現實性其實也是在我的身體和我的歷史處境中才
得以被呈顯出來，所以在本質上已經是互為相映的現象。在信仰的三重
關係之中，存在著一種「相映」，在「他者」與信仰者自身之間相映著，
在「他者」與信仰媒介之間相映著，在「他者」與信仰的核心意義之間
相映著。這有如一種多菱角且半透明的鏡子，一件事物能相映出多義性，
也能展現其穿透性。「他者」與信仰媒介之間的相映，使得「他者」自
身也成為了一種信仰的媒介，成為一種媒介元素，提供給其他的信仰者。
「他者」與信仰的核心意義之間的相映，也使得「他者」自身在某種視
域下也成為了信仰的核心意義本身。這樣的現象常發生在宗教領域中的
領袖，例如在台灣著名的慈濟功德會的證嚴上人或法鼓山的聖嚴法師。
這些宗教的領袖自身相映於信仰者，上人或法師自身已是信仰的核心意
義本身。因此，透過與「他者」之間的「相映」，產生了信仰的精神體
驗與情感，以及發揮了信仰意義中「教」的規範形式、組織與作用。
「相映」顯示了信仰者自身的自由意志，「以個體生命的終極體驗為核
心，以直觀的方式意識到鬼神的超越存有，是建立在整體的領悟與傳感
上，是真實地面對自我心靈的存在，以實現個體存在的生命價值」。[2]

　　此種「相映」也是導致「他者」與信仰的三重關係之間的迴旋，其
結構顯然是複雜亂序的。「相映」有如光之顯影般地，使信仰者在「他
者」身上，看見了自身；在「他者」身上感知了信仰媒介；在「他者」
身上體悟了信仰的核心意義。因為「他者」的存在與介入，使得「信仰

---

[1]　梅洛‧龐帝（Merleau‐Ponty），《知覺現象學（Phenomenology of Perception）》
　　（姜志輝譯），（北京：商務印書館，2005），565。
[2]　鄭志明，《台灣傳統信仰的宗教詮釋》（台北：大元書局，2005），105。

意義的結構空間」蘊涵著縱深與廣延的特點，而此正是「他者」與三重關係之間「相映」而形成的結果。「信仰意義的結構空間」也因此而在本質上就是「解構意義」的結構，看似結構空間，卻又如不斷解構的變化著，而這些都表現在「身體－漾‧態」上，不論是「他者」的軀體性態式與心靈性漾動或是主體的，這就是「身體－漾‧態」的兩義性與曖昧性的現象。兩義性來自於例如「他者」與自身之間的區別，或是軀體性態式與心靈性漾動的分別，或是解構與結構之間的差異，而曖昧性則是二者之間的「知覺場」，以及彼此間的交互「相映」的現象。

第四章　身體文化隱跡的沉默性

第一節　看不見的書寫印跡

　　臺灣的民間信仰融合了傳統的道教、佛教對生命形式、因果循環的觀點，同時亦將儒家的祖先崇拜納入信仰觀點中。關於「臺灣民間信仰的來世觀，糅合了三種色彩，一是儒教的祖先崇拜，二是道教功利主義的陰界特色，三是佛教功德論的超渡行為」。[1]唯信仰的民眾並無如此理性地將上述這三種觀點切分的如此明確，在民眾的信仰觀點中，這些來世觀是統合在一起的，超渡行為與陰界是聯結在一起的，同時也和祖先崇拜聯結一起。這是在家庭中的上一代向下一代實施行為教育，在無形之中就在下一代心靈中刻劃了信仰的印跡，即使家庭中無信仰，也會被社會中的宗教活動所刻劃。當人們被要求進行關於宗教信仰相關的身體行為時，宗教文化的印跡就已刻劃於實行主體的心靈意識中，即使沒有身體力行地實行宗教信仰的身體行為，僅僅是觀看或觀賞宗教文化活動，例如媽祖進香繞境的活動，透過視覺與聽覺感知，這些宗教訊息也潛匿地俏俏刻劃於主體的心靈意識中了，只是方式不同而已。在一個宗教文化活動如此興盛的地區，想要完全不接觸到任何一點點的宗教訊息是困難的，根據瞿海源調查民眾宗教信仰的九個問題：

一、　人死後靈魂仍然存在。

---

[1]　董芳苑，《探討臺灣民間信仰》（台北：常民文化出版，1996），252。

二、　一個人心理若有疑問就應該問神。

三、　夢到特別的事都是神的指點。

四、　人死後有子孫送葬才好。

五、　信神的人愈多，社會就愈平安。

六、　自己信什麼教，子女就該信什麼教。

七、　自己肯努力，不一定要靠神。

八、　發瘋是因為沖犯鬼神或死者的靈魂而引起的。

九、　生病時應該看醫生，不要去求神拜佛。[1]

　　根據這樣的調查顯示，人們對於傳統宗教的信仰仍保有相當的影響力，鄭志明先生指出：第一題所問的內容：「人死後靈魂仍然存在。只討論到人的靈魂問題，未涉及到神的靈性信仰，其實民眾對『鬼』與『神』在信仰態度上是有區別的，相信『神』未必就相信『鬼』」。[2]這表示著人們選擇相信對自己生活較有正面助益的「神」，但未必相信有「鬼」的存在。

> 大部份對「鬼」與「神」在信仰上還是持有肯定的態度，如男性有 66.8%，女性有 70.6%，相信有靈魂的存在。在第五題信神的人愈多，社會就愈安定，贊成的男性有 63.6%，女性有 66%，此一問題已問到神信仰與社會的互動的關係，認同的比例已經很高，但不贊成的人未必就不相信神信仰。[3]

---

[1] 瞿海源，《變遷中的臺灣社會－第一次社會變遷基本調查資料的分析〈臺灣地區民眾的宗教信仰與宗教態度〉》（台北：中央研究院民族學研究所，1988），253。

[2] 鄭志明，《神明的由來－臺灣篇》（南華管理學院，1998），391。

[3] 鄭志明，《臺灣傳統信仰的宗教詮釋》（台北：大元書局出版，2005），247。

人們對傳統信仰的程度不若以往較爲堅定的情形，其信仰深度有著較大的差異，但這是一種社會轉化的情形，人們對傳統信仰中的「神」仍然有著信仰的需求，只是在外在形式與內在信念上有著轉變存在，因此，「傳統社會的鬼神信仰仍然與一般民眾的現實生活是結合在一起」。[1]在這樣的現象場域中，存在著看不見的作用能量，而且持續遺傳著、發展著，我們可以稱之爲「宗教文化印跡」，「宗教文化印跡」表徵著人們的日常生活與宗教信仰的意義是結合在一起，而且部分成爲可感知的外顯結構，部分成爲不可感知的內隱結構。這一「宗教文化印跡」是信仰者透過一系列的宗教語言、宗教符號來詮釋來世的期望，例如點香、禮拜、擲筊、抽明籤、燒金紙、供奉水果飲食等，這本質上就是一種宗教文化的符號與象徵的書寫。這種文化符號透過身體來運行，所有的儀式都有基本的規範動作，人們依循著這樣的規範會感受到自己對神明的一種尊重，同時內心會期待著透過這樣的尊重而獲得神明護祐的回饋，這種「身體感」是與一般情形下的「身體感」有所不同，它蘊藏著更豐富的內隱性，它在特定的動作規範下，其「身體感」的「默會想像」會較深層且持久，並逐漸積澱出屬於個體獨特性的「默會經驗」，也就是「宗教體驗」。這種透過身體動姿來運行與承載著宗教信念、宗教文化的現象，其實是一種身體的社會化現象。如學者廖炳惠指出：

> 非常明顯的，有一種身體 physical body，是物質性的，它跟肉體的這個身體是連在一起的；但是另外還有社會性的身體（social body），social body 通常與生活方式、意識形態、國家權力、文化差異密切相關，很多不

---

[1] 鄭志明，《臺灣傳統信仰的宗教詮釋》（台北：大元書局出版，2005），247。

同的社會，都會透過身體來達到認同的或者是界定的作
用。你要界定一個人，或者他跟你的差別，身體是一個
非常重要的媒介。……所以身體很多面向是跟文化、社
會條件、與 social body 連在一起。[1]

在一個充滿宗教文化活動的社會中，「身體感」的社會化、宗教
化的一種必然的現象。宗教文化蘊涵著內在神秘的內容與外在明顯的
形式，宗教文化有著看得見的部分，亦有著看不見的現象，這二者是
成為宗教文化的主體。看得見的存在於宗教文化種種載體，諸如種種
的宗教制度、文物，包含宗教典籍、宗教藝術品、宗教儀式用品、宗
教服飾等；看不見的則是宗教文化的靈魂，如宗教學說、宗教意義、
宗教觀念、宗教體驗等。這不是什麼神秘之說，而是存在於主體與客
體之間互動的變動性關係，此種關係是不斷質變的、是互為主體性的
關係，神秘的感知就在此關係中持續生發著。

宗教作為一種社會化的客觀存在具有一些基本要素。宗
教的內在要素有兩部分：1.宗教的觀念與思想；2.宗教
的感情或體驗。宗教的外在因素也有兩部分：1.宗教的
行為或活動；2.宗教的組織和制度。[2]

宗教的內在因素是看不見的現象，對主體而言，它是支持信仰行
為的根基，對集體大眾而言，它是宗教組織與制度持續運行的能量。
在宗教文化活動中，主體從客體接收到的形象訊息形成一種感知，由
於主體意識的多樣性與豐富性變化，瞬間轉化為主體腦海中的虛幻意

---

[1] 廖炳惠著，楊儒賓、何乏筆主編，《身體與社會－身體、文化與認同》（台北：
　唐山出版社，2004），93-94。
[2] 呂大吉，《宗教學通論新編（上）》（北京：中國社會科學出版，2002），76。

象，引動主體宗教情感，形成主體獨特的宗教體驗，並重新地依照主體的獨特性再一次地詮釋。這一切都在於主體意識的作用，這種作用是一種看不見的現象，主體意識作用包括了感知、意象、判斷、體驗、詮釋，宗教在主體意識中的作用過程也包括這五種階段。宗教根源於人跟動物在本質上的差異－意識，意識使得自然環境、社會環境及人所能感知的實在界中許許多多人們無法理解的事件轉化為「虛擬的想像」。意識是看不見、摸不著的現象，但卻主導著人們日常生活的行為舉止，生發著人們喜樂、信仰、恐懼、怨怒等情緒，主體意識的內涵包含了可感知的部分與不可感知的部分，另外主體意識也受族群中的集體意識與集體無意識的引動，不可感知的與集體無意識的部分都是看不見的現象，也是宗教生發作用能量的最大場域。這如 Jacques Derrida 的哲學研究「看不見的現象」，這看不見的現象是文化的作用力，文化的積澱，他所指出的：

> 書寫（法語為 "Ecriture"，英語為 "Writing"），這是他的解構理論的核心範疇。在 Jacques Derrida 那裡它有兩個含義：（1）指圖像文字，與口語相對；（2）指文化符號，與本體相對。[1]

> 在 Derrida 看來，世界不是自然而然形成的，而是人類文化活動的產品，自然性的口語和世界本體不是人為性的圖像文字和文化符號的前提條件，相反人為性的圖像

---

[1] 蕭錦龍，《德里達的解構理論思想性質論》（北京：中國社會科學出版，2004），45。

文字和文化符號卻是自然性的口語和世界本體的前提條
件，書寫才是人類知識和世界的根基。[1]

　　宗教文化現象中的身體活動，是一種實實在在的「身體書寫」，
透過身體儀式性的運作，來表達人們內心的宗教信仰、宗教情感的意
識，正是這樣的「身體書寫」使內在心靈得以「身體化」的呈現。這
種書寫本身是變異性的，不定性的，在時間與空間上是不斷差異與延
遲的。「**身體書寫**」是信仰者的宗教觀念、宗教體驗與內心宗教情感
的延遲呈現，而身體運行的呈現又與這些要素的實質內涵存在著差異
化與延遲化的現象。這些都是「看不見的現象」，但它卻在文化傳承
過程中，不斷地在「書寫」著，這就是一種印跡（trace），它隱匿於
歷史文化的流變中的印跡。

　　宗教真切的作用力使得宗教觀念的建置，宗教體驗虛擬化的被生
發，宗教行為的具體展現形塑了文化體系，這文化體系積澱著許許多
多「看不見的現象」，它是一種看不見的書寫，留下看不見的印跡，
但它卻著實地影響著人們的信仰或信念。它的存在並不是靜態不變的，
而是動態變異的，在時間上持續變動著，在空間上持續位移著，它有
著共時性的差異與歷時性的延遲。對於宗教文化的研究，這一個場域
是廣闊不清晰的，但它卻是宗教對人們最真實生發作用力的場域，可
見這個「看不見的現象」場域是重要的研究課題。這個如靈魂般的場
域創造了宗教的神秘世界，這個場域既不存在於主體意識，也不存在
於客體形象，而是存在於二者之間的關係中，因此是隱晦不清且難以
理解的，我們要研究的對象是「看不見的現象」，是「不可感的可
感」，而卻又如實地存在，如實地生發著。「一種神化了的感覺，即

---

[1] 蕭錦龍，《德里達的解構理論思想性質論》（北京：中國社會科學出版，2004），
45。

不能感覺的感覺，說不出的說，消除了主觀性與對象性之間，唯心論與唯物論之間的界限」，[1]界限消失了，因其本質存在於互動關係中，是互為主體性的關係，在這些關係中，並無特定「中心」的存在，而是不斷變異的「身體書寫」的文本。當然，「身體書寫」是身心互化的身體現象，而非二者分割獨立存在的概念。

Jacques Derrida 提出「書寫」的概念，每一種書寫都是一種文本（text）的呈現，它同時包含著傳統思想的延續性，又包含著對文本創造式的新詮釋，但這二者並非因果關係的存在，而是開放式且差異性的存在。

> 他的文本（text）不僅僅是指事物的表現形式語言符號，而且也指那些被編織在語言符號中的現實事物本身，它不僅是文化的同時也是自然的，是自然物和文化建構的混合體。"文本"在根本上是"文本間性"（intertextuality）式的。[2]

宗教文化的這一個「看不見的現象」的場域隱含著多元的面向，宗教文化活動的每一個時機、每一個空間、每一個個體、每一個現象都是一種文本，而文本與文本之間又交互作用而另成一個文本，所以說它是一種「書寫」。宗教文化透過人們的「身體」來書寫宗教文化的現象與歷史，不論是口語的、文字的、肢體的都是一持續差異存在的「書寫」，這具有「雙重敘事」的特點，例如舊思維與新詮釋、舊儀式與新體驗等，但這絕不是二元相對立的思維內涵，而是相互差異

---

[1] 尚　杰，〈"看不見的現象"暨"沒有宗教的宗教"—再讀德里達《馬克思的幽靈們》，《教學與研究》，1（2005）：13-18。

[2] 蕭錦龍，《德里達的解構理論思想性質論》（北京：中國社會科學出版，2004），52。

化而存在，它們不對立矛頓，而是在舊有的文化沃土上，不斷地「書寫」與「消抹」。

另外，這個場域在歷史發展的進程中，是不斷地轉化並不斷地積澱著。宗教形成一種文化，而文化在歷史不斷進展的過程中，亦不斷也轉化，而這樣的轉化有著「雙重敘事」的意義。一方面是外在形象、形態的轉化，例如宗教制度、宗教儀式、宗教行為、宗教禁忌、宗教的種種規範等，這些改變都屬於外動向的一種轉化；另一方面則向內深入的轉化，是一種內動向的轉化，它將積澱著文化能量，前者是顯明可見的，而後者就是「看不見的現象」，它不僅是心理的，也是生理的基礎表現，更是需要哲學思辯的解析。內動向的轉化隨著歷史時間的流動，不斷地又被新的印跡所覆蓋、所刻劃，個體的宗教意象是不斷變異的，因此一個族群的宗教意象是隨著歷史而轉化的，文化向內的印跡不斷地被隱匿在歷史記憶中，隱藏於族群的集體意識與集體無意識中。重點是，它並不是消失成了虛空，而是隱匿了並積澱著能量。當它被引動時，它依舊對人們的意識起著「作用力」，影響著人們的日常生活，這種情形在宗教文化中最為明顯可見，例如宗教教義、宗教報償、宗教哲理、宗教藝術等對一個族群代代相傳的影響能量，這現象在臺灣是明顯可見的。每年不斷循環的宗教節慶如正月初九天公生、保生大帝上白礁、媽祖祭典活動、中元普渡祭鬼神等等，這些都是代代相傳的宗教文化活動，每一次活動都包含著宗教文化外動向與內動向的能量轉化與積澱，同時每一次活動都是一次新的文本書寫，與過往傳統既保持著「同一性」，又存在著「差異性」。例如進香活動即是。

進香是臺灣傳統宗教信仰中最常見的活動。「進香」一
詞的原意是到廟宇拈香禮拜神佛，但在臺灣漢人社會中，
則包括了個人對神明的「刈香」，與神明對神明的「掬
火」兩層意涵，都具有「乞求香火」的意義；而現代民
間通稱的進香，則成為一種個人跟隨神明出境，與其他
廟宇神「交陪」（交往）活動的總稱，為一種「廣義」
的稱呼，其中又可分為：狹義的進香、刈香、掬火（刈
火、割火）、參香等不同意義的活動行為。臺灣漢人社
會進香活動的蓬勃，與早期移民文化有緊密的關連。移
民之初，先民必須克服旅途的艱難，回到祖籍地廟宇對
其在台的「開基祖廟」，進行同樣形式的進香，因為主
神的不同而有各種「香期」，這種進香活動尤其以每年
農曆三月各地的媽祖進香最為盛大，正如俗諺所說的
「三月瘋媽祖」。[1]

臺灣人長期以來對臺灣這塊土地有著深厚的情感，這種心理需求
反映在宗教信仰上，近來政治熱潮經常透過媒體傳達「臺灣」這個符
號等同於「母親」這個意涵，這也使得人們將對於「臺灣母親」的情
感更加地投射於宗教信仰上，尤以媽祖信仰為甚，因此，在這個層次
上而言，臺灣的宗教信仰不僅多元融合，更是多領域的融合，包括了
政治、教育、經濟、社會、家庭、生命等多元領域的融合，這些情感
多透過宗教信仰行為來表現。「臺灣民間信仰根基於民族數千年來的
融合與悠久的歷史，其教義、儀式及組織都與世俗的社會生活合而為一。
因此，臺灣人的信仰及儀式行為表現在許多不同的生活面向上，如祖先

---

[1]　謝宗榮，《臺灣傳統宗教文化》（台中：晨星出版社，2003），191。

崇拜、神靈信仰、歲時祭儀、生命禮俗、時間觀念、空間觀念、符咒法事以及卜卦算命等。臺灣民眾看似複雜而難以理解的信仰行爲，反映了民眾敬天、崇祖、感恩、福報、平安的內心祈願以及對於現世生活的期望」。[1]這些透過宗教而來的祈願或期望，內動向的轉化與積澱，不斷地積累成爲一種「氣漾能量」，並一代接著一代的延續轉化，每一次的延續轉化都是雙重動向的現象，因此，「氣漾能量」不會消失殆盡，而外在的形象、形態則不斷地改變以因應人們的需求。宗教這種「看不見的現象」在歷史進程中不斷積澱的結果，隱匿在同一個民族或族群的意識中，它以一種「不可感的可感」影響著族群的宗教發展，我們可以稱它爲「集體無意識」或「隱跡作用」，這類似於人類生理上的「基因」因子，人們總是有意識與無意識交互作用地遺傳著同一族群、遺傳著上一代所積澱下來的「文化文本」，這「文化文本」又是同一族群的歷史文化積澱而遺傳下來的，它不斷地質變著，不斷地轉化著，卻未曾消失，未曾中斷了作用力。個人性的種種祈福行爲傳承於對上一代的教育，或對同一族群中他人的模仿，當人們遇上不如意或有所期望之情事時，可能自覺地到廟宇中安太歲或點光明燈，以祈求安撫陰界之「怨親債主」或消除業障，增加福報，以祈求願望之達成。

> 在漢人社會中較之公眾性的祈福活動更爲普遍，主要的
> 項目如安太歲、點光明燈、改運等。這些祈福行爲多配
> 合年節舉行，如安太歲、點光明燈集中於新年期間，改
> 運（補運）集中在新春期間與農曆六月（六月初六，半

---

[1] 引自行政院文化建設委員會，〈臺灣民間信仰〉。
　　http://www.mwr.org.tw/tw_religion/introduction/tw.htm。

　年節），近代則遍布於農曆七月之外的各月份，並以新
　春期間為最高峰。[1]

　　宗教作為一種文化型態而存在於人們所生存的環境中，不論對於
社會或個人的影響是巨大的，這種巨大的作用力在歷史的恒流中不斷
地「集結」，這不僅是個人經驗的集結，社會功能的集結亦是族群意
識的集結，這些集結積累了文化的「氣漾能量」，使得以強大的方式
一代一代的傳承，文化活動亦因經濟發展之故，而花費更大，舉辦活
動更是政商群集，成為社會上一種相當重要的社會活動，除了每年農
曆三月的媽祖活動外，仍有更多其他大型的宗教活動，例如「王船祭
典」，2006 年的王船祭在屏東特別盛大，「屏東縣東港鎮東隆宮王船
祭今天凌晨進行燒王船儀式，王船凌晨二時從廟內出發移往鎮海公園，
進行各項祭典儀式後，于清晨五時零三分開始焚燒，燃燒一個多小時，
吸引上萬人潮觀賞。屏東縣東港東隆宮今年展開丙戌年迎王平安祭典，
祭典從十四日進行到二十一日，這幾天的祭典包括了請水、煙火秀、遶
境、宴王、王船法會等儀式及傳統民俗藝陣表演。三年一科的東隆宮王
船祭典，今年適逢東隆宮建廟三百周年，今年的迎王祭典已進行到第十
九科，今年的王船造價六百萬元，王船總長四十五尺，高八尺。王船祭
典清晨進行最後一項儀式燒王船，也就是將迎請來的千歲爺送走，並且
也把瘟疫災難帶走，船內造有船伕、狗、羊、雞鴨等動物模型，都是隨
王爺乘著王船「回天府」。清晨二時王船從廟內移往鎮海公園，上萬人
潮擠滿了海灘，工作人員將一袋袋天庫紙錢、金紙等，疊在王船四周，
隨即進行「開水路」儀式，各轎頭代表扛著神轎轎籤，代表溫王爺歡送
大千歲。凌晨五時零三分，歡送王駕工作就緒後，由大總理引燃鞭炮，

---

[1]　謝宗榮，《臺灣傳統宗教文化》（台中：晨星出版社，2003），208。

鞭炮在船身四周將天庫錢引燃，造價六百萬元的王船隨即陷入一片火海。
王船在清晨六時完全燒盡，天也亮了，王船祭典宣告結束，海灘人潮逐
漸散去」。[1]臺灣人民肯花費如此高的金錢來舉辦族群中認為極為重
要的宗教活動，主要是在於族群的集體意識中有一種心靈需求，這樣
的心靈需求的價值是遠遠高於這六百萬的價值。因此，王船祭也就這
樣地傳承下來，並一次一次地更盛大的舉行，這是宗教文化「氣漾能
量」的集結的社會現象。其王船祭的意涵如下：

> 王船祭典又稱「王醮」或「瘟醮」，盛行於臺灣西南沿
> 海的鄉鎮地區，其目的原為奉請「瘟神王爺」驅除瘟疫
> 以祈求地方平安，一般每三年或五年舉行一次，所請的
> 王爺以「五府千歲」或「十二瘟王」為主，民間尊稱為
> 「代天巡狩」。由於舉行王醮時傳統上皆需建造一艘
> 「王船」以供王爺乘坐，建造華麗的王船往往成為祭典
> 中民眾所矚目的焦點，臺灣民俗界慣稱為「王船祭典」。
> 臺灣的王船祭典以台南縣的西港鄉與屏東縣的東港鎮最
> 著名，有「南東港、北西港」之稱；西港的王船祭典由
> 於在祭典期間舉行醮典，被視為典型的「王醮」，而東
> 港的王船祭典在傳統上並未舉行具備醮典規模的科儀，
> 故習慣稱為「平安祭典」或「迎王祭典」。傳統的王醮
> 在末日送王爺時需將王船放流水上或火化，以祈請王爺
> 將境內的瘟疫、邪祟一併押走，前者稱為「遊地河」，
> 後者稱為「遊天河」。「遊地河」的送王方式，由於容
> 易造成瘟疫的散布以及增添海上船隻的麻煩，在日治時

---

[1] 新浪新聞網，〈屏東東隆宮王船祭清晨燒王船〉。引自
http://news.sina.com.tw/politics/cna/tw/2006-10-21/092612146880.shtml。

期即逐漸改為火化的「遊天河」方式；尤其木造王船在
火化時的場面十分壯觀，往往吸引眾多民眾圍觀，如東
港、西港兩地的送王儀式，近年來與大甲媽祖進香、鹽
水放蜂炮、平溪放天燈齊名，成為臺灣重要的民俗祭典。
[1]（如圖1）。[2]

圖 4-1-王船祭典

　　臺灣民間宗教的盛大活動，吸引了許多民眾不辭路途遙遠的熱情
參與，這樣的參與動機倒不一定是源於宗教信仰，對於許多年輕人而
言，主要是參與壯觀或尋求刺激的動機，而另一方面又能藉此獲得宗
教祈福，因此，宗教祈福在一部分人心理成了次要的需求，而「身體
感」已由較純粹的宗教祈禱轉化到含有娛樂、觀賞、活動的特質。這
些宗教文化活動的集結保留了傳統的文化特色，更進一步地向現代化
社會轉進，例如臺灣的「民間信仰因為深植於漢籍為主的社群聚落中，
維繫著傳統的信仰、倫理道德觀，也保留住較多傳統常民的宗教文化特
質，但在受到現代化潮流的衝擊後，也逐漸調整其發展趨勢。如許多廟
宇由傳統的管理人方式，改為管理委員會或財團法人的組織狀態，並依

---

[1] 謝宗榮，《臺灣傳統宗教文化》（台中：晨星出版社，2003），213-216。
[2] 引自 http://content.edu.tw/senior/geo/ks_ks/main/local/tapen/boiat.htm。

能力陸續興建圖書館、診所、醫院、托兒所、幼稚園等服務機構；以及從事賑災(施米糧、棉被、衣物)、濟貧(貧民補助金、清寒獎學金)等」，[1]另外，「至於祭典之風貌及陣頭之表演，也都隨著臺灣社會的時尚走向在變化中」。[2]個人的經驗集結與他人的經驗集結，以及社會功能的集結或族群意識的集結，這些集結之間是彼此相互干擾，相互產生作用的。因此，個人的宗教文化經驗的集結就不會是脫離社會民族而單獨的存在但又保有其獨特性的集結，在一個宗教多元融合與繁榮發展的社會，宗教文化著實地發揮著社會作用、教育作用，其潛在的影響能量是不易覺察的，同時也是不容忽視的現象。臺灣的宗教現象在國際社會中是相當獨具特色的，各種宗教文化活動的不斷循環舉行，一次一次地深化於社會意識、族群意識中，同時，這樣地集結通過活動的不斷反覆與時間的積澱，也深化於個人與社會的內在基層而成為一種「隱匿」的存在，這一存在成為不易覺察的內在基因或因子，在人們日常生活中起著細膩的影響，人們常不自覺地對自覺感知的外在訊息作出反應，這是深化且隱藏於深層內在的「意象」，著名的精神分析學家榮格它稱為「集體無意識」（Collective unconsciousness）。榮格說：「我所說的集體無意識，指的就是通過遺傳而塑造成型的心靈氣質」，[3]一個族群的宗教文化由於人們堅定的信仰，使其宗教文化在傳承上即使面臨了許多的阻礙與挑戰，依然能夠世代的傳承下來，同時不斷地發展適合時代需求的形式與內容，因此，宗教文化在族群遺傳的

---

[1] 引自行政院文化建設委員會，〈臺灣民間信仰〉。
http://www.mwr.org.tw/tw_religion/introduction/tw.htm。

[2] 董芳苑，《探討臺灣民間信仰》（台北：常民文化出版，1996），6。

[3] 榮格（Carl Gustav Jung）著，《探索心靈奧秘的現代人（Modern man in search of a soul）》（黃奇銘譯）（北京：社會科學文獻出版社，1987），157。

過程中，自然地成為一種社會化現象，它包括了顯性與隱性的影響，影響著族群中的人們。就如榮格界定的：

> 集體無意識實際上是指有史以來沉澱於人類心靈底層的、
> 普遍共同的人類本能和經驗遺存，這種遺存既包括了生
> 物學意義上的遺傳，也包括了文化歷史上的文明的沉積。
> [1]

　　當個體的宗教意識或無意識活動在宗教實踐的文化流傳中，被族群中無數的他者及被整體族群加以認同、模仿、複製、重覆，同時轉化成組織與集體行為的實行方式，那種原初的個體活動方式便會成為宗教的無意識文化，成為一種理所當然，成為一種自然遺傳的因子，成為一種不言自明的宗教文化意象或宗教文化文本，這個宗教文化的文本書寫既類似基因式的傳承，也是演進式的創新發展。每一次文本書寫的印跡（trace）都帶著傳統的記憶實行一種新的刻劃，因為每一次的書寫都包含著多重意義的「補充」，這部分將在下一節進行討論。

---

[1] 常若松，《人類心靈的神話－榮格的分析心理學》（台北：貓頭鷹出版社，2000），132。

第二節 身體文化的書寫與補充

臺灣傳統宗教文化透過社區族群的共同維護與推展，以及虔誠的信仰觀點，使得獨特的「社廟」成為社區的信仰中心與文化中心。許許多多的年節重要慶典活動，都在「社廟」舉行，同時凝聚了社區民眾的生命。因此，在這些大型或中小型的宗教文化活動中，我們常看見了人類本性中的真誠、真情與關懷。當然，少部分仍會因利益矛盾而產生些許衝突，但真正的宗教衝突在臺灣是幾乎看不見的，這是臺灣傳統宗教的一大特色，也因此，這些良善的信念或觀點也使得臺灣族群的融合性、包容性呈現在「身體－漾・態」中，而這些宗教文化所附帶的有助益於人類生命發展的信念或觀點，一直以來都以非在場顯現的不在場隱匿而生發著作用力，默默地影響著宗教信仰者與部分非宗教信仰者的「身體－漾・態」的現象。

> 臺灣民間宗教信仰在信仰內涵上也混合了其他制式宗教與道德思想、巫術信仰等，成為多元化的面貌，因此往往也予人混亂的印象，這從一般民間信仰中亦佛亦道亦儒、佛道儒不分的現象即可看出。[1]

人類學家林美容指出：「至少有三種不同類別的民間宗教（或民間信仰）在臺灣同時存在，這三類民間宗教信仰為：民間公典祭祀、民間教派與民間巫術信仰」。[2]宗教文化的身體表現與文化精神是密不可分的環節[3]結構，它是外在的身體形態、內在的氣息運動及心靈化的漾動融合為一整體的環節結構，每一環節與另一環節緊密結合運行，無

---

[1] 謝宗榮，《臺灣傳統宗教文化》（台中：晨星出版社，2003），15。
[2] 林美容，《臺灣人的社會與信仰》（台北：自立晚報文化出版，1993），8。
[3] 環節，意指不可區分為二的結構，身體表現與文化精神是緊密的聯結狀態。

法獨立存在,這是「**形、氣、心**」相互融合與交互作用的結構體。形,為宗教文化的外在形式及軀體性的態式;氣,是身體的生理性與心靈性相互交融最緊密的運行方式,它以氣息精血的方式流動內存於身體之內;心,則指涉主體在宗教文化的情境裡所被引動的心靈性漾動。在宗教文化活動中不論是「形」而「氣」,「氣」而「心」的內動向的氣漾過程,或是「心」而「氣」,「氣」而「形」的外動向氣漾過程,都象徵著宗教意象所書寫下的文本(text),如宗教膜拜的身體行為就明顯地包含著這二類別的氣漾過程,宗教文化是築基於「**身體**」的文化文本與文化印跡(trace)。這文化印跡來自於一種心靈的書寫(Writing),此為無特定形式的書寫,這種書寫的印跡即顯即逝,不停留在特定的時空中,而以效應式的不斷變異並擴散。

> Jacques Derrida 所強調的書寫,不是字面的,而是進行在心靈深處的、無意識中的書寫(Psychic writing),[1]Jacques Derrida 將廣義的語言歸結為"心靈的書寫",因此它本身就是一個民族的心理的、精神的文化的源泉,……它在歷史中會依照自己的意願不斷變化。[2]

宗教文化的意象在集體的民族意識中,不斷地轉換並傳承下來,它是文化的延續與變異的過程,就如許多的宗教文化的活動創造是立足於當代信仰意識的變異,產生對傳統文化一種深入且感悟的過程,這個過程生發出許許多多令人意想不到的「意象」,它既是傳統的,亦是當代的,是傳統文化的當代詮釋。而此宗教意象卻又不完全受制於當代的信仰意識,而是「傳統積澱」與「當代詮釋」二者完全融合而碰撞出另一

---

[1] 鄭　敏,《結構解構視角》(北京:清華大學出版社,1998),53。
[2] 鄭　敏,《結構解構視角》(北京:清華大學出版社,1998),102。

種「宗教意象」。「宗教意象」它總是離不開歷史文化的氛圍，「心靈書寫」所刻劃下的印跡，幅射性地跨越時間與空間的障礙，變異性的影響著每一時空中的宗教文化意象。

　　此處所提出的「心靈書寫」指涉意象的變異過程，一個意象的生發，是由許許多多的意象所凝塑而成，每一個意象都是一種書寫，都刻劃出書寫後的印跡。唯此意象印跡是一直被消抹、更新、置換的，沒有一個意象印跡可以永恒停留，意象的被感知象徵著更多的意象處於不被感知或不顯現的書寫過程。所以，「心靈書寫」亦可稱之為「意象書寫」，從另一個層次來說，這一書寫包含著意識與無意識，個體的與集體的，歷史的與當代的，它是原始性的也是綜合性的書寫，宗教文化由身體的最原初感動開始進行「意向性」的運動，它符合著這種原始性與綜合性的書寫，所以宗教文化的書寫是含混的、未定位的，宗教文化書寫的完整在於多元的且差異的眾多詮釋或眾多的信仰意涵。這眾多的詮釋可能是語言的，可能是文字的，更重要的是它總是「意象式」的書寫。但是，我們不能將之視為某種形而上學的中心或核心，宗教意象書寫的中心不在宗教觀念、不在宗教體驗、不在宗教行為，亦不在宗教組織，而在這些眾多相關者的互動關係之中，因此，它是持續變異的書寫，一道道的書寫印跡顯現，又一道道的消抹了，宗教意象也就一次又一次地被積澱於歷史脈絡之中。

　　宗教意象是一種「心靈書寫」，而宗教文化的表現則是一種「身體的書寫」，是「心靈化身體的書寫」。書寫本身就是一種符號，一種文本，它的書寫留下了播撒性的印跡，如 Jacques Derrida 言：

> 文本之外無物（There is nothing outside of the text）；事物就是符號本身。呈示（manifestation）不

　　　　是事物本質的展示，而是使事物變成一種符號。符號永遠

　　　　是事物本身的補充。符號代表著不在場的在場。[1]

　　書寫本身已是一種延遲的符號，宗教身體的書寫是心靈意象延遲的符號，當宗教身體之動作姿勢的書寫在場域上發生時，發生的本身亦是一種延遲的過程。當宗教符號被信仰者接受時，又是另一種延遲的發生，因此，身體表現中之軀體性態式與心靈性漾動二者是位於延緩性與差異性的兩端，二者並不存在於相同的時空點，也就是如此，身體文化的書寫才有存在的可能性，印跡也才能在文化脈絡下留存。這種書寫的印跡的「擴散性」或「播撒性」的，宗教身體符號是「心靈意象」不在場的替代，是不在場的「在場」。「"在場"本身就表明"不在"，一種本源性的缺乏，凡是"在場"的其實都是不在的替代品，在場的權威性因此被流放到不在的無限性的空間」。[2]宗教的身體符號被信仰者多元化、差異化的詮釋著，這種播撒性的「心靈書寫」不斷地擴散著，這些都是不在場之「在」，此書寫的印跡一道道地劃上又消逝了，宗教身體符號成了一種不在場之「在」的補充或增補。但是，「補充並不表明原有的空缺被"在場"填補上了，"在場"不過預示著"不在"的踪跡而已。盡管不在永遠不是在場的事物，但是它正是在在場的事物中宣告自身的存在」。[3]Jacques Derrida 指出：

　　　　如果在場自身是另一個在場的替代性的象徵，那麼除了這

　　　　種替代運動和這種自我的象徵性經驗外，它根本不可能企

　　　　望到在場"本身"。事物自身無法在象徵系統外顯現——

[1] 蕭錦龍，《德里達的解構理論思想性質論》（北京：中國社會科學出版社，2004），20。

[2] 陳曉明，〈論德里達的補充概念〉，《當代作家評論》，1（2005）：12-23。

[3] 陳曉明，〈論德里達的補充概念〉，《當代作家評論》，1（2005）：12-23。

這種象徵系統本身又無法在自我的認同中存身（Jacques
Derrida, of grammatology, p. 154）。[1]

宗教意象這種不在場的書寫，它是一種對現實生活的增補，透過虛
幻的、虛擬的情境來增補，就如文化是對大自然的增補一樣。宗教意象
的增補是在與現實生活的差異中形成的，虛擬的意象與現實生活是差異
的，例如某些宗教場域就以各種形象、符號來表示著虛幻意象中的宗教
世界，這是與日常生活中或現實世界中的現象有所差異的。宗教意象的
書寫存在於此差異化的系統當中，在現實世界與想像世界的差異之中，
在差異的系統中，各個主體都扮演著補充的角色，因「互為增補」的本
質性，才得以形成差異的「互動關係」。

除了補充、除了那只能在差異的的參照物的鏈條中產生出
來的各種替代的指示、除了「真實」的代替品、除了只有
當從印跡中從補充中得到意義時被增補等等外，不存在任
何東西（Jacques Derrida, of grammatology, p. 154）。
[2]

宗教意象的不斷補充，對應著宗教文化存在與延續的本質性，宗教
意象是非確定性的、斷裂的，具有極大個別差異化的，於是「在場」的
形式化表現都蘊涵著極廣大的「不在場」意涵，宗教意象於此場域之中，
進行著各種可能性的書寫。這種「不在場」的書寫，使得「在場」的宗
教身體符號生發了符號的功能，傳達了部分信仰者的宗教意象，這是由

---

[1]　蕭錦龍，《德里達的解構理論思想性質論》（北京：中國社會科學出版社，2004），
　　157。
[2]　蕭錦龍，《德里達的解構理論思想性質論》（北京：中國社會科學出版社，2004），
　　157。

信仰者宗教意象的整體所流現出的「片段」與「環節」,在宗教意象的書寫之中,「片段」是可明確分割出來,且可獨立存在的,並明顯可感知的,它有如軀體性之「**態式**」;而「環節」則指不可明確分割,無法獨立存在,並處於不可感知的部分,它有如心靈性之「**漾動**」。在宗教意象的書寫印跡之中,如何從部分推衍出整個意象的整體,是一項困難的哲學任務,但我們仍應進行這樣的困難工作。宗教意象的書寫印跡中,那些是可感知的片段,那些又是不可感知的環節,這是本章下一部分所要探究的重點。

若從胡塞爾的現象學觀點切入,可以發現他尋求「在場的顯現」,世界作為意向對象而在場,主體作為意向活動的自身而自我在場,胡塞爾尋求著這「一切原則的本源」。Jacques Derrida 認為:

> 在場要素(the presence)是其全部話語的終極渴求,自我變更著而不失去,每一次都是在一個充實著的直觀自明性中,無論何種對象面對意識的在場問題。的確,在場要素又變更為在意識中的自我在場的問題,而意識指的僅僅是在一個活的現在(the living present)中現在的自我在場。[1]

活的現在,是不斷死亡的,活的現在不會是一個定局,一個固定不變的現象,「活」就象徵著「變異」,因此,固定不變的在場是不存在的,在場總是包含著多元差異的不在場。胡塞爾的「活的現在」仍然陷入了形而上學的迷思,它依然尋求著時間源點的存在,仍然執著於"現在"的核心地位。因此,Jacques Derrida 指出,「這種簡單同一的點的現

---

[1] J. Jacques Derrida, trans. By 13. Johnson. **Speech and Phenomera**. Northuestern University Press. 1973. P7.(引自周榮勝,〈德里達的印跡論〉,《南京師大學報》,4(1999.07):95-100。)

在是一個神話、一個空間的或機械的隱喻、一個承續的形而上學概念或同時是上述這些東西」，[1]換句話說，現在是活的，是變異的，是在場與不在場互相補充的過程，它們並不是一方決定一方的因果關係，而是相互依存增補的現象。在場與不在場相互滲透，現在與非現在相互滲透，這種二元的對立面並不是完全之不同，而是在變異的過程中不斷的調結、滲透、融合，因此，它們相似而不同。Jacques Derrida 說：

> 如果我們把感知與時間對象在其中顯現的被給予的差異聯
> 系在一起，感知的對立面就是原初回憶和原初期待，回憶
> 與期待在此進入場域，以至感知與非感知不斷地互相滲透。
> [2]

所以，在信仰場域裡的宗教身體符號的呈現，有著雙重或多重的意義，宗教身體符號呈現出同一性、在場性的同時，亦存在著非同一性與非在場性的作用。這是不在場增補了在場，非同一性增補了同一性，亦是在場增補了不在場，總之是二者相互增補的現象。這種增補或補充現象是不斷擴散、不斷循環的，是無限地被重複著的，因此，文化的印跡總被印跡消抹或更新著。「有在場的形式觀念表明自身是無限可重複的，它的回返，作為同一者的回返無限，必然地標志在現在本身之中」。[3]現在的在場是印跡不斷被更新、被消抹的過程，我們應從這個視角來思

---

[1] J. Jacques Derrida, trans. By 13. Johnson. **Speech and Phenomera**. Northuestern University Press. 1973. P61.（引自周榮勝，〈德里達的印跡論〉，《南京師大學報》，4（1999.07）：95-100。）

[2] J. Jacques Derrida, trans. by 13. Johnson. **Speech and Phenomera**. Northuestern University Press. 1973. P65.（引自周榮勝，〈德里達的印跡論〉，《南京師大學報》，4（1999.07）：95-100。）

[3] J. Jacques Derrida, trans. by 13. Johnson. **Speech and Phenomera**. Northuestern University Press. 1973. P67.（引自周榮勝，〈德里達的印跡論〉，《南京師大學報》，4（1999.07）：95-100。）

索現在的在場，而不是形而上學的由某種核心概念出發，因此，現在的在場可以由種種多元差異的不在場視角切入，現在的在場因而是「活」的，是活躍變異的在場。這種性質的在場，與其說它是「現在」，不如說它是不斷被消抹、更新的「印跡」。Jacques Derrida 說：

> 印跡是自性的抹消，是其自身在場的抹消，它以死於、苦於自身的消失、自身的消失的方式而構成。不可抹消的印跡不是印跡，它還是充實的在場、是不可破壞的非運動的實體，上帝之子，一個在場的符號，而不是一粒種子、一個可以死去的胚芽。抹消就是死亡本身。[1]

在宗教信仰實踐的場域裡，主體的身體表現在宗教文化的場域空間呈現的那一刻，是在場的，亦是不在場的。它是「在場的非完全性」，人們看到的、聽到的總是一部分而已，更大的時空都是不在場的，也就是說，在信仰實踐之外都是屬於不在場的情形，唯有時這一不在場的時空情境，卻能產生強大的宗教信仰能量，這就是一種虛幻的「補充」。宗教信仰實踐裡的身體表現引發了一連串廣闊無邊際的「不在場」的補充，這些不在場對場域空間中的宗教身體進行了多元且差異化的補充或填補，這種補充使宗教信仰的身體實踐蘊涵了豐富多元且差異的意涵，「那麼這種補充引發的替代將是一個無止境的延異的過程」，[2]在一個的信仰實踐後，其不在場的宗教意象是延續生發且差異的，這種延續與差異的生發可能持續一段時間後，影響至下一次的信仰實踐，尤其在信仰者自身的宗教意象的衍化，這是一連串不斷補充的過程，是不在場對

---

[1] J. Jacques Derrida, trans. by A. Bass. **Writing and Difference.** Rout ledge & Kegan Paul.1978. P.230.（引自周榮勝，〈德里達的印跡論〉，《南京師大學報》，4（1999.07）：95-100。）

[2] 陳曉明，〈論德里達的補充概念〉，《當代作家評論》，1（2005）：12-23。

在場的增補。「補充之物是無足輕重的，因爲它是對一個外在於它的完滿在場的補充」，[1]「Jacques Derrida 的"補充"概念表明存在（在場）是對不在補充的結果，但是，補充也並不意味著在場與不在是毫無差別的」。[2]在 Jacques Derrida 看來，補充是一個連續生發且差異化的過程，它不斷地循環不止，「它不可避免地增加補充中介，正是這些補充中介產生對它們所延遲的事物的意識，即對事物本身，對眼前存在或本源性感覺的印象。直接性是派生出來的，一切都由中介項開始（Jacques Derrida，論文字學，1977）」。[3]Jacques Derrida 的補充概念，在《Of Grammatology》一書中這樣闡述著：

> 補充的概念──它在此規定著指代性的形象。本身包含著兩種意義，它們的並存既讓人不可思議又必不可少。補充增加自己，是一種外加物，是豐富另一個完滿的完滿，是在場的最完滿的程度。它累加和積聚在場。正是這樣，藝術、技能、形象、表現、傳統等則作為自然的各種補充出現，並且富有這種全方位的累加功能。它增加只是為了取代。它將自己插進或嵌入某物的位置。如果它填補，等於是在填補一個無物的空白之處。如果它是指代和構造一個形象，它是借助前面的在場的欠缺虧損。補充並代替，它是一種補充物，是替代式的補充物。作為替代品，它並不是簡單地對在場東西的追加，並不生產替換品，它的位置是被指派在結構中的空缺之處。在某處，某東西可以自我

---

[1] 德里達（Jacques Derrida）著，《論文字學》（汪堂家譯）（上海：上海譯文出版社，1999），209。
[2] 陳曉明，〈論德里達的補充概念〉，《當代作家評論》，1（2005）：12-23。
[3] 陳曉明，〈論德里達的補充概念〉，《當代作家評論》，1（2005）：12-23。

填充，自我完善，只要它能使自己借用它自己的符號和代
號就可以辦得到。符號永遠是事物本身的補充。[1]

宗教信仰場域中信仰者的身體符號（軀體性態式）與信仰場域中的
媒介相互搭配著，這些元素所構成的畫面，傳達著深遠的宗教信仰的意
象，同時間差異的、多元的播撒出去，其宗教信仰的意涵則無限地差延
下去，這是不斷補充或增補的現象。

補充邏輯表明在場乃一原始的差異和延遲，從而解除了在
場的本源性，意義的在場無限地差延，不僅能指處於補充
之鏈中，所指同樣處於補充之鏈中，因而一切意指活動借
一定契機給定的意義必然是補充性的，暫時性的。[2]

因此，宗教身體符號所承載的信仰實踐的意涵是一種動態持續的過
程，在這一過程中，其意涵不斷地被補充、被增補著。宗教信仰實踐並
不存在著某種形而上或本源之類的確定性，其信仰的核心意義總是多元
的被眾多的信仰者差異化地詮釋著，這種詮釋即是不斷補充的現象，宗
教信仰實踐具有規律化、規範化的身體符號，但其所蘊涵的意義是更含
混不明的。

補充在完全的不在場和完全的在場之間居有一種第三者的
位置。而且，這個第三者是居先的，它先於在場與不在場

---

[1] Jacques Jacques Derrida, trans. by G. C. Spivak Baltimore.**of Gammatology**, 1976. p.144-145.

[2] 周榮勝，〈何謂 "補充" ？－德里達的解構邏輯初探〉，《首都師範大學學報》，4（2003）：62-67。

的區分，更準確地說，補充產生著它們，我們應該從補充

結構出發來把握在場與不在場，而不是相反。[1]

　　因此，宗教信仰的核心意義是存在於「在場」與「不在場」之間的，它處於空間的變異與時間的延緩所虛構出的界域，在信仰界域裡不斷地進行補充。「在場」與「不在場」之間的補充，對於信仰的核心意義有著重大的作用，這是一種來自於現實與虛幻之間的書寫，在主體意象中對於現實的人、事、物、理的心靈書寫，而此即是本文所言之心靈性的漾動。此種「補充」蘊涵著相當的隱晦性、曖昧性與兩義性，是極不易分析與理解的範疇，關於這點將會在本文的第四章來進行深究。

　　對於宗教的信仰實踐我們不僅應思索現實之源，亦應探究介於「在場」與「不在場」之間的隱晦思潮，因此二者是互為增補的現象，亦因此「補充」而能豐富宗教信仰實踐的內涵。每個主體在每一次的信仰實踐時都必然也無法避免重新地詮釋以往所認知的信仰意義，它變異地存在著，唯每一次信仰實踐中所變異的程度不一，此變異乃來自於現實與虛幻之間或「在場」與「不在場」之間的「補充」，這就是印跡（trace）一道道刻劃，又一道道被更新置換的現象。此印跡有如在水面上劃過而留下的水痕，將逐漸從意識中消逝，但關鍵的是它所引發的漾動能量或作用力，印跡雖然由顯而隱，但其漾動能量卻足以造成變異。所以說，印跡存在於主體每一次的信仰實踐之中，並且必然地留下由顯至隱的刻痕。

　　歷史是如此，文化亦如此，信仰實踐同樣無可避免，在心靈漾動的層次中，在「在場」與「不在場」之間的「補充」之中，我們永遠無法呈現或再現一種完全符合前一次信仰實踐的印跡，每一次信仰實踐的呈

---

[1] 周榮勝，〈何謂"補充"？－德里達的解構邏輯初探〉，《首都師範大學學報》，4（2003）：62-67。

現，它早已被補充，被更新了。因爲，每一次信仰實踐在場的呈現，都蘊涵著自身的缺乏而需要進行「補充」，它需要「補充」不在場的元素——它可能來自於各種與當下的信仰實踐有關的任何現實界域與虛幻界域裡的元素。「在場」的信仰實踐的元素因此「補充」而在主體意象裡產生了延緩與差異的現象，「補充表明在場乃一原始的差異與延遲，從而解除了在場的本源性。意義的在場無限地差延」。[1]延緩與差異就表示著「真實」這個概念的虛幻性特徵，延緩與差異將「真實」部分地虛幻化了，並且由此來產生作用能量，使其宗教信仰實踐在此虛幻化過程中進行著，這也就是宗教信仰實踐的書寫以及書寫的印跡。

　　宗教信仰實踐的文本並不是明確且單純的形式結構，如語言或文字一般的形式結構，因此，它自身是一種多樣式開放意義的信仰實踐。一個宗教信仰實踐的意涵，其表現的不僅是外在的各類形式或軀體性態式而已，宗教信仰實踐既不是封閉自身的，也不是簡單地與其形式或態式的聯結而已，而是在一連串的宗教身體符號中擴散著「補充」的功能，它是延異的「補充」功能，在形式與態式的運行下，心靈性漾動刻劃著深刻的關於信仰實踐的印跡。此印跡不僅積澱成個體某種隱晦的意象，也同時積澱成族群的、集體的某種隱晦的意象，並隨著時間的脈絡成就一種集體的隱晦意象，影響著族群中個體與其遺傳文化的互動。雖然如此，宗教信仰實踐的文本總是多元化、差異化的開放文本，任由信仰者在信仰實踐的過程中上自由自主地運思著、詮釋著。信仰實踐的文本難以獲得某種極端確定的意義，因爲在獲得意義的過程中，所存在的只是差異的無限性或無限的差異性，另一種現象是，在獲得意義的同時，又發生了另外的延緩性與差異性，向未來可能到來的意義延異而往。多元

---

[1]　周榮勝，〈何謂“補充”？－德里達的解構邏輯初探〉，《首都師範大學學報》，4（2003）：62-67。

差異的補充大部分來自於信仰實踐的外部因素，也就是許許多多不同形態的「他者」，這些不同的他者與信仰實踐自身形成了當時獨特「語境」，影響著多元差異的補充是如何進行的。任何信仰實踐和「他者」都以一種互文性的方式出現在交叉的、開放的和差異性的語境中，　在信仰實踐的理解中，我們是不能排除所有外在的關於「他者」的元素，因為主體與眾多的「他者」才能形塑出對主體產生作用力的「語境」。但是在探究宗教信仰實踐的延緩性與差異性之時，如果把不屬於外在形式的東西都排除掉，那麼將無法談論信仰實踐中的意義和虛幻化「真實」的問題。在信仰實踐的理解中總是存在著延緩的可能性、差異的可能性、不確定的可能性。因此，宗教信仰實踐中沒有真正「真實」的存在，每一個「真實」都蘊藏著部分的虛幻化。因為這都涉及了與「他者」共同交織而來的「語境」問題，所謂現實界中的「真實」，當它對信仰實踐者不構成「語境」問題時，它也未必成為影響信仰實踐者運行的元素。宗教信仰實踐看似有著十足規律化、規範化的實踐系統，這表現在軀體性態式的範疇上，但在心靈性漾動的範疇中，卻是一種沒有確定性，漂浮不定的「補充」和「印跡」。Jacques Derrida 說：「與現象讓我們相信的相反，事物本身總是自我逃避的。與胡塞爾向我們確認的相反，目光是不能夠持續的」。[1]「補充性就是分延（延異），就是同時使在場分裂、延遲，同時使之置於分裂和原初期限之下移異過程」。[2]因為「補充」的不斷增生與「印跡」的不斷隱匿化，使得心靈性漾動的存在是一種不斷解構過程的結構，信仰實踐的「語境」是來自於「在場」與「不在場」之間不斷的「補充」而來，時而其「語境」接近於「在場」

---

[1]　J. Jacques Derrida, trans. By 13. Johnson. **Speech and Phenomera**. Northuestern University Press. 1973. P104.（引自周榮勝，〈德里達的印跡論〉，《南京師大學報》，4（1999.07）：95-100。）

[2]　德里達（Jacques Derrida）著，《聲音與現象》（杜小真譯）（北京：商務印書館，2001），111。

的元素，時而其「語境」接近於「不在場」的元素，所以是在某種較廣泛意義下的結構之中不斷解構著，此現象即為延緩與差異的信仰實踐過程中的特徵。

　　基於上述的推論，宗教信仰的實踐過程中，其書寫就不斷生發著、刻劃著印跡（trace），一道道的印跡大多由自身以外的「他者」進行補充與消抹，印跡標示著差異與延遲運行的現象，標示著許多事物的核心其實並不在自身之內、不在所謂中心的中心，而在自身以外，在自身與眾多的「他者」之間，在彼此互為增補的關係之中。Jacques Derrida 指出，「這是"原始印跡"。在時間經驗的最小單位之中，如果沒有持存、如果印跡在同一之中沒有保持作為「他者」的「他者」，差異就不可能運作，意義就不可能出現。這裡不是已構成的差異問題，而是在所有內容確定以前產生差異的純粹運動的問題」。[1] 宗教信仰實踐中所書寫的文本是無法自身完滿自身的，它不斷地透過眾多的「他者」來補充或替補，以完滿自身，這是延遲與差異的本質現象。「替補是一個附屬物，一個次要的迫切要求起著替代的作用。作用替代，它不純粹是某個在場的實證性的補充，它並不造成任何信仰，它的位置在結構中被規定為一個空白標記。某處、某物不能自己填滿自己，不能自已完成自己，只有讓符號和第三者來填補」。[2] 有關於「他者」以及關於「時間」的推論，本文將於第四章再進一步的論述。

---

[1] J. Jacques Derrida, trans, by spivak. **of Grammatology.** The Johns Hopkins University Press,1976. P.62.（引自周榮勝，〈德里達的印跡論〉，《南京師大學報》，4（1999.07）：95-100。）

[2] 德里達（Jacques Derrida）著，《論文字學》（汪堂家譯）（上海：上海譯文出版社，1999），209。

第三節 延異的身體感─文本（text）

本文在第二章曾提及：宗教文化透過身體來傳承，宗教體驗也存在於宗教信仰中的身體行為，而身體文化經驗的「集結」不論是個體化的或是集體化的，它總是一種在場顯現而又帶著不在場顯現的一種印跡（trace）（或稱為印跡），而這印跡的生發是「身體存在性」的一種現象，這一印跡有時外顯，有時隱匿，但它總是在時間的流動上、在空間的位移上，恒常地生發著變異，就有如 Jacques Derrida（德里達）解構理論中的「延異」現象：

> "延異"是差異的有系統遊戲，是差異的特徵的有系統遊戲，是使各因素相互聯繫的空白（spacing）的有系統遊戲。這種空白同時既是主動地又是被動地產生間歇。沒有間歇，豐富的術語就不能有所意指，不能有所作為。[1]

Jacques Derrida 提出「文本（text）」的概念來進行解構，他說：「文本之外無物」，[2]這即是說，所有的信仰實踐都在文本之中，同時也在重覆歷史文本的同時創構新的文本，此文本的邊循、重覆、創構都築基於一種「身體感」，此「身體感」位於現實與虛幻的交界處，它是理性與感性的交互作用下的結果，「身體感」來自於軀體性態式的種種運行的「在場性回饋」，亦來自於心靈性漾動的「不在場回饋」，二種不同的回饋共同書寫出關於宗教信仰實踐的文本，不論任何形式的宗教信仰實踐皆為如此。狹義的文本，指涉某一明確的主題、對象，而廣義

---

[1] 德希達（Jacques Derrida）著，《立場（Positions）》（楊恆達、劉北成譯）（臺北：桂冠出版，1998），29。

[2] Jacques Jacques Derrida, trans. by G. C. Spivak Baltimore.**Of Gammatology**, 1976. P. 5-6.

的文本，指涉某種意義的傳達的符號體系，一種宗教儀式活動，一種信仰實踐的呈現，它可以是文字語言符號系統的，也可以是人們自然本性的身體行動，身體行動即由「身體感」來主導，在宗教信仰實踐的過程中，乃以一種身體行動來實踐，其身體行動包含著非文字及語音符號的書寫，也包含著以文字、語音符號的書寫，前者有如身體的膜拜或祭祀活動中的獨特動作，後者有如唸頌經文、咒語等。由於信仰文化的遺傳與脈絡之故，信仰實踐得在這些傳統文本上來運作，但由於「身體感」的變異性及作用性，使得每一次的信仰實踐都是在傳統文化的文本脈絡上，刻劃著新的文本痕跡。在 Jacques Derrida 看來，「任何新敘事文本都是在摹仿已有的文本的基礎上形成的。一個文本的運行過程必然是一個既重覆又重寫舊文本的過程（Jacques Derrida 將之稱作是"二重敘事/double narrative），必然是一個文本的自我變異過程」。[1] 由此觀點，就解構了「傳統」這個概念，也解構出信仰實踐的另一層創新文本的意義。一個信仰實踐的運行，它既是重覆亦是重寫，重覆就象徵著傳統的延續，重寫就象徵著在傳統的延續上進行的新文本創作。一種真正的信仰實踐文本，是對過去的信仰傳統、信仰形式的模仿，同時亦是信仰者個性化的創造和變革，是一種既繼承又創新的運行，宗教的信仰實踐即是 Jacques Derrida 所言的現象：「雙重折疊（double invagination）」。

「雙重折疊」也表現在整個信仰實踐中的軀體性態式與心靈性漾動，這二者也是交互影響的現象。有如上述所言，信仰實踐文本的運行是在既有的傳統脈絡下增生新的文本意義，那麼信仰實踐過程中的軀體性態式與心靈性漾動，亦是蘊涵著如此的現象。「雙重折疊」的意涵就指涉著重疊、重覆、重新的意義，同時也意指宗教信仰實踐中的「共時態」

---

[1] 蕭錦龍，《德里達的解構理論思想性質論》（北京：中國社會科學出版社，2004），188。

與「歷時態」同存,因此既是傳統的運行也是新意涵的創生。舉例而言,佛教信仰強調靜坐修行,在連續七天的佛七修行裡,由凌晨四時一直到夜晚九時,持續靜坐修行,每一鐘頭僅停頓十分鐘。在長達七天相當規範化且規律化的靜坐修行之中,被嚴格控制的是軀體性態式,因此其「身體感」相較於平時,則有著極大的差異性,它與平時信仰實踐時的「身體感」有著重疊與重覆的部分,但更多的是重新的意義被顯出來。由此被嚴格控制的軀體性態式進而產生的「身體感」,逐漸引發對心靈性漾動的回饋,使其心靈性也產生了不同於平時的信仰實踐中的漾動。此例即說明了「雙重折疊」中重疊、重覆、重新的意義。

　　文本的原文為 texte,英語為 text,法文為 tissu。Jacques Derrida「強調其動詞源的含義,即"編織"」[1]之意。「一旦我們明白了 text 的含義,我們就會獲得一種新穎的眼光去把握所有的意義世界,因為一切意義世界都受制於文本的運動」。[2]宗教信仰實踐的文本在各種「雙重折疊」的重疊、重覆、重新之中完成,它是延異的「雙重折疊」。「文本的編織性」表達了信仰實踐中其「身體感」的差異、延遲、印跡、補充的運行關係,Jacques Derrida 在《活下去:邊界線》中對 texte 作了明確的界定:

> 那麼一個「文本」不再是一個業已完成的寫作集子,不是一本書裡或書邊空白之間存在的內容,它是一種差異化的網狀結構,是由各種印跡織成的織品,這織品不停地指出其身外的東西,指出其他差異化的印跡。[3]

---

[1] 周榮勝,〈論德里達的本文理論〉,《北京社會科學》,4(2000):120-130。
[2] 周榮勝,〈論德里達的本文理論〉,《北京社會科學》,4(2000):120-130。
[3] 周榮勝,〈論德里達的本文理論〉,《北京社會科學》,4(2000):120-130。

　　宗教信仰實踐文本（text）並不在文字本身，亦不在符號本身，由宗教的身體符號來講，一個宗教的信仰實踐文本是在於使用符號、解讀符號的無數「他者」之間，文本存在於眾多且複雜的互動關係中，它是互文性的，也就是互為增補性的。例如在宗教的信仰實踐中講究形式與精神層面的融合，例如在宗教信仰者自身之軀體性態式、動姿等外在形體與內在心靈性漾動之「思、意、象」的交織是一種互文性的網狀結構。這還包括了信仰者與信仰者之間，信仰者與非信仰者之間，其所處的時空環境之間都是互文性的網狀結構。唯必須另外說明的是，此互文性的網狀結構其實並非一種完整的網狀結構，這僅是一種隱喻的說明，或者可以這麼說：它是一種極為複雜且交織在一起的、充滿著變異性的結構，並且在本質上是「解構意涵」的結構，也就是說它是一種不穩定的互文性的網狀結構。

　　因此，宗教信仰實踐的文本亦與其他符號一樣，它們都不是符號本身，而是符號與符號之間的差異及延緩的運動現象。宗教信仰實踐的文本在空間上有著「共時態」的互文現象，它是差異性的；在時間上有著「歷時態」的互文現象，它是延緩性的。所以，一個在宗教場域空間中歷時的信仰實踐，它的互文現象是即顯即逝的「身體感」，這些眾多的即顯即逝的「身體感」，在每一次的呈顯時都在傳統的信仰文本中刻劃下當時的「印跡」（trace），而重新或創新而來的文本，就是在這些眾多的即顯即逝的「身體感」所刻劃下的印跡，逐漸積澱而來的。「text 是由印跡組成的，而不是由通常所說的文字或符號組成的。印跡解構了胡塞爾的"活的現在/在場"的概念」。[1]

　　臺灣的民間信仰盛行，是一種歷史積澱而來的文化，宗教信仰實踐以軀體性態式寫形，以心靈性漾動寫意，二者互為交織並產生作用。

---

[1] 周榮勝，〈論德里達的本文理論〉，《北京社會科學》，4（2000）：120-130。

信仰者在軀體性態式與心靈性漾動的互文性中，產生極緻融合的外在形態與內在神情的融合。在宗教的各種場域裡，變動的「身體感」是隨即死亡的一種「活」的「在場」，是不斷差異化與延緩化的印跡運動，因此，其所產生的文本並不僅僅存在於它所表現的軀體性態式的符號本身。宗教信仰實踐是「活」的「在場」，其主要意旨在於指涉「身體－漾·態」存在著多元性的「雙重折疊」，它發生於空間範疇裡的「共時態」及發生於時間範疇裡的「歷時態」。因為在空間範疇裡的「共時態」存在著與信仰者與「他者」在共同空間中，進行著似乎相同的信仰實踐，卻存在著主體獨特的「身體－漾·態」的表現；另外，在時間範疇裡的「歷時態」之中，存在著信仰者與「他者」依循著相同的時間脈絡而產生著不同且差異的「身體感」的意義。「活」的「在場」所表徵的多元性的「雙重折疊」，其所蘊藏的意涵即是在信仰場域中的特定空間與時間的交織中，每一關於信仰實踐的現象都包含著「兩義性」與「曖昧性」，此二種特性即是源自於「雙重折疊」的重疊、重覆、重新的意涵。關於「兩義性」與「曖昧性」的論述將於本文的第四章來進行探究。

　　在宗教信仰實踐過程的「身體感」創造出不同於傳統文本卻又依存在傳統文本的「文本」。因「身體感」而創生的文本性在於透過身體的運行，以表現出現實與虛幻之的關係，同時引出一種難以可言說的內在感知。這些感知都是不可見的「在場」，因為它是真實地存在於信仰實踐者的身體之中，是故為「在場」，唯此「在場」卻又難以窺見，所以稱之為不可見的「在場」，不論這些存在於信仰實踐者身體內的「在場」是來自於現實的實質物或任何實質的符號，或來自於自身衍生的心靈性漾動，當這些成為信仰實踐者身體內那種不可見的「在場」時，它已經是不可還原至原本現實界中的實質物或符號，亦不可還原至自身衍生的心靈性漾動的原貌。Jacques Derrida 言：

> 我堅持認為文字或 text 無法還原到書寫的或字面的，可感
> 的或可見的在場，[1]text 從不是由符號和能指構成的。
> [2]trace 的無處不在表明所謂的自身實際上是由無數他者交
> 織而成的，text 實際上就是由互文構成的。[3]

因此，文本（text）本身就是互文性的，是差異與延緩性的，這在解釋宗教信仰的實踐現象，是一種較為貼近的詮釋。文本（text）本身就是互文性的，就表示其文本的核心並不在主體自身之中，亦不存在於事件本身。互文性就表徵著存在著某種動態的交織現象。以信仰實踐的「身體－漾‧態」表現為例，究竟所為的中心點或核心是存在於主體的軀體性態式，還是存在於主體的心靈性漾動，而此二者又是以那一者為其主體的關鍵因素。由互文性的現象來看，可以推衍出這二者是「互為主體性」的表現，其所謂的核心也不存在於這二者的任何一者，而是存在於這二者的互動關係裡，唯有在此互動關係之中，才能成為信仰實踐的關鍵因素。

> 文本是一種非中心化的結構。無中心的結構就是結構因素
> 不斷重複、代替、轉換、和置換的遊戲活動，因而是一種
> 無限開放性的結構。[4]

---

[1] J. Jacques Derrida, trans, by Alan Bass. **Position.** The University of Chicago Press, 1981. P.65.（引自周榮勝，〈論德里達的本文理論〉，《北京社會科學》，4（2000）：120-130。）

[2] J. Jacques Derrida, trans, by Barbara Johnson. **Disse mination.** The University of Chicago Press, 1981. P.261.（引自周榮勝，〈論德里達的本文理論〉，《北京社會科學》，4（2000）：120-130。）

[3] 周榮勝，〈論德里達的本文理論〉，《北京社會科學》，4（2000）：120-130。

[4] 周榮勝，〈論德里達的本文理論〉，《北京社會科學》，4（2000）：120-130。

　　無限開放性的結構，即表示著宗教信仰實踐者的「身體－漾‧態」是處於此種結構之中，亦指出如前述提及的解構性的意涵。在宗教信仰的規範裡，其軀體性態式的結構是較趨於穩定的結構狀態，其各種規範化的軀體性態式是較強烈依存在傳統的脈絡；相反地其心靈性漾動的可變異性是極高且不穩定的狀態。唯此二者已如前述所提，是一種重疊、重覆、重新的現象，因此是難以明確切割來分別探究的，尤其是在宗教信仰實踐的身體觀之中。

> 　　圍繞中心搭建起來的結構這個觀念雖然表現為自身的連貫統一，並且是哲學或科學知識的先決條件，它卻是一種自相矛盾的連貫統一。在缺乏中心和本源的情況下，一切都變成了話語，也就是說變成了一個系統，在此系統中，中心所指即本源的和先驗的所指絕對不存在於一個差異的系統之外。這種先驗所指的不在場無限地擴展了意指的領域和遊戲。[1]

　　因此，宗教此種充滿著重疊、重覆、重新的「身體感」所創構的文本是難以定義，是多元意義的文本，由於宗教信仰實踐並不完全透過語言和文字符號來表現，其大部分是以軀體性態式及心靈性漾動的融合來表現其實踐的核心意義，所以宗教信仰實踐的文本因「身體感」的極高變異性而具有更廣闊、更差異化、更多元的特點，也蘊涵著更自由的文本性及更複雜交織的互文性。這種多元性或互文性並不源自於某種本源的、終極的概念，它持續差異化的運行著，有著不可還原的多元性。

---

[1] 周榮勝，〈論德里達的本文理論〉，《北京社會科學》，4（2000）：120-130。

一種目的論的總體化的辯證法在一既定的時刻（然而是遙遠的）允許一個 text 在整體上重新聚合成它的意義真理，將 text 構成為"表達"（expression）和"例釋"（illustration），並消除 text 鏈的開放性和生產性的置換。播撒則與此相反，雖然它產生了無限的語義效果，它卻不能被還原到一個簡單起源的在場上，也不能歸結為一個終極的在場。它標志著一種不可還原的和"生成性的"多元性。[1]

　　宗教信仰實踐的文本性不可能獨自存在，它總是要涉及到與「他者」之間的互動關係。宗教信仰實踐的文本性存在著每一種的可能性，而這可能性的意義即是差異的、延遲的。因此，宗教信仰實踐的互文關係是浮動、變動、變異、延緩、延遲的，互文關係存在於軀體性態式與心靈性漾動的互動關係中。信仰實踐者與信仰實踐者之間的互動、信仰實踐者與非信仰者之間的互動、信仰實踐者與信仰核心意義的互動、信仰實踐者與信仰場域、媒介元素之間的互動，信仰實踐者與眾多的「他者」之間的互動……等等。宗教信仰實踐的互文關係是相當複雜的動態過程，難以掌握，時為主體，時為客體，時為詮釋者，時為被詮釋者。這樣宗教信仰實踐的互文性呈現也涉及了胡塞爾（Edmund Husserl，1859-1938）所提及的「表述」的觀點，他將表述分為二種，「一是處在與別人交流狀態中的表述，一是處在自我獨自狀態中的表述」。[2]宗教信仰實踐的互文性不僅是將某種意圖表現的訊息，必然地傳達給眾多的「他者」，同時也在一次一次不同時空的實踐過程中與自身進行交流，或許重新詮

[1] J. Jacques Derrida, trans, by Alan Bass. **Position.** The University of Chicago Press, 1981. P.45.

[2] 蕭錦龍，《德里達的解構理論思想性質論》（北京：中國社會科學出版社，2004），70。

釋、或許修正詮釋，這種表述都是將某種特殊性的意義、感受、信念傳達出去或內在交流。前者可稱之爲「身體－漾・態」的外化過程，後者可稱之爲「身體－漾・態」的內化過程。對於此，Jacques Derrida 這樣解釋：

> 它將那首先在特定的內在中的感受轉化爲特定的外在，它是一個"外在化的過程"，不過這種外在既不是自然，也不是世界，更不是相對於意識的真實的外在，它永遠"在"意識中。[1]

因此，來自於重疊、重覆、重新的「身體感」，它永遠存在於意識之中，不論它是依循著傳統文化的脈絡或是著重於創新文本的脈絡，此「身體感」是永存於意識中或說永遠在意象裡變動著。但是，在此應該針對 Jacques Derrida 這樣的觀點再進一步的詮釋。由於本文的脈絡及論點的立場，筆者認爲 Jacques Derrida 所言之「它永遠在意識中」，此論點應由「身體」的立場來看待，也就是說，雖然文字的詮釋是永遠在意識中，但此意識的存在卻是築基於軀體性的，沒有軀體性做爲基石，意識無法存在。因此，永遠在意識中，並不是一種空泛或唯心之談，也許可以另一種文字符號來詮釋：關於「身體－漾・態」的外化或內化過程，它永遠「在」於「身體存在性」的意識中。此種外化與內化的過程對於信仰實踐而言亦是一個重要的研究議題，本文針對此議題將於第四章進行深入地探究。

對於與「他者」的交流，宗教信仰實踐是將「身體感」的文本脈絡傳送到「他者」的意識中進行另一種不在場的詮釋，對於自我內在的表

---

[1] Jacques Jacques Derrida, trans, by David B. Allison. **Speech and Phenomena.** Northwest University Press, 1973. P.32.（引自蕭錦龍，《德里達的解構理論思想性質論》（北京：中國社會科學出版社，2004），72。）

述，信仰實踐者在信仰場域上將自我「身體感」的表述轉化爲一種意義，並向內傳送給下一個時空中的自我意識，成就另一層次的「身體感」，並依次循環進行。就信仰者自身而言，其宗教意象就如上述不斷地「外化→內化→外化→內化」的循環過程，而且這不僅發生在信仰實踐的當下，實際上它發生在實踐之前至實踐之後的任何與此相關的意識顯現中。宗教信仰實踐的「互文性的表述」意涵是極爲複雜的關係，它既是一種表述關係也是一種獨特的「身體感」的表現，信仰相關的感知就在表述的關係中生發著又轉化著。

「身體感」的意義是在延緩性與差異性的時空裡發生變化與作用性的，由於互文性的表述意涵，「身體感」在宗教信仰實踐裡可說是主體與信仰媒介及信仰核心意義之間的交流現象。因爲：

> 意義所指不是源自事物本身的屬性而是源自一種事物與其
> 他事物間的差異關係，能指符號也不由概念所指決定的，
> 而是源自一種符號與另一種符號的差異關係。[1]

宗教信仰實踐的文本，透過身體表現之軀體性態式與場域中的信仰符號所構成一種綜合性的、解構性的符號表現，傳達或表述著某種深層隱晦的意義及信仰之思。這其中正是在主體與信仰符號之間所交互而成的差異關係，才使得信仰的核心意義或信仰之思得以被表述，事件因而發生，意義因此而被「他者」再詮釋，「意義的過程是一種遊戲的差異，這意味著無論是說話的秩序還是書寫的話語，符號的功能都只有在與另外的符號相互參照中才有可能實現」。[2]所以，宗教信仰實踐的文

---

[1] 蕭錦龍，《德里達的解構理論思想性質論》（北京：中國社會科學出版社，2004），77。

[2] 李建盛、劉洪新，〈德里達的解構哲學及其對藝術真理的理解〉，《湖南科技大學學報》，7.1（2004）：8-11。

本並不在實踐之中，而在於實踐的「身體－漾・態」與「他者」或信仰場域中之相關的信仰媒介之相互交織的關係之中，在此複雜的關係中，永遠創造著另一種可能性的空缺，使得差異、變動、發展可以繼續的延遲下去，這就是「延異（differance）」的意涵。Jacques Derrida 認為：「符號的意義不僅是在空間性的差異關係中顯出來的，同時也是在時間性的延衍關係中顯現出來的」，[1]「意識」從一開始就處在延異的狀態下被產生出來的，「意識」處在自我的內在與外在的差異關係中，處在主體與眾多「他者」之間的差異關係中，它一直處在延異之中。因此，宗教信仰實踐的本質現象一直都是處在延異之中的，它在一個動態變異的時空中顯現著，在許許多多不同視角的「他者」面前顯現著，在它顯現的同時，不同視角的「他者」亦正在進行著差異的感知與詮釋，信仰實踐在同一時間已經在時間脈絡延緩變化著，亦在空間脈絡差異變化著，「這是創造性活動的本質。起源，就是超越，就是朝向某個不是自己的事物」。[2]因此，對於宗教信仰實踐本身即是超越的，而在與「他者」的交織互動中，信仰實踐的意義差異化、延遲化的詮釋並播撒擴散出去。

　　宗教信仰實踐的文本在書寫之初即是隱晦不明的印跡，信仰實踐者經常不斷地實踐過程，直到某一時刻，一種直觀式的感悟生發了，認為其信仰核心意義就是如此的，信仰實踐獲得一種躍昇了。在信仰實踐者的腦海中可能會產生一股欲表現傳達的信念或思維，但卻難以表述或言說出來，僅能透過宗教化的身體表現所構成符號來傳達，但是這並不能一開始一切構圖與細節都能被清楚地傳達出來。在宗教信仰實踐的過程中，直觀式的感悟引領著信仰者的信仰思維，直觀式的感悟來自於信仰

---

[1] 蕭錦龍，《德里達的解構理論思想性質論》（北京：中國社會科學出版社，2004），78。

[2] 尚　杰，〈現象學的問題如何發生－德里達對胡塞爾發生現象學的解讀〉，《湘潭大學學報》，30.01（2006.01）：64-69。

者內心深處那個隱晦不明的感知，這感知來自於由眾多的「他者」在不同的時空點輪流地在信仰者的感知場域中出場，增補這隱晦不明的感知所帶來的空缺之處，信仰實踐的過程猶如不斷地增補、更換、刻劃，直至信仰者內心那個隱晦不明的感知轉化爲明確的「意象」時，增補的現象減緩，但不停止。信仰者此時努力地控制著一切變異的因素，努力地想要封存這一刻令他感悟、感動的意象，但是要完全地封存這意象，是困難的，也是不可能的。只能減緩變異因素，將關於信仰實踐當下狀況、信仰場域中的「他者」等一切變異因素控制在最小的變異範圍，使自身產生一種極度專注的感知狀態。因此，宗教信仰實踐本身就是一種難以言述或表達的「身體－漾‧態」表現。

宗教信仰實踐的身體書寫存在於與眾多的「他者」的交互關係之中，就信仰者而言，自身的信仰實踐或信仰核心意義裡的宗教化的「身體表現」也是一種「他者」（自身的身體表現成爲意識中另一個他者），也就是說，宗教信仰實踐裡的軀體性態式與心靈性漾動，都被另一個莫名的主體看待著，以「他者」的視角看待著，在意識中是一種「他者」的關係，這在佛教講求「無我觀」的那種去除「我」的存在性的觀點裡，即是此現象的表徵。這種「他者」的存在包含著在場可感知的現實身體與不在場的虛擬身體，佛教的「無我觀」即是一種以虛擬的身體（我）來破除現實的身體（我），最後再連虛擬的身體也一併破除掉，因此，在這樣的現象裡，宗教化的「身體表現」也是一種「他者」。Jacques Derrida 說：「身體、先驗的和自然的事物，對我的意識而言，就是那些一般的他者。它們在意識外部，它們的超越性是已經在那裡的，是不可還原的變異的標志」。[1]

---

[1] Jacque Jacques Derrida, trans. By Bass London. **Writing and Difference**. Northwest University Press, 1978. P.118.（引自蕭錦龍，《德里達的解構理論思想性質論》（北京：中國社會科學出版社，2004），119。）

　　宗教化的身體在信仰實踐的運作之中，其身體都以一種「他者」的姿態出現，宗教化的身體表現與被視爲一種「他者」的信仰者自身之間已存在著交織互動的虛擬關係，信仰實踐者試圖透過不斷重覆地實踐過程，以此交織互動的虛擬關係，來建構虛擬的自我與做爲「他者」的身體表現之間的結構，以此被創構出來的結構來強化信仰的核心意義。而在此創構出來的信仰的核心意義裡，現實的身體表現與虛擬的自我之間獲得一個融合度，是二者相互增補的結果，這之間當然存在著某些矛盾，因爲「無論是自我還是他者都不是統一的一體的，而是矛盾的開裂的，它們間的關係不是一方決定兼併另一方的關係，而是雙方平行互補的關係」。[1]一個長時間實踐且深入宗教信仰者，通常會具備深入的哲學省思或宗教的審視能力，並由此能力來創造在信仰實踐裡獨特的「身體感」。尤其是在日常生活事物的內部中即能審視其與宗教信仰的核心意義之間的關聯，以及二者之間差異性與延緩性的現象。信仰實踐者自身能審視在空間橫斷面的位移差異性與在時間縱斷面的連續延緩性，從身體實踐的內在掌握住「身體感」，並能深入理解自身與「他者」的互動關係。這種由身體實踐的內在出發在與「他者」的互動關係中，交互滲透、交互影響，Jacques Derrida 說，這是一種感染（contamination）現象，就是說一個事物的顯現，永遠與「他者」或其他事物糾結在一起而顯現的，這是虛擬世界與現實世界交互糾結的現象。宗教信仰實踐必然也與眾多的「他者」糾結在一起，不論是在空間的橫斷面上還是在歷史的縱斷面上，皆爲如此，因此，信仰的文化基因與個人化的獨創性信仰實踐的身體表現，這二者之間並無明確的分割，因爲這是互爲增補的書寫與印跡，這之間存在著極富變化的宗教化的「身體感」。

---

[1]　蕭錦龍，《德里達的解構理論思想性質論》（北京：中國社會科學出版社，2004），123。

第四節 身體文化書寫的「沉默知識」

　　「身體－漾・態」的兩義性與曖昧性體現在另一種現象之中，那就是「表述知識」與「沉默知識」。信仰意義的空間是由信仰的知識所結構而成，也就是說信仰知識決定了信仰意義的空間，信仰的知識是一種意識的意向性，也是一種文化多樣性，信仰的知識有結構化、系統化等可表述的明確知識，亦有混亂的、豐碩的、深沉的、非可感的「沉默知識」，對於信仰知識而言，似乎「沉默知識」是信仰者宗教體驗或直觀領悟或靈感思維的重要因素。由於「人體是具有意識的主體、形氣的主體、自然的主體與文化的主體，即同時含有意識、形氣、自然、文化等向度，四體互攝互入，形成一有機的共同體」，[1]意識、形氣、自然、文化四個向度分別體現於軀體性態式與心靈性漾動之中，這四體的互攝互入的過程中，「沉默知識」就不斷地被創建並持續地沉澱至深層意識裡，「信仰意義的空間」也就不斷地被深化，這在信仰較深且時間較長的信仰者身上，其關於信仰的「沉默知識」是深沉且難以表述的。如同上述，「信仰意義的空間」涉及了三重關係以及「他者」的問題。在信仰意義的空間裡，信仰的知識大部分是屬於「沉默知識」，「沉默知識」是屬於信仰意義的沃土，或說是信仰意義重要基石。「沉默知識」意指難以被察覺、難以被結構、難以被系統化、難以被表述的知識。或許有人會懷疑有這樣的知識嗎？不能被表述或系統化、結構化的知識能算是知識嗎？筆者認為，信仰的意義來自於信仰的知識，而此知識可能大部分來自於結構化、系統化的知識，但能對信仰者產生信仰的意義，則這些結構化、系統化的知識必須要成為信仰者一種「私密」的個人知識，這一轉化就將結構化和系統化的知識轉化為「沉默知識」。在此個人知

---

[1] 楊儒賓，《儒家身體觀》（台北：中央研究院-中國文哲研究所，1997），9。

識裡，「沉默知識」起著最大的作用，發揮著支撐個人信仰行為的基本能量。「沉默知識」是非結構的、混亂的、不明的，但是對於主體而言，卻是相當穩定的，由於它難以察覺，甚致連主體自身可能都難以察覺它的存在與影響力，所以「沉默知識」經常不是一種容易成為焦點的知識。相反地，結構化、系統化的知識則是容易成為焦點的知識，在信仰中諸如各種宗教儀式、膜拜的規範、各個神祇的源由等都是較結構化且系統化的知識，相當容易就能成為人們的焦點，相對於「沉默知識」而言，這種容易成為焦點的知識，是容易被表述的，所以亦可稱之為「表述知識」。「沉默知識」與「表述知識」是「身體－漾・態」的另一種兩義性與曖昧性的表徵，它是實存的現象，在信仰的界域裡，這一現象是更加普遍的。許多信仰者較盲目的信仰行為通常是來自於不易自覺的「沉默知識」；許多信仰者能由信仰而獲得較心安理得的生活，也通常是來自於「沉默知識」的作用力；亦有許多信仰者能堅持長時間的艱苦的信仰生活，也是因為「沉默知識」的影響。在此，或許會有一個問題產生：為什麼這些現象與「沉默知識」有關聯呢？首先應該好好理解一下究竟什麼是「沉默知識」？

一、「沉默知識」的轉化歷程

　　究竟什麼是「沉默知識」？「沉默知識」是難以被察覺、難以被結構、難以被系統化、難以被表述的知識。那麼它來自於何處？是來自於外在的知識系統，還是來自於個人化的意想結果？或是其他？「沉默知識」與「表述知識」看似被區分的二種不同類別的知識，但這二者之間卻有緊密且深度的聯結。我們常有一些經驗，那就是透過文字或語言來表述內心所領悟的知識，但似乎有限的文字、語言似乎又難以傳達其領悟知識的核心概念，僅能接近地表達出一部分，而大部分的核心概念可

能是難以表述出來的，這在信仰知識當中，更爲常見。「沉默知識」或許是來自於諸如三重關係中的信仰媒介或場域中的訊息，或來自於「他者」的明確態度或行爲，或是來自於經常性的信仰行爲所累積而來。不論如何，「沉默知識」的現象是實際存在且對主體發揮作用的。

「沉默知識」既來自於外在的系統化、結構化的知識，亦來自於個人化的意想，也來自於外在各種規律的或混亂的現象，是此三者交互作用的結果。「沉默知識」可以下列的定義來詮釋並理解它：

> 「沉默知識」是由外在於主體的結構化、系統化知識與外在於主體的各種規律的或混亂的現象以及個人化的意想等三者交互作用的結果。此結果造就了知識的難以被察覺、難以被結構、難以被系統化、難以被表述的特點，並積澱成影響主體獨特化行爲的重要基石。

由上述定義，可以理解其「沉默知識」的來源以及是由這三種來源之間的交互作用所形成的。那麼這三種來源轉化至「沉默知識」的歷程是如何？在信仰的界域裡，這種現象是如何發生的？其對軀體性態式與心靈性漾動的影響又如何？「沉默知識」的轉化歷程是有各自獨特的特性如下：

（一）熟悉性、熟練性

這特性是由外在於主體的結構化、系統化知識轉化至「沉默知識」的歷程的特性。外在於主體的結構化、系統化知識意指必須透過一系列的學習過程，方能成爲個人化的知識，在信仰的界域中有如膜拜的身體作、姿勢與順序，或唸頌經文、祈禱文的方式，或接受戒律的程序、規範與接受戒律有何意義等知識，這些都是屬於外在於主體的結構化、系統化知識。當這類知識透過學習而習得，並在長時間且不斷重覆實踐的

情形下，這些外在於主體的結構化、系統化知識會進入不需要太多或太強的專注就能完成實踐的狀態。這就進入了熟悉性或熟練性的階段，例如對於每天都得讀頌數次的祈禱文或經文，在實踐時以一種非常熟悉性的節奏進行著；又如可能每天都得進行的膜拜動作與姿勢，在熟練性的狀態下，已不太專注於規範或動作順序的問題。此時這些外在於主體的結構化、系統化知識相對於主體意識而言，已不再明顯、明確、清楚地在意識中顯現，它已經逐漸沉落轉入「沉默知識」之中。值得注意的是，在此狀態下，軀體性態式與心靈性漾動二者會在不自覺的情況下，相互影響而有著些微的轉變，由於較固定的節奏進行中，使主體容易在不自覺的情況下，轉變著軀體性的態式或心靈性的漾動。例如當膜拜的身體規範性的知識已成為「沉默知識」時，信仰者可能為了更虔誠的表現，進而改變了膜拜的節奏或身體的姿勢，這個例子在佛教信仰的五體投地的膜拜姿勢或節奏中是經常可見的例子，某些信仰者為了獲得膜拜而來的虛幻利益（功德的獲取），會以相當快速的節奏進行膜拜，有些信仰者則為了能更專心一意的在膜拜的過程中求得懺悔，會以相當緩慢的膜拜節奏來進行。唯主體自身可能不那麼清楚自身的節奏狀態，這是因為原初習的得結構化、系統化的知識已經轉化至「沉默知識」。

　　信仰的意義空間在本質上就是充滿著由結構化、系統化知識轉化而來的「沉默知識」，「沉默知識」才是信仰意義空間的主要結構體，也就是因為如此，才稱它是解構性的結構空間。因為「沉默知識」的難以區分、難以表述的緣故，所以才難以界定、闡述宗教信仰的實踐經驗。許多信仰者在吟頌經文、進行膜拜的實踐當中，已不再專注其結構化知識本身，而是透過這些實踐經驗的節奏性或規律性來思考自我精神體驗中的種種疑問，這疑問或許來自於社會問題，或許來自於存在問題，或許來自於宗教信仰本身。也就是說此狀態下的軀體性態式與心靈性漾動

是不同的二條路徑，也就是在這樣的現象當中，個人的信仰文化得以被
建立，進而成為集體信仰文化的一份子，或許改變整個信仰文化，或許
支撐著整個信仰文化的脈絡。韓明清曾說明：

> 民間信仰是人類現實生活的文化展現，是隨著社會歷史的
> 發展而不斷地更新著具體的生存內容，是人們憑借著自己
> 的實踐經驗，以及其依附時代的社會背景，來思索與追究
> 人類自身的存在問題，開發出不同發展水平上各種形形色
> 色的自我精神體驗。[1]

自我精神體驗的結果，將會轉化落入「沉默知識」，此種由信仰而
來的體驗，由於隱晦的程度很高，所以經常是難以被結構化，或是能輕
易就被表述出來的。在信仰的實踐過程中，不論是熟悉的心靈性漾動，
或熟練的軀體性態式，愈熟悉與熟練就愈能積澱出豐厚的「沉默知識」，
愈豐厚的「沉默知識」就愈能創造宗教體驗、直觀領悟、靈感思維。

（二）統合性、破壞性

這特性是由外在於主體的各種規律的或混亂的現象轉化至「沉默知
識」的歷程的特性。「沉默知識」的形成經常是透過人們對於環境、情
境的觀察與覺察，並以歸納的、演繹的方式來進行「詮釋性的理解」。
或許將外在於主體的各種規律的或混亂的現象歸納出不同特性的群集類
別，是不同於既有的或他人的，並且是自身所能理解的一種區分；亦或
許將外在於主體的各種規律的或混亂的現象與已知的論點相互演繹，可
能借助既有的論點來推衍自身的觀察與覺察，或可能以觀察或覺察的經
驗來重新詮釋既有的論點。「沉默知識」在外在於主體的各種規律的現
象中，呈現出在此規律之中的統合特性。由於在規律的現象之中，各類

---

[1] 韓明清，《哲學人類學》（北京：當代世界出版社，2000），332。

的感知都難以成爲被專注的焦點，而只能以模糊的統合性感知而存在著，成爲一種背景式的知識，支援著其所專注的焦點。規律的現象在宗教信仰的修練之中是常見的，例如佛教淨土宗的唸佛修練即是，藉著經過設計的規律性修練方法，來獲得信仰的目的。信仰者持續的、長久的以軀體性態式實踐這規律性的修練，在數十人至數百人的齊聲唸佛的情境之中，進行著觀想修練或其他方法的修練，此時由聽覺感知而來的眾人共鳴的唸佛音聲，以規律性的方式發生著。唯最終這些規律性的唸佛音聲都將沉入隱晦的領域，成爲一種統合性的背景知識，而不再是即時且專注的感知焦點。上述僅是一小實例，實際現象中的類似情形是極爲複雜且眾多的。「沉默知識」的形成有極大部分即是藉著規律的統合性感知而形成的，且此特性在宗教信仰修練的行爲之中，是更爲普遍的現象。

　　然而，「沉默知識」並非只是藉著規律的統合性感知而來的，相對於此，「沉默知識」另一個來源即是破壞性的感知，它來自於混亂的現象，這在宗教信仰之中亦是常見的，尤以中國禪宗爲最。破壞性其實有著兩義性的意涵，亦即是包含破壞性與創造性二者。對於「沉默知識」而言，破壞性即是打破規律的統合性感知，而在破壞的同時，「表述知識」會創造「沉默知識」，我們似乎可以感覺到此現象是難以言喻的，因爲「沉默知識」已是沉默的情形，再由「表述知識」創造另一「沉默知識」，對原有的「沉默知識」造成破裂再彌合，那不就是更加地沉默了嗎！破壞性可能來自於外在的某種「表述知識」，例如在長時間的打坐修練之中，由於盤坐導致下肢血液較難流通，而感到逐漸地麻痹無感覺，此時突然有一外來的「表述知識」告知：「打坐修練是修心而不是修腳，若雙腳感到不適可以將之放下或改變姿勢，不須強忍苦痛」，此刻的「表述知識」對於修練者之規律的統合性感知而言，即產生了破壞性的作用，而在「沉默知識」之中造成了裂口，進而得以促使創造性的

發生。因此,「沉默知識」再度被創造與積澱,「沉默知識」將更深沉
與厚實,並且信仰者的軀體性態式也將有所改變,原有的規律的統合性
感知,將經過破壞之後再進入另一種不同的規律性。

（三）外化性、內化性

這特性是由個人化的意想結果轉化至「沉默知識」的歷程的特性。
個人意想的結果也可區分為「表述性」與「沉默性」二種,導致這歷程
有著二種不同的現象,第一種現象:是個人化的意想結果是一種接近
「表述性」的知識,個人化的意想結果是來自於對「沉默知識」的結構
化與系統化,對原本不易表述的部分知識,透過不斷意想的歷程,產生
一種接近「表述知識」的結果,這是一種外化性的結果,也就是由「沉
默知識」逐漸地外化至「表述知識」的歷程。在此需要特別說明的是,
當沉默知識」逐漸地外化至「表述知識」的歷程中,其「沉默知識」是
反向地也逐漸再內化至更深沉的現象。也就是外化性與內化性是同時進
行的,唯此第一種現象是以外化歷程為其「動力因」的現象。第二種現
象:是以內化歷程為其「動力因」的現象,個人意想的結果是一種接近
「沉默性」的知識,此結果在個人的心靈性漾動之中,產生一種獲得知
識新生的喜悅,但是卻難以言述或形容此一新生知識的具體內容。這是
一種內化的現象,它可能是由「表述知識」向「沉默知識」逐漸內化的
歷程,當然它也是一種雙向的,包含著外化性的現象。唯此種內化的現
象可能存在著另一種情形,也就是內化的歷程是由「沉默知識」開展而
來,進而創生另一種「沉默知識」或是對整體的「沉默知識」進行創生
的歷程。此點則更為隱晦與混沌,筆者實也難以實例來說明。

總之,「沉默知識」的來源之一,是「表述知識」與「沉默知識」
之間的外化與內化的現象,此現象是同時俱存的雙向性運作。而且這都
是在個人化的意想之中發生的,其本質上就已蘊涵了隱晦與混沌的特性,

也是「沉默知識」最重要的來源。外化與內化的雙向性運作並非單純的一種反向運作，它的實際現象就是前述章節所提及的「迴旋」。其大致的特點，若以外化歷程為其「動力因」的現象為例，是由外化迴旋至內化再迴旋至外化的不斷迴旋的過程中，而逐漸地外化至「表述知識」。當然這之間的細節則更為複雜多變異的，也是難以明確言述的。上述的「沉默知識」的三種來源，並非各自獨立而存在的，其之間有著極複雜的交織現象，其六種特性也彼此相互重疊。

二、二種意識

　　基於上述的探究，似乎某種程度地可以發現「表述知識」與「沉默知識」之間的關鍵因素在於：意識中的焦點與非焦點。在一般地理解之中，意識中的焦點看來是比意識中的非焦點部分來得重要，因此在一般的情形下，大多會忽略其意識中非焦點的部分。「沉默知識」所指涉的正是意識中非焦點的部分，這個非焦點部分有學者提出稱之為「支援意識」：Michael Polanyi 在《個人知識》中提及的「焦點意識（focal awareness）」與「支援意識（subsidiary awareness）」。[1] Michael Polanyi 舉了一個例子來說明這二種意識：

> 支援意識和焦點意識是互相排斥的。如果一位鋼琴家在彈奏音樂時，把自己的注意力從他正在彈奏的音樂上，轉移到觀察他正用手指彈奏的琴鍵上，他就會感到困擾，並可

---

[1] 邁可・博藍尼（Michael Polanyi）著，《個人知識－邁向後批判哲學（Personal Knowledge:Towards a Post-Critical Philosophy）》（許澤民譯）（台北：商周出版，2004），71。

能得要停止演奏。如果我們把焦點注意力轉移到原先只在
支援地位中被意識的細節上，這種情況往往就會發生。[1]

　　由上述這例子來看，Michael Polanyi 的「焦點意識」與「支援意識」
似乎與身體的實踐相關。鋼琴的演奏技能是透過一系列熟練的軀體性態
式來執行，而真正能稱之爲「實踐」的，必須包含與心靈性漾動的融合，
如此才是完整的「實踐」。Michael Polanyi 提到的：「一門本領的規則
可以是有用的，但這些規則並不能決定一門本領的實踐。它們是準則，
只有在與一門本領的實踐知識結合時，它們才能作爲這門本領的指導」。
[2]Michael Polanyi 提到鋼琴演奏時的「焦點意識」並不在軀體性態式的
執行上，而是聚焦於心靈性漾動之中。事實上，在信仰的行爲之中，類
似 Michael Polanyi 所提的情況也是普遍存在的，信仰者在執行種種信仰
相關的軀體性態式之時，其「焦點意識」並不在於這些軀體性態式的細
節上（除非是正在學習某種膜拜儀式者）。信仰者在實踐信仰行爲時，
其「焦點意識」是與軀體性態式分離的，其「焦點意識」是受心靈性漾
動的主導來決定其內涵。在相同的、不斷重覆的、規律的軀體性態式之
中，其心靈性漾動卻是不規律的、難以完整重覆的、延緩與差異的現象。

　　這與一般常說的身心合一的情形似乎有所背離。事實上，這是身心
一體的二元作用性，也是普遍存在於「人的本性」中的定理。至於
Michael Polanyi 所提的「支援意識」，它其實是經過「焦點意識」的歷
程在逐漸地沉入屬於非焦點意識的部分，也就是本文之前所提及的「沉

---

[1]　邁可・博藍尼（Michael Polanyi）著，《個人知識－邁向後批判哲學（Personal
　　Knowledge:Towards a Post-Critical Philosophy）》（許澤民譯）（台北：商周出版，
　　2004），71。
[2]　邁可・博藍尼（Michael Polanyi）著，《個人知識－邁向後批判哲學（Personal
　　Knowledge:Towards a Post-Critical Philosophy）》（許澤民譯）（台北：商周出版，
　　2004），65。

默知識」。事實上,「焦點意識」與「支援意識」是一個整體,而非二件完全不同的事情。經驗中過往的「焦點意識」大多會成為「支援意識」的內容而不易被覺察,而這些豐厚內容的「支援意識」也具備著決定主體會將產生何種「焦點意識」角色。在信仰的界域中,信仰者常有一種莫名的感知來自於自身聚焦於某種事件或事物上,而此種莫名的感知,事實上就來自於自身的「支援意識」,也就是「沉默知識」的內涵。例如信仰者精讀信仰的經典時,所獲得的重大啟發可能來自於某段文字的意涵,而這可能又與大多數人或信仰領域中的領袖所提及的重要部分不同,這是來自於自身「支援意識」的關係。這種情形也常見於台灣的民間信仰之中,有些受媽祖信仰的感召,有些則受地方王爺信仰的感召,有些則以三太子信仰為主,這些不同的選擇,都是來自於主體自身的「支援意識」而產生的焦點,因此做出了信仰上的選擇。在此,有一個相當重要的關於社會化的論點如下:

> 必須一提的是,主體自身的「支援意識」的內涵,實際上是經過「社會化」的歷程,也就是說,主體過往經驗中的「焦點意識」的內容,大部分都來自於「社會化」的影響與選擇,而這些社會化的「焦點意識」在時間的脈絡中逐漸轉入沉默的「支援意識」之中,使其積澱成為主導著主體自身的觀念、態度、行為、習慣等的基石。而此經過社會化積澱的「支援意識」有很大程度是與族群集體的「焦點意識」及「支援意識」緊密聯結的。此亦可說主體之沉默的「支援意識」不僅是獨特性的存在,也是依存於族群集體意識的沃土中。另外,真正屬於個人化的「創造性意識」也將會透過此一緊密的聯結而起著轉變集體的意識內

涵。這種主體的社會化的「支援意識」與「焦點意識」複
雜且緊密交織於集體的意識內涵的現象，就是本文所提及
的「文化基因」。

存在於族群中的主體，實然地受族群集體意識的滋養，在「焦點意
識」與「支援意識」的交織過程中形塑出個人化的「致知」，這一「致
知」的形成是二種意識的交織以及主體與群體的交織而來的，「致知」
是源自於「支援意識」的影響來決定其「焦點意識」的選擇，由於主體
與群體複雜的交織關係，其「致知」乃在於規律化與混沌化的矛盾歷程
中被進行著。規律化是來自於群體意識的慣性以及對此慣性的服從、批
判與實踐。因此，「文化基因」有如由族群集體意識與主體個人化意識
（各包含著焦點與支援二種意識）共同積澱而成的，且具有規律化與混
沌化的沃土，此沃土決定著族群集體的社會化狀態，也決定著文化的發
展與變異，同時對於主體個人化的影響也是深化的。個人化的「致知」
有如 Michael Polanyi 提到的：

> 由於個人致知的每一個行動，都評賞著某些細節的連貫性，
> 所以這也就暗示著對某些連貫性標準的服從。一切個人致
> 知行動都以自定的標準來鑒定它所致知的東西。[1]心靈的
> 努力具有啟發性的效果：它為了自己的目的而傾向於把當

---

[1] 邁可・博藍尼（Michael Polanyi）著，《個人知識－邁向後批判哲學（Personal Knowledge:Towards a Post-Critical Philosophy）》（許澤民譯）（台北：商周出版，2004），81。

時情景中的任何可得到的、能夠有所幫助的元素組合起來。

1

　　在信仰的界域裡，信仰者對其自身的或集體的「支援意識」的覺知是沉默的，難以言喻的或不可言傳的。不同的信仰者身上，可以發現其信仰行為中獨特性的軀體性態式，在規律化的信仰規範中，仍呈現出個人化的獨特性，這些情形尤其發生在長時間奉持信仰規律的信仰者身上。這類在社會上較堅定的信仰者，其軀體性態式在信仰實踐之中是一種承載的歷程，藉著軀體性的運行，實踐著信仰的行為，唯實踐之中，其軀體性態式運行的細節，將難以成為「焦點意識」而被主體自身覺知。當信仰者欲強制自身的意識聚焦於這些常態的軀體性態式的細節時，其信仰實踐中最重要的心靈性漾動將被破壞，因為「焦點意識」由心靈性漾動轉移至常態的軀體性態式的細節，導致心靈性漾動在意識中被遺落、或被遺除，也因此致使信仰實踐的不完全性。因為原本這些常態性、規律化的軀體性態式，早已成為「沉默知識」的一環，也就是難以覺知的「支援意識」的部分，若在意識中強制地將「沉默知識」中的軀體性態式拉入「焦點意識」，這會使原有軀體性態式在運行時與心靈性漾動互為交織的情形得到一種破壞性。Michael Polanyi 曾提到：「當我們把注意力聚集在這些支援意識的細節上，我們的行為就會崩潰。我們可以把這樣的行為描述成邏輯上不可言傳的」，[2]「一組落入支援意識中的細節，如果全然從意識中消失，最後完全地忘記，無法回憶。從這個意義

---

[1] 邁可・博藍尼（Michael Polanyi）著，《個人知識－邁向後批判哲學（Personal Knowledge:Towards a Post-Critical Philosophy）》（許澤民譯）（台北：商周出版，2004），79。

[2] 邁可・博藍尼（Michael Polanyi）著，《個人知識－邁向後批判哲學（Personal Knowledge:Towards a Post-Critical Philosophy）》（許澤民譯）（台北：商周出版，2004），72。

而言，它們就是不可言傳的」。[1] 在信仰實踐中的軀體性態式會逐漸落入「支援意識」之中，但它並不是完全的消失了，而是被「沉默知識」給予以統合了，必然的是與其他實踐界域中的軀體性態式的細節相互統合了。信仰實踐中的不可言傳性，原本就在宗教的神秘色彩下顯得隱晦與曖昧，透過上述的分析，更可以理解人的本性上在二種意識的運作下，其信仰實踐的不可言傳性在信仰界域中是極為普遍的現象。信仰實踐中的軀體性態式通常會以很快的速度沉入「支援意識」之中，因為信仰實踐乃透過軀體性態式規律化的運行來創生心靈性漾動的內涵，並在此內涵之中獲得信仰的回饋，完成信仰的功能性。

二種意識在表面上看來似乎「焦點意識」是較為重要的，事實上其「支援意識」在整個信仰實踐中所扮演的角色也是相當重要的。必須一提的是心靈性漾動的運行是變異的，在信仰實踐的心靈性漾動中其「焦點意識」是隨著時間與空間而不斷轉變的，當「焦點意識」在心靈性漾動中被轉變而不再成為「焦點意識」時，它就部分地轉入了「支援意識」之中，同時外化至軀體性態式上。根據上述的探究，二種意識也表徵著「身體－漾‧態」的兩義性，而二種意識之間的外化與內化的交織現象，也表徵出「身體－漾‧態」的曖昧性。信仰的實踐中，蘊涵著許多不可言傳的實踐內涵，這是來自於信仰意義空間中的「沉默知識」，它著實影響與主導著信仰者的實踐行為與體驗。在信仰實踐中，其軀體性態式與心靈性漾動，在被區別出的兩義性中呈現出身心合一的二元作用性；反之，在難以明確切割與區別的曖昧性的交織現象中，則呈現出身心合一的整體性。

---

[1] 邁可‧博藍尼（Michael Polanyi）著，《個人知識－邁向後批判哲學（Personal Knowledge:Towards a Post-Critical Philosophy）》（許澤民譯）（台北：商周出版，2004），79-80。

第五章　結論

　　本文主要以「身體」的哲學概念來探究並詮釋「宗教文化」的基因化現象，以及探究並建構在宗教信仰實踐中的「身體－漾・態」理論。試圖從哲學與宗教學的立場，進而探索文化脈絡裡的身體文化，期能重新看待「身體」的概念，並以此概念來詮釋宗教文化的基因現象。本文在第二章以「身體的出場」、「文化的印記」、「宗教文化的現象學還原」、「身體文化之印跡與漾態」四個小節來探討宗教文化基因裡的－「身體存在性」；第三章以「宗教文化基因與集體意識」、「宗教意象」、「信仰實踐的三重關係」、「三重關係的迴旋結構」四個小節來探討「身體－漾・態」的兩義性與曖昧性；第四章以「看不見的書寫印跡」、「身體文化的書寫與補充」、「延異的身體感－文本」及「身體文化書寫的沉默知識」四個小節來探討宗教文化基因裡的關鍵元素－「身體文化隱跡的沉默性」。以上各章主要結論如下：

第一節　身體存在性

一、身體的出場

（一）人類存在於這個世界乃以「身體」為載體，而身體這一概念並非是單單指涉「肉體」的意涵，它是心靈意識之「漾」與生理肉體之「態」的綜合載體。而且二者並無孰重孰輕的問題，也不能將此二者視為一種「物」或「物性」來看待。「身體」概

念的重新詮釋是重要的，因為「身體」承載著人類所有的文化體系。

（二）主體宗教經驗的集結是社會化的過程，社會化的過程是一種「宗教關係」，是個人的經驗集結與他人的經驗集結，以及和社會功能的集結，這三者是彼此相互干擾，相互產生作用的。因此，個人的宗教文化經驗的集結就不會是脫離社會民族而單獨的存在但又保有其獨特性的集結。這樣地集結通過活動的不斷反覆與時間的積澱，深化存在於個人與社會內在的「宗教關係」而成為一種「隱匿之跡」的存在。

（三）「宗教意象」是存在於「宗教關係」之中的，是人與神、主體與自我、主體與行為、主體與他人、主體與組織之間的關係，在這些關係中都存在著「宗教意象」的作用。「宗教意象」總是在這些關係中存在並作用著，既是族群遺傳的，又是主體創造詮釋的一種意象，影響並主導著人們的「身體」，身體的概念既不是物質化的，也不是虛幻化的，既非完全生理性的，也非完全心理性的，「身體」的實質意涵包括著「意象之漾」與「現象之態」。

（四）身與心的二元作用是不斷循環、延續與差異的發展現象，身與心的作用是相互滲透、相互引領的，所以從宏觀的角度而言，身心是一元的整體概念，從微觀的角度而言，身與心的作用是二元的存在與相互影響的變動本質。另外，身體的感知所產生的能指與所指是受著社會與文化的強烈制約的，這個制約作用會改變原本單純的生物性反應，原本單純的生物性反應因社會文化的引領而有著不同的反應。

（五）「漾・態」不是「樣態」般的具體可感，它更具「曖昧性」與「渾沌性」及「兩義性」，它不像「樣態」般的明顯有跡可循、有跡可辨。但是「漾・態」也是有跡的，但此「漾・態」的印跡包含著「樣態」的外顯之跡，更重要的意涵是包含著內藏隱匿之跡。在邏輯概念上，「跡」應是外顯的，而「隱」則無跡，但身體之「漾」卻是「隱而有跡」的，這如「矛」與「盾」一般的雖然矛盾卻是存在的。

（六）「漾」與「態」是表現人與事物之互動關係的本質範疇，由於宗教的超人間、超自然的社會意識的存在特性，虛幻想像的能量作用並不是具體可見的形體，這是宗教看不見的現象場域。身心是一個延續性、差異性的變動，文化生生不息的演變過程形成了「隱匿之跡」的本質性。例如文化的價值理念，總是無形地制約著「身體」，身體的各種表現都受著社會意識與文化價值理念的影響，因為「身體存在性」的本質是社會性與文化性的。

（七）由於身心是一個總合概念，每一個身體呈現都是非單獨的身體動作而已，在場顯現的身體呈現實質上是與不在場顯現的身體呈現同時發生，其「意向」是同時存在的，這在超人間、超自然的宗教意象中更是如此，宗教文化以一種基因概念的方式存在於人們的身體記憶中，此為一種看不見的印跡，本文稱之為「隱跡」。

二、文化的印記

（一）台灣的宗教現象是一多元呈現、和而不同的特殊宗教文化現象，宗教在台灣形成一種文化體系，滲透在各個社會階層，對於個人、家庭、團體、社會都有著顯著性與隱匿性的作用，每一作用都

形成一種印跡，對文化的傳承、發展刻劃下使其產生微變的能量。宗教文化在這一多元並融的社會現象中長時間的繁茂成長，長時間的歷史積澱，形成了獨特的「基因化」的宗教文化，它著實地引動著個人的宗教意象、舉止行為、家庭氛圍及社會的穩定與和諧。

（二）宗教文化對於個體、家庭、社會都存在著基因作用，其實基因作用我們亦可稱之為「**文化的痕跡作用**」，而文化的痕跡是一次又一次的心靈印記，它具備了不可重複性，當印記生發的同時，它已開始消逝，而形成的痕跡隱入了族群集體的潛意識中，是一種隱而不顯的力量。宗教文化的心靈印記是透過符號來傳達的，包括言語、文字、身體等符號，關鍵在於這些符號所造成的心靈印記是看不見、摸不著的「異域」，是一個難以探究的場域。

（三）在台灣擴及最深最廣的佛道二教，其隱跡作用是深化廣及的，而且經常是同時產生作用的，常見一些家庭中的祭祀，既有著佛教的神祇，亦有道教或民間信仰的神祇，同時在廟宇中也常見此現象。宗教文化對於「身體－漾・態」的影響，除了在少數較虔誠的宗教團體以外，對大多數的民眾而言，佛道以及民間信仰的交錯影響是同時發生的。這是宗教文化歷史積澱所形成的結果，它基因化的遺傳著，隱匿在歷史痕跡的積澱能量在文化基因遺傳時生發了作用，其所產生的「隱跡作用」是既同時又「延異」[1]（**différance**）的，也就是既是文化遺傳，又是一種對文化的變異式轉化。

---

[1] 「延異」（differance）是 Derrida 解構理論的重要論點，他指出：延異是差異非完整的、非單純的、結構性的與差異區分的基源。故「基源」一詞不再適用。

（四）這宗教文化的「隱匿之跡」的作用，在近百年的台灣社會中早已深根發展，對於出生在這個土地，在這個土地成長的人們，隱涵顯著的影響作用。這一作用如遺傳般地從本質上發生基因式的影響，人們從一出生，甚至更早的胎兒教育，就受著這一本土宗教的影響，在成長過程中，被家庭、社會不斷地引發這一意向性作用。

（五）由白沙屯媽祖的「行腳進香」參與者的文章中可以發現，肉體上的苦痛卻在最終能成就心靈性的喜悅漾動，如案例所述，此可被視為是一種另類的學習成長的機會，除了宗教性的意義之外，其中更充滿社會性、教育性的意義。也難怪，許多藝術團體也爭相地參與此類信仰實踐的活動。另外，由此案例中也不難發現，有些參與者是從小就被類似的活動吸引著，自然而然就朝此方向有著特定的思維，長大後也很容易就被此類文化活動所吸引，這即是宗教文化基因的一種體現。

三、宗教文化的現象學還原

（一）宗教是一種基於人類最直觀、原初的本質，在人與自然、人與社會、人與自我的對抗矛盾之中，以外在客體對象為形式，以意識想像之情感為內容，結構成宗教的種種現象。此「意識想像」由人們直覺的感受藉由意識經驗的判斷而形成，具備了方向性與對象性，即是「意向行為」，而「客體對象」則因意識之「意向行為」而確立，這是一種客觀對象內化於主觀思維判斷的過程，是「純粹自我」被意識經驗判斷的表現。

（二）就宗教本質而言，透過本質直觀可以由宗教與世界的關聯、主體與宗教互動關係的現象中透析其本質。宗教現象源於主體所能感

知、意象、判斷、體驗、詮釋的一切，這就如世界現象存於主體意識之中一樣，宗教並不能以一種表現獨立於此世界之外。因此，主體意識作用於具實的或虛幻的對象，就如世界如何存在於主體意識之中是一樣的，這是一個既存在又看不見、摸不著的隱晦場域，但宗教的本質與宗教的作用能量卻都隱匿於此隱晦的場域之中。

（三）就現象學而言，一般對事物本質的掌握都是經驗判斷的結果，具有經驗性格，它是個別性的、可分割性的部分，而不是直觀性、明證性的性格。事物的本質不應獨立於世界之外或異化於世界或異化於人性，應與人們其他的一切密切相關。通常人們易於將一個整體事物切割成數個部分來加以探究，但問題在於「部分」這個問題是有差異性的。對於宗教本質的掌握，不論是以神為中心、以主體為中心或以社會為中心，這看似是一個環節問題不應被置入片段式的判斷之中。

（四）宗教的本質在人們經驗、思想、想像中轉化成符合人們所欲成為的對象，因此，是一種在人們思想中的虛幻異化的產物。宗教本質的變動性是很大的，但本質的意義應為一種必然的原則，它是穩定的自在性與客觀性，方能使事物顯現該事物的現象。我們不應將變動的意識經驗之流所體現的現象當作是宗教的本質，這有如將「偽裝本質」看成本源的、根基的「真實本質」。

（五）人們日常生活中無不時常出現幻想，而這些幻想有些是經驗判斷下存在於世界的，有些則在世界上無法找到其存在的根源，後者就是所謂超人間的形式。這些超人間的幻想也就是所謂顛倒了的世界觀，它以「不客觀存在」來加以確定的是否為超人間的幻想或顛倒的世界觀，惟這個「不客觀存在」的確定是在人們經驗意

識與判斷思維下產生的，其這樣產生的存在意義是否進入了一種易於進入的「經驗誤區」之中，進而導致人間與超人間、顛倒與不顛倒在本質上一種錯誤的區分。

（六）有神無神的界定也是一種經驗意識的判斷，若超自然或超人間的形式都稱之為神靈，那麼作為主體的「人」在頭腦中的各種想像或幻想都可以稱之為神靈，進而形成了某種虛幻存在的觀念，這些都可以是超自然或超人間的。反之，若超自然或超人間的形式都不稱之為神靈，而認定只是一種人們頭腦的意識想像，那一切宗教現有的神靈觀都只是一種意識想像透過某種特定形式的顯現。如此的爭議將無法停止，或許可以從主體的根源性本質來詮釋，這並不要確定一個完整的宗教本質的定義，只是提供一種基於根源性本質的宏觀與微觀兼備的「直觀純粹意識」。

（七）本文對「宗教信仰實踐」的定義為基礎與指標，作如下的詮釋：

宗教信仰實踐的本質是，客觀世界純粹必然的被作用於主體「存在之性」的範域（身體存在性），形成某種經驗性格的意識想像存在，此虛幻的意識想像轉化成某種實在的形式（軀體性態式），使主體對於客觀世界的種種矛盾獲得「解答」與「滿足」（心靈性漾動）。

（八）「宗教信仰實踐」本質的定義或解釋是由作為主體的經驗意識的分析判斷而成，它僅能是目前較符合現象的解釋，而不應是恆常的定義，宗教信仰為宗教本質所引發的種種多元的「宗教信仰實踐」現象，每一種現象具有獨特性或個別性，是變動不定的性質，這是由客體與主體的經驗性格所形成的；「宗教信仰實踐」本質應從主客體的經驗性格領域中引退或將之剝離，由超越的主體之

自由性格、絕對性格而非經驗性格的先驗主觀意識面對宗教，由其本源性之超越的主體性中體現出「宗教信仰實踐」的真實本質。

四、身體文化之印跡與漾態

（一）身體文化的印跡（trace）是一族群在歷史脈絡中集體遺留下的一種隱匿的記憶，它在特定的場域中生發著對身體的作用力，在一族群中身體文化的印跡有著獨特性與隱匿性。「身體」概念的重新詮釋是重要的，因為「身體」承載著人類所有的文化體系。

（二）意識與肉體原本是一個整體的環節（環節，意指看似二個部分的區分，實為不可分割的整體。是一個整體的二元化表現，導致容易被誤為是二個部分而加以錯誤的區分之。）問題，但人們總習慣性地將之分開來看、分開來談，心靈意識總需由肉體來顯現、出場，肉體上的總總感知、反應、動作亦總是向內回饋至心靈意識，二者是互為作用的關係，這是「**身體存在性**」的二種轉化現象，這是一種肉體的感知，或稱作「身體感」。

（三）「身體存在性」，其定義為：為"人"不可再去除、還原或懸置之"存在之性"，它是"身體心靈化"和"心靈身體化"的最源始的本質範疇。"存在之性"存在於作為主體的－"人"的"生理性肉體"與"心靈性意識"之互動關係的隱晦場域中。

（四）人們經驗的「集結」是在「**身體存在性**」的基礎上進行的，各個民族有著不同的經驗集結的現象，自然也就衍生出不同的身體文化特點，臺灣身體文化的獨特性有二：「宗教性的身體感」與「民俗性的身體感」。

（五）「身體感」的積累創造了屬於宗教文化的「身體－漾・態」，「身體－漾・態」的主要意涵著身心在差異性及延緩性的不同

場域中一起體現的概念，強調著身心既有著不可分割性，亦同時存在著差異性及延緩性，所關注的不止是身體的生理現象、生物學特徵、遺傳基因或單純的心理因素，更從社會與文化的視閾來關注身心的整體現象。

（六）「身體－漾‧態」從身心一元的整體概念出發，同時認定身與心的二元作用現象的存在。身心一元的整體概念是指涉「**心靈性之漾動**」與「**軀體性之態式**」在共時性與歷時性的同時發生性，身心二元作用的現象，則指涉「**心靈性之漾動**」與「**軀體性之態式**」的同時發生性之中的差異性與延緩性。這是一個雙向運動的現象，這現象存在於一個恒常變動的時空。它是一個隱晦不明的場域，卻是蘊藏著能量的場域。本文對身體的概念重新解析，提出「**漾‧態**」一詞，以表徵肉體與意識的一致性與差異性，肉體與意識是「身體」的同一性，卻有著差異的多重呈現之現象。

（七）身體文化經驗的「集結」不論是個體化的或是集體化的，它總是一種在場顯現而又帶著不在場顯現的一種印跡（trace）（或稱為印跡），而這印跡的生發是「身體存在性」的一種現象，這一印跡有時外顯，有時隱匿，但它總是在時間的流動上、在空間的位移上，恒常地生發著變異。

（八）文化的存在現象由身體在時間與空間的運動上被顯現出來，但它總是蘊涵著二層意義，一是在場顯現的意義，一是不在場顯現的意義，二者是相互作用並同時生發的一種存在現象。

（九）身體在歷史進程中留下的印跡（trace）總是文化性的，印跡（trace）是雙向的運動現象，一方面部分的印跡殘留在歷史脈絡

中，進行一種積澱；一方面，印跡不斷外顯，隨著歷史發展延續下去，印跡的延異，總是蘊涵著這雙向運動的意義。

（十）身體的出場，對於「身體存在性」的詮釋與解析，是宗教文化印跡的一個重要關鍵，透過對身體的各種分析理論的詮釋，透過身體運行著宗教文化的生命能量，身體的宗教文化印跡成為基因式的遺傳是一種必然的存在現象，這是「身體存在性」的「活的印跡」現象。

第二節 兩義性曖昧性

「身體－漾‧態」存在著兩義性與曖昧性，兩義性來自於現象中的可區別部分，是顯而不隱的；曖昧性則表徵著被區別出的部分之間，仍存在著複雜的交織互動，且是隱而不顯的。宗教文化基因來自於族群的集體意識與集體無意識，對於個體的信仰實踐而言，最重要的是來自於對文化基因的宗教意象，信仰實踐的「身體－漾‧態」則受宗教意象的內涵而有所變異，它存在於三重關係的結構之中。本章以「宗教文化基因與集體意識」、「宗教意象」、「信仰實踐的三重關係」、「三重關係的迴旋結構」四個小節來探討「身體－漾‧態」的兩義性與曖昧性，其中的主要的重點歸結如下：

一、宗教文化基因與集體意識

（一）宗教文化的發展並不是一種靜態的現象，而是變異性的現象，它依著各個不同的時代，依著人們的不同的需求而有所轉化。族群中的集體意識表現在當時所呈現的文化形態與精神意涵，而當文化形態與精神意涵有所變異轉化時，原本的集體意識逐漸地被人們遺落，被新的文化形態所取代。這些被遺落的集體意識在時間進程中並未消失，而是隱匿在族群的集體無意識或稱集體潛意識（Collective unconsciousness）中，成為一種不可感的能量場域。

（二）宗教意象在宗教文化的歷史進程中積澱，它象徵著同一族群的意象痕跡存留在歷史儲存所，並遺傳至人們身體的無意識場域，由於同一族群的慣性行為，會將上一代的信仰意象與行為傳承下來，並再傳承給下一代。人類的本性包含著感性與理性思維，在基因

化的文化場域中，在不可明確感知的氛圍中，被積澱的意象痕跡不斷地引動著、影響著，意象痕跡「就是一種代代相傳的同類經驗在某一種族全體成員心理上的積澱物，是某種遺傳的心理氣質」。[1]某種不明確的文化心理氣質被遺傳著，這就如宗教文化一代一代地被遺傳著一樣。

（三）宗教文化的基因意涵：是以群族共同的宗教經驗為核心，包括宗教意象、宗教體驗、宗教身體符號、宗教制度與組織等，這些宗教經驗在族群的歷史發展中是雙向運動的現象，一方面不斷「退行」至集體無意識，一方面不斷「前行」至集體意識與主體意識。這現象蘊涵著宗教文化的積澱和遺傳過程，其過程是隱晦、隱匿、活化的，同時不斷生發能量並刻劃心靈痕跡。

（四）宗教意象之「漾」與宗教現象之「態」以及以「身體」為出發點的研究亦為如此，也就是說，各種現象都是不斷地相互作用著，因此，相互作用的中介場域就是一個關鍵的重點，這是一個動態且變異的過程，在場的與在場的變異，以及在場的與不在場的變異，這是一個隱晦不明的場域，卻是宗教能量得以生發作用的場域。宗教文化的基因能量是發生在集體意識與集體無意識相互作用的場域中，它是一種歷史積澱的痕跡，它不會消失只是變異轉化且隱匿在看不見的場域，積累著宗教作用的能量，體現在宗教意象的形塑、宗教的身體符號與種種的宗教現象。

（五）宗教意象生發的過程中包含著意識的「退行」與「前行」的雙向運動。「退行」意指宗教意象由外界客體對象的感知，不斷地向內在深層轉化，退行至潛意識與無意識層次，而成為一種積澱

---

[1] 曾耀農，〈榮格文藝思想初探〉，《麗水師範專科學校學報》，20.6（1988.12）：26-30。

且隱匿的痕跡，它積蓄著能量且未消失；「前行」意指宗教意象的生發，因外界的客體對象的感知，引動由潛意識或無意識的積澱痕跡，向外擴展至意識層次而被呈現，這是一種帶著原始意象而有不同於原始意象的創新呈現。宗教意象的不斷「退行」與「前行」，經過長時間的歷史進程，它逐漸形成一種遺傳的基因特性，在同一族群中不斷地「變異性遺傳」著，主導著該族群宗教信仰與宗教文化的發展。

（六）宗教意象是蘊涵著「意向性」的，不論是意識的理性與感性或是無意識的自發性，都具有「意向性」的存在。作爲永恒的絕對真理的純粹意識具有一種意向性功能，即它總是指向它自身以外的東西。在宗教意象的場域中，是分不清楚主體與客體對象的，二者交融地顯現在宗教意象中，是隱晦且神秘的，意向性是明確的，但意向對象卻是不明的。因此，宗教意象的本質內涵應是在於：外在客體世界與主體意識相互作用的關係中變異性的存在。

（七）宗教意象原本就是一種宗教體驗的核心，在宗教意象場域中，宗教情感與宗教體驗形成一股「氣漾能量」，由意識層次引動著身體知覺、態度與行爲，心靈因此身體化了；宗教的身體知覺、態度與行爲，在運行的同時，又反向回饋至意識層次，又轉化了宗教意象的存在，身體知覺、態度與行爲因此心靈化了，這是雙向存在並作用的「**身體存在性**」意涵。

二、宗教意象

（一）宗教意象之「漾」是一種「氣化變異」的現象，宗教意象在變動的過程中形塑的同時，釋放出引動肉身運行的能量，引動著

　　個體的行為，它強調著人們精神意識層面的重要性，心靈意識的變動在身體的一種氣化並變異著的現象，本文謂之「漾」。

（二）宗教現象之「態」表徵著宗教本質上一種超越性的張力，宗教是一種超自然、超人間的社會意識，但它蘊涵著超越社會現實面的意象與現象。信仰者依照著終極實體的宗教信念，努力地約束自己的生活態度與行為，這內在驅動力是宗教意象的一種「氣漾能量」，想像著什麼就有著什麼樣的對應行為。

（三）主體心靈意識中宗教意象的「氣漾能量」與他人產生互動，在互動中彼此修正協調，逐漸獲得一種共同的宗教意象，產生集體的「氣漾能量」，發揮著社會團體的功能，形成宗教的社會力量。此社會力量的形成是人們存在於現實時空，虛幻地立足於虛幻時空（彼岸），而反過來對現實時空的一種拉址力量，抵抗著他們認為的一些不符合宗教信念的現象，因此宗教時空與社會時空就形成了一股張力。

（四）宗教信仰由於「身體存在性」的有限性，人們必須藉由理性思維尋找超越這有限性的時空場域，因此，信仰就在理性思維的基礎上，作為一種超越性的存在，以增補了「**身體存在性**」的有限性。

（五）社會對宗教的決定性作用，其實，這是一個雙向的互動現象，社會力量透過個體化的過程轉化為虛幻的宗教意象，形成宗教力量，反過來，宗教力量又反饋至社會力量，使社會力量被這虛幻的宗教力量改變轉化，二個力量之間的張力促使了二者的融合與平衡。

（六）宗教文化的各種符號所象徵的意涵，是人們感知後對之進行的多元化詮釋，對於相同的符號，每一個體對之宗教符號的詮釋都是不同的，同一個體對之的詮釋也隨著空間的位移與時間的延緩而

有所不同，同一族群對宗教符號有著相同又相異的詮釋，這也正是宗教文化的生命能量所在。

（七）人們腦海中對所感知的世界，總有一種虛擬的創造，這可說是「身體存在性」的藝術性，此藝術性是幽靈狀態的含混與曖昧，神話世界就是被這幽靈狀態的藝術性所創造出來的，它不會消失且持續運行著。宗教文化透過「身體存在性」來詮釋宗教符號，宗教之思其本質上是詩性的藝術詮釋，是幽靈狀態的揮之不去的創造。理解一開始就是詮釋性的，一旦詮釋發生了，它就遠離了符號能指的原本對象，原本對大自然的感知就此形成了虛擬的神話世界，宗教之思於是成為一種飄忽不定的幽靈狀態。

（八）Heidegger 所言的「此在」，對於宗教之思的幽靈狀態而言，類似於一種「**活躍的虛無**」，虛無並非沒有，它代表著極大的自由度，是無定所的不斷變動的現象。此在的另一層意義，是走向死亡的存在，是不可重覆的一次性生命，是空間上的位移與時間上的延緩的現象，因此，它必是處於變動、變化的狀態，幽靈狀態乃是無定所的，若有所定性的則是存在本性被遮蔽的一種現實性。

三、信仰實踐的三重關係

（一）本節由信仰的三重關係開始進行探討，「身體－漾・態」的兩義性與曖昧性就存在於這三重關係的交織互動之中。

（二）信仰的三重關係的每一元素都存在著兩義性的區別：信仰者自身包括著「軀體性與心靈性」、信仰的核心意義包括著「可見性與不可見性」、信仰媒介或場域包括著「虛擬性與現實性」。曖昧性則意指，這些二元的對立結構，其劃分的界線並不是那麼絕然分割的二元結構。

（三）三重關係的結構是一種「迴旋結構」，「身體－漾‧態」的現象可能是由信仰媒介而起，亦可能是由三重關係中的任一而起的迴旋，由迴旋的起點而言，也是兩義性的，不論是由信仰媒介而起至信仰自身，或是由信仰媒介而起至信仰核心意義，其迴旋結構亦是一種重疊的迴旋結構。

（四）迴旋結構是一種動態性的結構，圖示的迴旋雖只是一個方向的不斷迴旋，但其事實上並不是如此，圖 3-2 僅表示了多元迴旋結構的一面，有可能存在著更多不同方向的迴旋現象，甚至若以不同視角觀之，亦有可能是一種向上或向下的立體迴旋結構，象徵著「身體－漾‧態」受此三種關係的迴旋結構的影響而「動態性的存在」著。

（五）此節主要在探究三重關係的「兩義性與曖昧性」，這亦就導致了這三重關係的結構是一種「迴旋結構」，迴旋結構是一種動態性的結構。「迴旋結構」象徵著「身體－漾‧態」受此三種關係的迴旋結構的影響而「動態性的存在」著。

（六）在宗教信仰的這三重關係之中，「身體－漾‧態」的空間位置是漂忽不定的、忽隱忽顯的、難以界定的。三重關係之兩義性與曖昧性的特點來自於：兩義性的區別與曖昧性的轉化現象，其主要重點如下：

　　1、信仰者自身－「軀體性與心靈性」：其軀體之態式與心靈之漾動形成一個倒三角的關係，並分為三個不同的層次現象。甲層次有著較強的或較明顯的軀體性的態式；在乙層次之中，其「軀體性與心靈性」是較為並重的現象；丙層次的信仰者自身是較不重視宗教要求的軀體性態式，但相當強調其心靈

意識的漾動情形。三種層次構成了世俗性、宗教性、體悟性的信仰實踐的特點。

2、信仰的核心意義－「可見性與不可見性」：可見性來自於符號系統，包括以文字、語言、繪畫、雕刻、建築、音樂等形成一系列可見性的宗教信仰符號；不可見性則在於符號所傳達出的「多元意義」。不可見性的意象、體驗、意義與可見性的軀體性態式及符號系統構成一個同心圓的結構，每一元素都向內與向外相互滲透著。

3、信仰媒介或場域－「虛擬性與現實性」：包括著現實性轉化至虛擬性及虛擬性轉化至現實性的過程。其「身體－漾·態」在這樣的虛擬性與現實性交織的信仰媒介或場域中，在時間與空間的維度裡起著微妙的變化。其「身體－漾·態」所感受與創造的時間性與空間性形成一種獨特的「知覺場」，此「知覺場」是包含著四個向度：虛擬性的時間、虛擬性的空間、現實性的時間、現實性的空間。

四、「三重關係」的迴旋結構

（一）本節的重點在於三重關係的「迴旋結構」與「信仰意義的結構空間」。信仰的三重關係：信仰者自身、信仰的媒介與場域、信仰的核心意義這三者構成了「信仰意義的結構空間」，此空間充滿著變異，變異性高的主要原因來自於人類的「靈感思維」。

（二）「信仰意義的結構空間」的隱晦性是來自於在這三重關係之中的迴旋現象是多義性的情形，迴旋的本質在於：信仰的意義，總存在於三重關係的不斷迴旋並改變其迴旋的狀態中。

（三）「信仰」是存在於此「信仰意義的結構空間」，當此空間喪失了三重關係，或僅剩餘二重關係時，「信仰」就無法存在。「信仰」是必須在這三重關係的拉扯下所形成的空間來獲得存在的。

（四）因此「信仰意義的結構空間」是一種蘊涵「解構性」的結構空間，解構性的結構空間有幾層的意義面：解構的第一層意義即在於表示結構的不穩定性、亂序性、重疊性的；解構的第二層解構意義來進行探究，它是一種「多重斷裂的解構所構成的結構空間」，意指其「信仰意義的結構空間」之間的聯結是屬於「多重斷裂」的現象。

（五）「迴旋結構」之迴旋的運行的三度空間來自於自於一個重要因素：「他者」。「他者」就蘊涵著「社會化」的意義，「他者」相對於三重關係，位於一個特殊的位置，使得三重關係與之相應後成就了一個更廣化與深化的三度空間。也是因為「他者」的存在與出現，使得「信仰意義的結構空間」的縱深與廣延變得難以窺探。此空間的縱深與廣延亦使得「迴旋」的結構變得混亂。

（六）「身體－漾・態」的兩義性來自於「他者」與自身之間的區別，或是軀體性態式與心靈性漾動的分別，或是解構與結構之間的差異，而曖昧性則是二者之間的「知覺場」，以及彼此間的交互「相映」的現象。

第三節　隱跡與沉默性

　　本章運用 Jacques Derrida 的書寫、印跡、文本的概念來進行解構與分析文化基因的「身體書寫」及其隱跡的沉默性。任何一種宗教文化的積澱都有一個前提，即是「身體書寫」，此「身體書寫」並不是一般解剖生理學或一般概念下的身體，是一種哲學深思並加以解構後的身體概念。「身體書寫」包含了軀體性的態式與心靈性的漾動，在宗教文化的積澱過程中，軀體性態式的運作與規範是相當重要的，但它卻必須與心靈性漾動呈現一種二分作用性的整體觀。因此，在信仰實踐的過程裡，此二者互為主體性，互為增補對方，相互交織形成信仰意義的結構空間，也因為此二者在空間上的差異性與時間脈絡裡的延緩性，而導致變異現象處於不斷增生與消滅的動態進程裡。「身體書寫」成了宗教文化積澱的重要關鍵，這即是實然，亦為應然。本章以「看不見的書寫印跡」、「身體文化的書寫與補充」、「延異的身體感－文本」及「身體文化書寫的沉默知識」四個小節來探討宗教文化基因裡的關鍵元素－「身體文化隱跡的沉默性」。其主要重點分述如下：

一、看不見的書寫印跡

（一）「宗教文化印跡」表徵著人們的日常生活與宗教信仰的意義是結合在一起，而且部分成為可感知的外顯結構，部分成為不可感知的內隱結構。宗教化的「身體感」蘊藏著更豐富的內隱性，它在特定的動作規範下，其「身體感」的「默會想像」會較深層且持久，並逐漸積澱出屬於個體獨特性的「默會經驗」，也就是「宗教體驗」。

（二）意識是看不見、摸不著的現象，主體意識的內涵包含了可感知的部分與不可感知的部分，另外主體意識也受族群中的集體意識與集體無意識的引動，不可感知的與集體無意識的部分都是看不見的現象，也是宗教生發作用能量的最大場域。這如 Jacques Derrida 的哲學研究「看不見的現象」，這看不見的現象是文化的作用力，文化的積澱。

（三）宗教文化現象中的身體活動，是一種實實在在的「身體書寫」，透過身體儀式性的運作，來表達人們內心的宗教信仰、宗教情感的意識，正是這樣的「身體書寫」使內在心靈得以「身體化」的呈現。

（四）「**身體書寫**」是信仰者的宗教觀念、宗教體驗與內心宗教情感的延遲呈現，而身體運行的呈現又與這些要素的實質內涵存在著差異化與延遲化的現象。這些都是「看不見的現象」，但它卻在文化傳承過程中，不斷地在「書寫」著，這就是一種印跡（trace），它隱匿於歷史文化的流變中的印跡。

（五）宗教文化透過人們的「身體」來書寫宗教文化的現象與歷史，不論是口語的、文字的、肢體的都是一持續差異存在的「書寫」，這具有「雙重敍事」的特點，例如舊思維與新詮釋、舊儀式與新體驗等，但這絕不是二元相對立的思維內涵，而是相互差異化而存在，它們不對立矛頓，而是在舊有的文化沃土上，不斷地「書寫」與「消抹」。

（六）宗教作為一種文化型態而存在於人們所生存的環境中，不論對於社會或個人的影響是巨大的，這種巨大的作用力在歷史的恒流中不斷地「集結」，這不僅是個人經驗的集結，社會功能的

集結亦是族群意識的集結，這些集結積累了文化的「氣漾能量」。

（七）個人的宗教文化經驗的集結就不會是脫離社會民族而單獨的存在但又保有其獨特性的集結，在一個宗教多元融合與繁榮發展的社會，宗教文化著實地發揮著社會作用、教育作用，其潛在的影響能量是不易覺察的，同時也是不容忽視的現象。臺灣的宗教現象在國際社會中是相當獨具特色的，各種宗教文化活動的不斷循環舉行，一次一次地深化於社會意識、族群意識中，同時，這樣地集結通過活動的不斷反覆與時間的積澱，也深化於個人與社會的內在基層而成為一種「隱匿」的存在，這一存在成為不易覺察的內在基因或因子。著名的精神分析學家榮格它稱為「集體無意識」（Collective unconsciousness）。

二、身體文化的書寫與補充

（一）宗教文化的身體表現與文化精神是密不可分的環節[1]結構，它是外在的身體形態、內在的氣息運動及心靈化的漾動融合為一整體的環節結構，每一環節與另一環節緊密結合運行，無法獨立存在，這是「形、氣、心」相互融合與交互作用的結構體。

（二）宗教文化是築基於「身體」的文化文本與文化印跡（trace）。這文化印跡來自於一種心靈的書寫（Writing），此為無特定形式的書寫，這種書寫的印跡即顯即逝，不停留在特定的時空中，而以效應式的不斷變異並擴散。

（三）宗教文化的活動創造是立足於當代信仰意識的變異，產生對傳統文化一種深入且感悟的過程，這個過程生發出許許多多令人意想

---

[1] 環節，意指不可區分為二的結構，身體表現與文化精神是緊密的聯結狀態。

不到的「意象」，它既是傳統的，亦是當代的，是傳統文化的當代詮釋。「宗教意象」它總是離不開歷史文化的氛圍，「心靈書寫」所刻劃下的印跡，幅射性地跨越時間與空間的障礙，變異性的影響著每一時空中的宗教文化意象。

（四）宗教文化由身體的最原初感動開始進行「意向性」的運動，它符合著這種原始性與綜合性的書寫，所以宗教文化的書寫是含混的、未定位的，宗教文化書寫的完整在於多元的且差異的眾多詮釋或眾多的信仰意涵。這眾多的詮釋可能是語言的，可能是文字的，更重要的是它總是「意象式」的書寫。但是，我們不能將之視為某種形而上學的中心或核心，宗教意象書寫的中心不在宗教觀念、不在宗教體驗、不在宗教行為，亦不在宗教組織，而在這些眾多相關者的互動關係之中。

（五）宗教意象是一種不在場的書寫，它是一種對現實生活的增補，透過虛幻的、虛擬的情境來增補，就如文化是對大自然的增補一樣。宗教意象的書寫存在於一種差異化的系統當中，在現實世界與想像世界的差異之中，在差異的系統中，各個主體都扮演著補充的角色，因「互為增補」的本質性，才得以形成差異的「互動關係」。

（六）在信仰場域裡的宗教身體符號的呈現，有著雙重或多重的意義，宗教身體符號呈現出同一性、在場性的同時，亦存在著非同一性與非在場性的作用。這是不在場增補了在場，非同一性增補了同一性，亦是在場增補了不在場，總之是二者相互增補的現象。這種增補或補充現象是不斷擴散、不斷循環的，是無限地被重複著的，因此，文化的印跡總被印跡消抹或更新著。

（七）在宗教信仰實踐的場域裡，主體的身體表現在宗教文化的場域空間呈現的那一刻，是在場的，亦是不在場的。它是「在場的非完全性」，人們看到的、聽到的總是一部分而已，更大的時空都是不在場的，也就是說，在信仰實踐之外都是屬於不在場的情形，唯有時這一不在場的時空情境，卻能產生強大的宗教信仰能量，這就是一種虛幻的「補充」。

（八）宗教信仰的核心意義是存在於「在場」與「不在場」之間的，它處於空間的變異與時間的延緩所虛構出的界域，在信仰界域裡不斷地進行補充。「在場」與「不在場」之間的補充，對於信仰的核心意義有著重大的作用，這是一種來自於現實與虛幻之間的書寫，在主體意象中對於現實的人、事、物、理的心靈書寫，而此即是本文所言之心靈性的漾動。此種「補充」蘊涵著相當的隱晦性、曖昧性與兩義性。

三、延異的身體感－文本

（一）所有的信仰實踐都在文本之中，同時也在重覆歷史文本的同時創構新的文本，此文本的遵循、重覆、創構都築基於一種「身體感」，此「身體感」位於現實與虛幻的交界處，它是理性與感性的交互作用下的結果，「身體感」來自於軀體性態式的種種運行的「在場性回饋」，亦來自於心靈性漾動的「不在場回饋」，二種不同的回饋共同書寫出關於宗教信仰實踐的文本。

（二）一個信仰實踐的運行，它既是重覆亦是重寫，重覆就象徵著傳統的延續，重寫就象徵著在傳統的延續上進行的新文本創作。一種真正的信仰實踐文本，是對過去的信仰傳統、信仰形式的模仿，同時亦是信仰者個性化的創造和變革，是一種既繼承又創新的運

行，宗教的信仰實踐即是 Jacques Derrida 所言的現象：「雙重折疊（double invagination）」。「雙重折疊」的意涵就指涉著重疊、重覆、重新的意義，因此既是傳統的運行也是新意涵的創生。

（三）宗教信仰實踐的文本在各種「雙重折疊」的重疊、重覆、重新之中完成，它是延異的「雙重折疊」。宗教信仰實踐文本（text）並不在文字本身，亦不在符號本身，由宗教的身體符號來講，一個宗教的信仰實踐文本是在於使用符號、解讀符號的無數「他者」之間，文本存在於眾多且複雜的互動關係中，它是互文性的，也就是互為增補性的。因此，宗教信仰實踐的文本亦與其他符號一樣，它們都不是符號本身，而是符號與符號之間的差異及延緩的運動現象。

（四）宗教信仰實踐的文本在空間上有著「共時態」的互文現象，它是差異性的；在時間上有著「歷時態」的互文現象，它是延緩性的。所以，一個在宗教場域空間中歷時的信仰實踐，它的互文現象是即顯即逝的「身體感」，這些眾多的即顯即逝的「身體感」，在每一次的呈顯時都在傳統的信仰文本中刻劃下當時的「印跡」（trace），而重新或創新而來的文本。

（五）在宗教的各種場域裡，變動的「身體感」是隨即死亡的一種「活」的「在場」。其主要意旨在於指涉「身體－漾・態」存在著多元性的「雙重折疊」，因為在空間範疇裡的「共時態」存在著與信仰者與「他者」在共同空間中，進行著似乎相同的信仰實踐，卻存在著主體獨特的「身體－漾・態」的表現；另外，在時間範疇裡的「歷時態」之中，存在著信仰者與「他者」依循著相同的時間脈絡而產生著不同且差異的「身體感」的意義。

（六）在宗教信仰實踐過程的「身體感」創造出不同於傳統文本卻又
　　　依存在傳統文本的「文本」。因「身體感」而創生的文本性在於
　　　透過身體的運行，以表現出現實與虛幻之的關係，同時引出一種
　　　難以可言說的內在感知。這些感知都是不可見的「在場」。

（七）文本（text）本身就是互文性的，是差異與延緩性的，文本
　　　（text）本身就是互文性的，就表示其文本的核心並不在主體自
　　　身之中，亦不存在於事件本身。互文性就表徵著存在著某種動態
　　　的交織現象。以信仰實踐的「身體－漾‧態」表現爲例，究竟所
　　　爲的中心點或核心是存在於主體的軀體性態式，還是存在於主體
　　　的心靈性漾動，而此二者又是以那一者爲其主體的關鍵因素。由
　　　互文性的現象來看，可以推衍出這二者是「互爲主體性」的表現。

（八）宗教信仰實踐的互文關係是浮動、變動、變異、延緩、延遲的，
　　　互文關係存在於軀體性態式與心靈性漾動的互動關係中。宗教信
　　　仰實踐的互文關係是相當複雜的動態過程，難以掌握，時爲主體，
　　　時爲客體，時爲詮釋者，時爲被詮釋者。

（九）宗教信仰實踐的互文性不僅是將某種意圖表現的訊息，必然地
　　　傳達給眾多的「他者」，同時也在一次一次不同時空的實踐過程
　　　中與自身進行交流，或許重新詮釋、或許修正詮釋，這種表述都
　　　是將某種特殊性的意義、感受、信念傳達出去或內在交流。前者
　　　可稱之爲「身體－漾‧態」的外化過程，後者可稱之爲「身體－
　　　漾‧態」的內化過程。

（十）宗教信仰實踐的文本並不在實踐之中，而在於實踐的「身體－
　　　漾‧態」與「他者」或信仰場域中之相關的信仰媒介之相互交織
　　　的關係之中，在此複雜的關係中，永遠創造著另一種可能性的空

缺，使得差異、變動、發展可以繼續的延遲下去，這就是「延異
（differance）」的意涵。

（十一）宗教化的身體在信仰實踐的運作之中，其身體都以一種「他者」
的姿態出現，宗教化的身體表現與被視爲一種「他者」的信仰者
自身之間已存在著交織互動的虛擬關係，信仰實踐者試圖透過不
斷重覆地實踐過程，以此交織互動的虛擬關係，來建構虛擬的自
我與做爲「他者」的身體表現之間的結構，以此被創構出來的結
構來強化信仰的核心意義。

（十二）一個事物的顯現，永遠與「他者」或其他事物糾結在一起而顯
現的，這是虛擬世界與現實世界交互糾結的現象。宗教信仰實踐
必然也與眾多的「他者」糾結在一起，不論是在空間的橫斷面上
還是在歷史的縱斷面上，皆爲如此，因此，信仰的文化基因與個
人化的獨創性信仰實踐的身體表現，

四、身體文化書寫的「沉默知識」

（一）第四節主要在於探究信仰意義空間的「沉默知識」。「身體－
漾・態」的兩義性與曖昧性體現在另一種現象之中，那就是「表
述知識」與「沉默知識」。信仰的意義來自於信仰的知識，而此
知識可能大部分來自於結構化、系統化的知識，但能對信仰者產
生信仰的意義，則這些結構化、系統化的知識必須要成爲信仰者
一種「私密」的個人知識或稱爲「沉默知識」。「沉默知識」與
「表述知識」是「身體－漾・態」的另一種兩義性與曖昧性的表
徵，它是實存的現象，在信仰的界域裡，這一現象是更加普遍的。

（二）「沉默知識」既來自於外在的系統化、結構化的知識，亦來自於
個人化的意想，也來自於外在各種規律的或混亂的現象，是此三

者交互作用的結果。其定義：「沉默知識」是由外在於主體的結構化、系統化知識與外在於主體的各種規律的或混亂的現象以及個人化的意想等三者交互作用的結果。此結果造就了知識的難以被察覺、難以被結構、難以被系統化、難以被表述的特點，並積澱成影響主體獨特化行爲的重要基石。「沉默知識」的轉化歷程具有三個特點：首先爲熟悉性與熟練性、其次是統合性與破壞性、最後是外化性與內化性。

（三）「沉默知識」源自於人類本性中一個基本的特質：二種意識的交互作用。二種意識包括「焦點意識」與「支援意識」。信仰者在實踐信仰行爲時，其「焦點意識」是與軀體性態式分離的，其「焦點意識」是受心靈性漾動的主導來決定其內涵。在相同的、不斷重覆的、規律的軀體性態式之中，其心靈性漾動卻是不規律的、難以完整重覆的、延緩與差異的現象。

（四）在二種意識的推論下，有一個相當重要的關於社會化的論點：必須一提的是，主體自身的「支援意識」的內涵，實際上是經過「社會化」的歷程，也就是說，主體過往經驗中的「焦點意識」的內容，大部分都來自於「社會化」的影響與選擇，而這些社會化的「焦點意識」在時間的脈絡中逐漸轉入沉默的「支援意識」之中，使其積澱成爲主導著主體自身的觀念、態度、行爲、習慣等的基石。而此經過社會化積澱的「支援意識」有很大程度是與族群集體的「焦點意識」及「支援意識」緊密聯結的。此亦可說主體之沉默的「支援意識」不僅是獨特性的存在，也是依存於族群集體意識的沃土中。另外，真正屬於個人化的「創造性意識」也將會透過此一緊密的聯結而起著轉變集體的意識內涵。這種主

體的社會化的「支援意識」與「焦點意識」複雜且緊密交織於集
體的意識內涵的現象，就是本文所提及的「文化基因」。

（五）信仰的實踐中，蘊涵著許多不可言傳的實踐內涵，這是來自於信
仰意義空間中的「沉默知識」，它著實影響與主導著信仰者的實
踐行為與體驗。在信仰實踐中，其軀體性態式與心靈性漾動，在
被區別出的兩義性中呈現出身心合一的二元作用性；反之，在難
以明確切割與區別的曖昧性的交織現象中，則呈現出身心合一的
整體性。

參考文獻

一、專書

Carl Gustav Jung,（榮格）（Psychology and Religion: West and east, 《心理學與宗教：西方與東方》The Collected Works of C. G. Jung, Vol. XI, 1958）。

Carl Gustav Jung,（榮格）Psychology and Alchemy,《心理學與煉金術》The Collected Works of C. G. Jung, Vol. XII, 1967.

J. Jacques Derrida, trans, by spivak. **of Grammatology.** The Johns Hopkins University Press,1976.

J. Jacques Derrida, trans. by A. Bass. **Writing and Difference.** Rout ledge & Kegan Paul.1978.

J. Jacques Derrida, trans. By 13. Johnson. **Speech and Phenomera.** Northuestern University Press. 1973.

J. Jacques Derrida, trans, by Alan Bass. **Position.** The University of Chicago Press, 1981.

J. Jacques Derrida, trans, by Barbara Johnson. **Disse mination.** The University of Chicago Press, 1981.

Merleau-Ponty, Maurice. *In Praise of Philosophy*, trans. John Wild and James M. Edie, Evanston: Northwestern University Press, 1963.

Martin, Heidegger. Being and Time, Basil Blackwell, 1962.

Paul Tillich,（蒂利希）, Dynamics of Faith,《信仰的動力》 Happer & Row, Publishers,1957.

王曉華，《個體哲學》（上海：上海三聯書店，2002）。

毛斯（Marcel Mauss）著，《各種身體的技術》（佘碧平譯）（上海：上海譯文出版社，2003）。

伊‧凡‧亞布洛柯夫著，《宗教社會學》（王孝雲、王學富譯）（台北：水牛出版社，2003）。

伊格爾頓（T. Eagleton）著，《〈身體工作〉歷史中的政治、哲學、愛欲》（馬海良譯）（北京：中國社會科學出版社，1999）。

弗雷‧羅恩著，《從佛洛伊德到榮格：無意識心理學比較研究》（陳恢欽譯）（中國國際廣播出版社，1989）。

安‧凱斯蒙（Ann Casementt）著，《榮格（Carl Gustav Jung）》（廖世德譯）（台北：生命潛能文化，2004）。

呂大吉，《宗教學通論新編》（北京：中國社會科學出版，2002）。

伽達默爾，《哲學解釋學》（上海：上海譯文出版社，1994）。

李澤厚，《美的歷程》（天津：社會科學出版社，2001）。

何光滬、許志偉，《對話：儒釋道與基督教》（北京：社會科學文獻出版社，1998）。

周與沉，《身體：思想與修行》（北京：中國社會科學出版社，2005）。

杰夫瑞‧C‧亞歷山大、史蒂芬‧謝德門（Jeffrey C. Alexander, Steven Seidman）主編，《文化與社會－當代論辯（Culture and Society – Contemporary Debates）》（古佳豔等譯）（台北：立緒文化出版，1997）。

尚　杰，《德里達》（湖南：湖南教育出版社，1999）。

吳汝鈞，《胡塞爾現象學解析》（台北：臺灣商務印書館，2003）。

吳寧遠，《台灣宗教世俗化之研究》（高雄：高雄復文，1996）。

房志榮等著，《宗教與人生-下冊》（台北：國立空中大學，1989）。

林素英，《古代祭禮中之政教觀－以禮記成書前為論》（台北：文津出版社，1997）。

林美容，《臺灣人的社會與信仰》（台北：自立晚報文化出版，1993）。

卓新平，《宗教理解》（北京：社會科學文獻出版社，1999）。

胡塞爾，《現象學的觀念》（上海：上海譯文出版社，1986）。

海德格爾（Heidegger, Martin）著，《存在與時間》（北京：三聯書店，1987）。

海德格爾（Heidegger, Martin）著，《尼采（Nietzsche）》（孫周興譯）（北京：商務印書館，2002）

馬壯寰，《語言研究論稿》（北京：中華書局，2002）。

馬克思、恩格斯，《馬克思恩格斯選集－第 1 卷》（人民出版社，1996）。

馬克思、恩格斯，《馬克思恩格斯選集－第 3 卷》（人民出版社，1996）。

索緒爾（Saussure）著，《普通語言學教程（Course in General Linguistics）》（高名凱譯）（北京：商務印書館，2001）。

夏晟珮，《論胡塞爾現象學中的同一性問題》（國立中央大學哲學研究所碩士論文，2003）。

夏基松，《現代西方哲學教程》（上海：上海人民出版社，1985）。

特納（Bryan S. Turner）著，《身體與社會》（馬海良、趙國新譯）（春風文藝出版社，2000）。

袁　珂，《袁珂神話論集》（四川：四川大學出版社，1996）。

梅洛‧龐帝（Merleau - Ponty），《知覺現象學（Phenomenology of Perception）》（姜志輝譯），（北京：商務印書館，2005）。

陳麟書、陳霞，《宗教學原理》（北京：宗教文化出版社，2000）。

常若松，《人類心靈的神話－榮格的分析心理學》（台北：貓頭鷹出版社，2000）。

馮天策，《信仰導論》（廣西：廣西人民出版社，1992）。

湯淺泰雄著，《中國古代思想中的氣論及身體觀－「氣之身體觀」在東亞哲學與科學中的探討》（盧瑞容譯，楊儒賓主編）（台北：巨流圖書出版，1993）。

張志剛，《宗教學是什麼》（北京：北京大學出版社，2002）。

張　浩，《思維發生學－從動物思維到人的思維》（北京：中國社會科學出版社，1994）。

喬基姆著，《中國的宗教精神》（王平、何其敏等譯）（北京：中國華僑出版社，1991）。

斯特倫著，《人與神－宗教生活的理解》（金澤、何其敏譯）（上海：上海人民出版社，1991）。

詹姆斯‧施特密（James Schmidt）著，《梅洛龐蒂－現象學與結構主義之間（Maurice Merleau-Ponty – Between Phenomenology and Structuralism）》（尚建新、杜麗燕譯）（台北：桂冠圖書，2003）。

董芳苑，《探討臺灣民間信仰》（台北：常民文化出版，1996）。

楊儒賓，《儒家身體觀》（台北：中央研究院-中國文哲研究所，1997）。

熊　偉，《現象學與海德格》（台北：遠流出版公司，1994）。

蔡美麗，《胡塞爾》（台北：東大出版，1980）。

蔡相輝，《台灣的祠祀與宗教》（台北：臺原出版，1998）。

榮格（Carl Gustav Jung）著，《探索心靈奧秘的現代人（Modern man in search of a soul）》（黃奇銘譯）（北京：社會科學文獻出版社，1987）。

趙汀陽，《沒有世界觀的世界》（北京：中國人民大學出版社，2003）。

劉一民，《運動哲學新論》（台北：師大書苑出版，2005）。

劉小楓，《現代性社會理論緒論》（上海：上海三聯書店，1998）。

劉婉芳，《「身體-空間」經驗的現象學研究》（南華大學環境與藝術研究所碩士論文，2002）。

廖炳惠著，楊儒賓、何乏筆主編，《身體與社會－身體、文化與認同》（台北：唐山出版社，2004）。

德里達（Jacques Derrida）著，《論文字學》（汪堂家譯）（上海：上海譯文出版社，1999）。

德希達（Jacques Jacques Derrida）著，《立場（Positions）》（楊恆達、劉北成譯）（臺北：桂冠出版，1998）。

德里達（Jacques Derrida）著，《聲音與現象》（杜小真譯）（北京：商務印書館，2001）。

德穆‧莫倫（Dermot Moran）著、《現象學導論（Introduction to Phenomenology）》（蔡錚雲譯）（臺北：國立編譯館，桂冠出版，2005）。

鄭志明，《臺灣傳統信仰的宗教詮釋》（台北：大元書局，2005）。

鄭志明，《神明的由來－臺灣篇》（南華管理學院，1998）。

鄭　敏，《結構解構視角》（北京：清華大學出版社，1998）。

盧紅、黃盛華、周金生，《宗教：精神還鄉的信仰系統》（河北：南開大學出版社，1990）。

蕭錦龍，《德里達的解構理論思想性質論》（北京：中國社會科學出版，
　　2004）

謝宗榮，《臺灣傳統宗教文化》（台中：晨星出版社，2003）。

邁可‧博藍尼（Michael Polanyi）著，《個人知識－邁向後批判哲學
　　（Personal Knowledge:Towards a Post-Critical Philosophy）》（許澤
　　民譯）（台北：商周出版，2004）。

瞿海源，《變遷中的臺灣社會－第一次社會變遷基本調查資料的分析
　　〈臺灣地區民眾的宗教信仰與宗教態度〉》（台北：中央研究院
　　民族學研究所，1988）。

韓明清，《哲學人類學》（北京：當代世界出版社，2000）。

羅伯‧索科羅斯基（Robert Sokolowski）著，《現象學十四講
　　（Introduction to phenomenology）》（李維倫譯）（台北：心靈工
　　坊，2005）。

龔卓軍，《身體部署－梅洛龐蒂與現象學之後》（台北：心靈工坊，
　　2006）。

鷲田清一著，《梅洛－龐蒂認論論的割斷》（劉績生譯）（河北：河北
　　教育出版社，2001）。

二、期刊論文

王曉東，〈梅洛－龐蒂主體間性理論的雙重視域〉，《江蘇行政學院學
　　報》，2（2004）：17-23。

李亦園，〈社會變遷與宗教皈依——一個象徵人類學理論模型的建立〉，
　　收錄於《宗教與神話》（廣西師範大學出版社，2004）。

李吉勇、胡立新，〈榮格與李澤厚「積澱」說的比較〉，《黃網師範學
　　院學報》，24.5（2004.10）：46-50。

李革新，〈在遮蔽與無蔽之間－海德格爾現象學的一種理解〉，《復旦學報》，2（2003）：22-28。

李建盛、劉洪新，〈德里達的解構哲學及其對藝術真理的理解〉，《湖南科技大學學報》，7.1（2004）：8-11。

吳汝鈞，〈胡塞爾的現象學方法（中）〉，《鵝湖月刊》，26 卷 12 期（2001）：14。

吳光明著，《中國古代思想中的氣論及身體觀－「莊子的身體思維》（蔡麗玲譯，楊儒賓主編）（台北：巨流圖書出版，1993）。

周榮勝，〈論德里達的本文理論〉，《北京社會科學》，4（2000）：120-130。

周榮勝，〈德里達的印跡論〉，《南京師大學報》，4（1999.07）：95-100。

周榮勝，〈何謂“補充”？－德里達的解構邏輯初探〉，《首都師範大學學報》，4（2003）：62-67。

周貴華，〈試論胡塞爾現象學的開放性及意義〉，《襄樊學院學報》，22 卷 4 期（2001）：17。

周　勇，〈宗教本質之我見〉，《西南民族學院學報》，3 期（1994）：23。

周畢芬，〈試論宗教的本質和社會作用〉，《黔東南民族師專學報》，（2001）：25。

尚黨衛、陳林，〈胡塞爾現象學的人學意蘊〉，《江蘇大學學報》，4 卷 4 期（2002）：5。

尚　杰，〈“看不見的現象”暨“沒有宗教的宗教”－再讀德里達《馬克思的幽靈們》，《教學與研究》，1（2005）：13-18。

尚　杰，〈現象學的問題如何發生－德里達對胡塞爾發生現象學的解讀〉，《湘潭大學學報》，30.01（2006.01）：64-69。

胡　瀟，〈論個體無意識的非個體性－榮格無意識理論片議〉，《人文視野》，1（2001.04），79-80。

陶渝蘇，〈意義追逐與文字遊戲－從 Jacques Derrida 與伽達默爾之爭看德法哲學的不同旨趣〉，《貴州社會科學》，1（2005.01）：58-60。

郝寧湘，〈宗教本質新探〉，《寧夏社會科學》，3（1998）：73。

席大民，〈恩格斯對宗教本質的揭示及其意義〉，《青海社會科學》，5 期（2002）：92。

許義雄，〈臺灣身體運動文化之建構－就臺灣身體文化談起〉，《臺灣身體文化研究網站》，http://www.bodyculture.org.tw/others/article01.htm。

袁義江、郭延坡，〈論杜夫海納的現象學美學〉，《松遼學刊》，4 期（1995）：35-40。

孫　雄，〈宗教與社會的張力及其制度安排〉，《哲學研究》，8（2005）：121-125。

陳曉明，〈論德里達的補充概念〉，《當代作家評論》，1（2005）：12-23。

陳本益，〈現象學還原方法與文學批評〉，《湖南大學學報》，15 卷 4 期（2001）：58。

曾耀農，〈榮格文藝思想初探〉，《麗水師範專科學校學報》，20.6（1988.12）：26-30。

張　翔，〈索緒爾所指及其認識效應〉，《外語學刊》，99（2000）：48-52。

張良林，〈索緒爾、皮爾士與語言模糊性〉，《齊齊哈爾大學學報》，
　　5（2004.09）：113-115。

張永清，〈胡塞爾的現象學美學思想簡論〉，《外國文學研究》，1 期
　　（2001）：12。

張永清，〈從現象學角度看審美對象的構成〉，《學術月刊》，6
　　（2001）：47-54。

張賢根，〈藝術的詩意本性－海德格爾論藝術與詩〉，《藝術百家》，
　　3（2005）：66-69。

張賢根，〈海德格爾美學思想論綱〉，《武漢大學學報》，54.04
　　（2001.07）：413-418。

張志剛，《走向神聖－現代宗教學的問題與方法》（人民出版社，
　　1995），253。

單　純，〈論 Jacques Derrida 的宗教思想〉，《國外社會科學》，5 期
　　（2004）：26-33。

董　敏，〈功能主義視角下索緒爾語言符號觀述評〉，《西安外國語學
　　院學報》，12.4（2004）：14-17。

楊大春，〈德里達論他者的命運－從哲學與非哲學的關係看〉，《文史
　　哲》，3（2006）：150-156。

廖抱一，〈關於「現象學的認知性身體」的補充論述及摘要〉，《舞蹈
　　研究與台灣新世代的展望研討會論文集》，（臺北，2001）：42-
　　49。

廖炳惠，《中國古代思想中的氣論及身體觀－兩種「體」現》（楊儒賓
　　主編）（台北：巨流圖書出版，1993）。

劉豔茹，〈語言的結構之思－索緒爾哲學語言觀述評〉，《北方論叢》，
　　2 期（2005）：52-55。

謝多勇，〈對索緒爾几個語言觀的理解〉，《廣西民族學院學報》，
　　（2004.12）：209-210。

羅筠筠，〈態：中國美學的一個重要範疇〉，《哲學研究》，6
　　（2005）：66-70。

蘇宏斌，〈現象學的意向性理論述評－從胡塞爾到梅洛·龐蒂〉，《學
　　術研究》，4（2002）：44-48。

蘇宏斌，〈觀念、對象與方法－胡塞爾的現象學思想概觀〉，《浙江社
　　會科學》，2（2000）：113-117。

顧志龍，〈胡塞爾現象學總體範疇研究〉，《山東科技大學學報》，2
　　卷 3 期（2000）：19。

三、相關網站

Joy，香燈腳記事，白沙屯媽祖網站。http://www.baishatun.com.tw/12-
　　5.htm。

全 球 華 人 網 路 教 育 中 心 ，
　　http://edu.ocac.gov.tw/local/web/Trad/Temple/about.htm。

行 政 院 文 化 建 設 委 員 會 ，〈臺 灣 民 間 信 仰〉。
　　http://www.mwr.org.tw/tw_religion/introduction/tw.htm。

李聲慈，白沙屯媽祖網站。http://www.baishatun.com.tw/12-5.htm。

國 立 自 然 科 學 博 物 館 － 台 灣 民 間 信 仰 ，
　　http://info.nmns.edu.tw/folk/site4/4site.htm。

慈 濟 人 文 傳 播 志 業 基 金 會 ，月 刊 462 期。
　　http://taipei.tzuchi.org.tw/monthly/462/462c13-20.HTM。

新浪新聞網，〈屏東東隆宮王船祭清晨燒王船〉。引自
　　http://news.sina.com.tw/politics/cna/tw/2006-10-
　　21/092612146880.shtml。

蔡必珠，白沙屯媽祖網站。http://www.baishatun.com.tw/12-5.htm。

謝志一，白沙屯媽祖網站。http://www.baishatun.com.tw/12-5.htm。